孕中修法

十個月

一個月大與爺爺奶奶

六個月

三個月

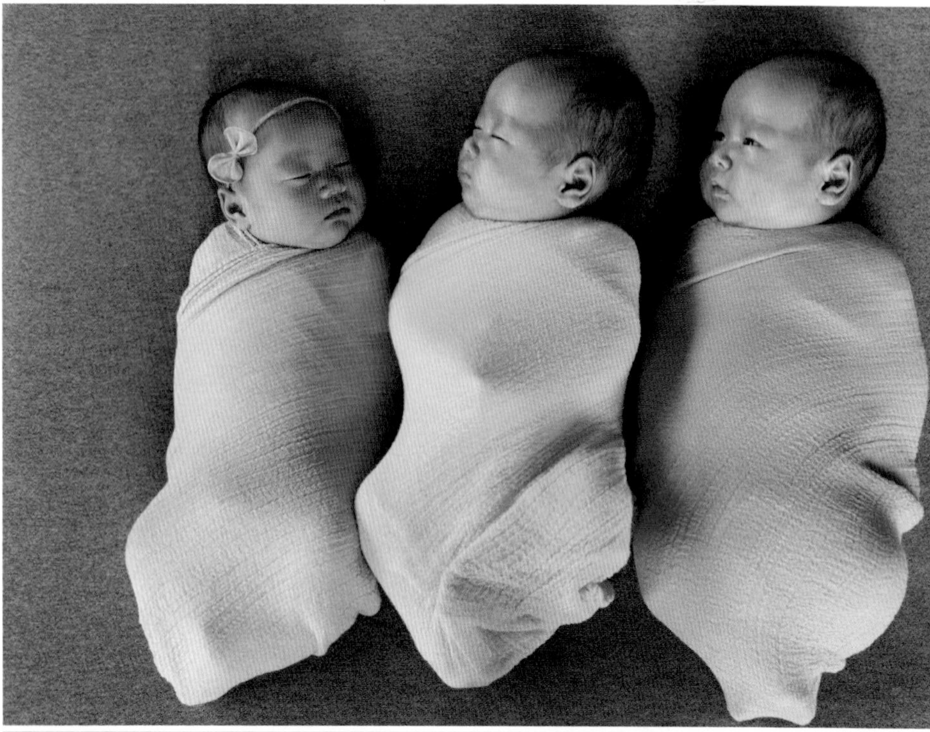

兩個月

四個月

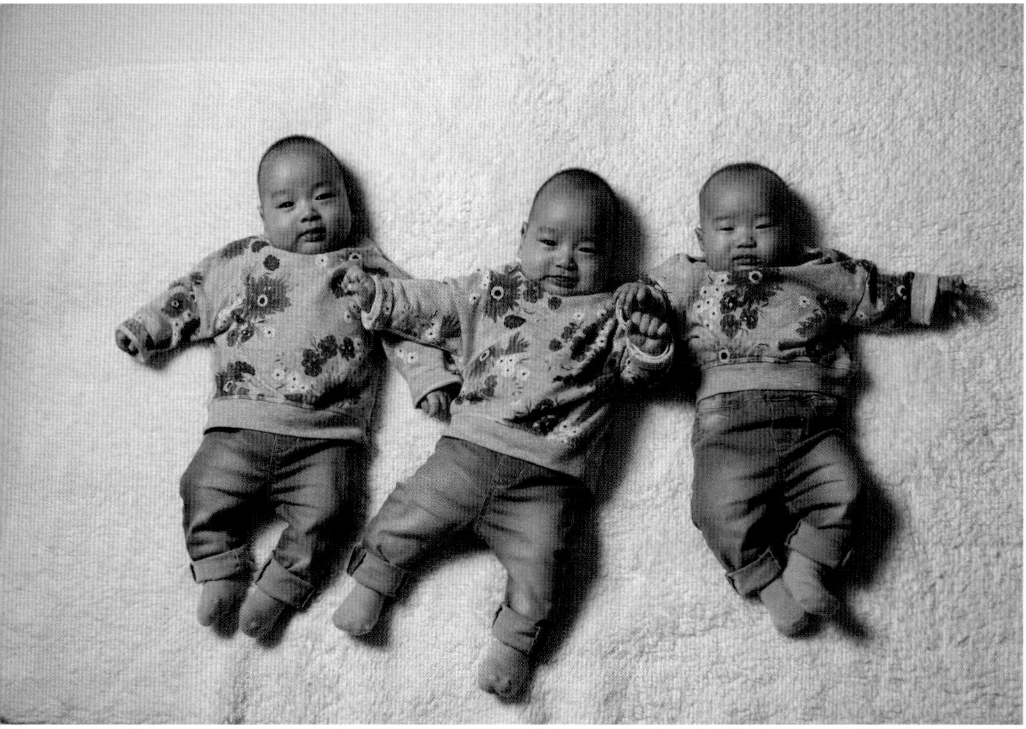

四個月

五個月

九個月

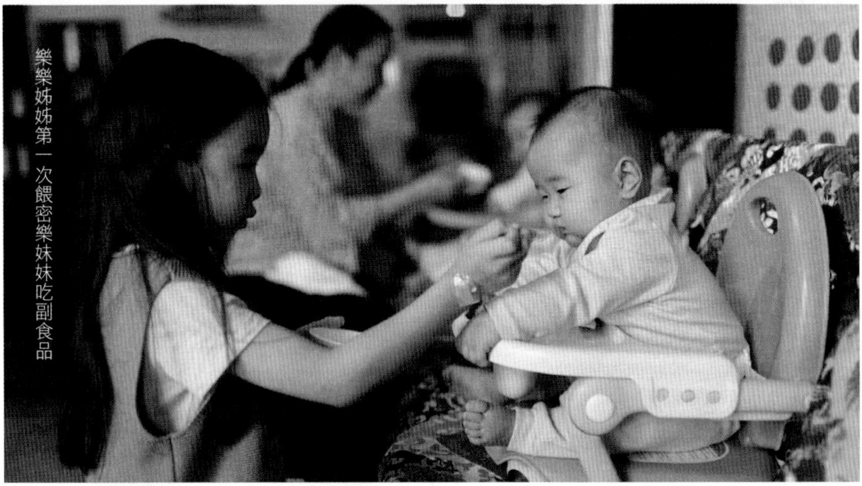
樂樂姊姊第一次餵密樂妹妹吃副食品

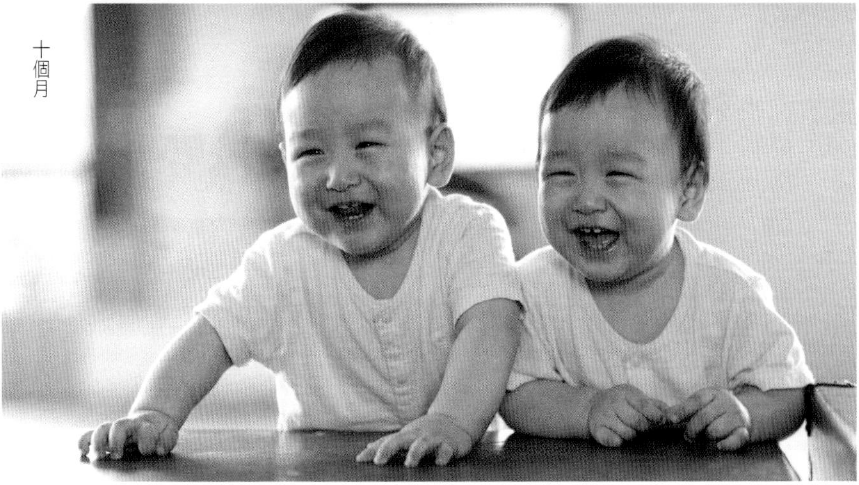
十個月

右：唐仁波切
左：仁增欽摩法王

四寶皈依仁珍千寶上師

四個月

媽媽禪

快樂母親覺醒九要

心靈女戰士
央金拉姆——著

目錄

第二部
快樂母親覺醒九要

〈推薦序〉
願力、勇氣、信心帶來的奇蹟

仁珍千寶上師

頂禮上師三寶！

於三寶的護佑下，很多人決定重要的事情，承辦偉大的事業！

媽媽是孩子的啓蒙師、首位善知識，由胎教開始種下殊勝菩提的種子。此書《媽媽禪》描述一位修行母親的懷孕故事，她對孩子的愛、對教育的理念，以自己實際的經驗寫成書。

此次推薦西藏音樂家央金拉姆的新書，在此時代，人類的知識提升，寫書的人很多，要求寫序的人也很多，因我最近非常忙碌，無法滿足每位的要求。但此書的部分過程，以及央金從決定懷胎、懷孕過程、孩子出生的心情，最了解的人之一是我，因此我也是最合適爲這本書寫序的人。在此分三段落略說。

一、發願

她的懷胎是一種發願！

二〇一七年某天，陳宇廷居士和央金來見我，問：「想再懷胎生子，合適否？」

我問：「為什麼要生孩子？」

他們說：「雖然已高齡，也知道有很大的風險，但希望生出未來能弘揚和護持佛法的孩子！」

聽聞後，我說：「具有這樣的願望很好，你們是在家修行的瑜伽士，本該延續血脈傳承，以繼續利益眾生，但仍須深思！」

他們希望由我決定。我本身無神通，因此經由三寶的卦象來決定，結果卦象為「大吉」！

如過去印度世親菩薩的母親為了佛法而發願懷胎生子般，西藏的阿里班禪等諸多大德的父母也有如此的發願，願力就是動力，是一切功德的根源。

二、勇敢

再有一天，他們來電話說：「已經懷孕了，不過是三胞胎！醫生及朋友都說對母子都有很大的風險，怎麼辦呢？」

我本身也是醫生，相信醫生的知識和決定，因此告訴他們：「聽從醫生的決定好些。」

沒想到幾天後，夫妻倆趕到臺中妙乘法苑來見我。宇廷說：「很擔心央金的生命會有危險，但不想減胎，怎麼辦？」

央金說：「我愛每個孩子，也不想減胎！能生出利益眾生和佛法的孩子，付出生命也沒有問題！」

這個難題丟給我決定時，只能問三寶，卦象還是「吉祥」！

雖然我此生中，不管是弟子開刀、就醫、生孩子等，很多生命是由卦象決定，但此次不是一條，而是四條生命。我將三寶所給的訊息如實告知他們夫妻倆，如《入菩薩行論》內所言：「實語者佛言：一切諸怖畏，無量眾苦痛，皆從心所生。」

我們都是佛教徒，相信三寶，他們聽到之後鬆口氣說：「就決定生下三胞胎！」

我為他們祈福後，他們便離開了。

三、堅信

某天，宇廷的父親陳履安院長因為孕婦高齡且懷三胞胎，很關心，便問我：「需要修持什麼法？要多做些什麼？」我回說：「老居士，放心，沒問題！」

夫妻倆也問過：「需要修持什麼法？做些什麼功德？」

我回說：「多做上供下施都是好的，但最主要還是自己要修持。央金需要做白度母的閉關，生命託付給諸佛菩薩。」

夫妻回說：「好的，確定相信！」

就這樣決定了。遇到關鍵時刻，「心不動搖，堅信於三寶」，這是何等的福德。

因此，我特別給予無垢光傳規月面白度母的灌頂，隨後安排央金在妙乘法苑內閉關七天。從懷胎到孩子出生，都是蓮師、度母及三寶的加持而平安順利。

這本書清晰描述了一位認眞修行的母親從發願懷胎到生子的過程，可為我們學習大乘法門發菩提心時，知母、念恩、報恩等因果七訣修持時的導引。這是天下所有偉大母親慈悲、智慧、勇敢的一則事蹟，將來孩子看到此書，也會知曉父母的期望。

央金的這本書名爲「媽媽禪」，過去無有此法門，但專注一境爲禪，以心僅存慈母報恩之心稱爲「媽媽禪」也很合理。如《入菩薩行論》內說的：「佛子不需學，畢竟皆無有。善學若如是，福德焉不至？」

受過菩薩戒的人，「以發心清淨出發，以善巧方便承辦」，所做的事情都成爲增長福德的因，是將來解脫的助緣。希望看過這本書的人都能升起知恩、報恩的心念，步入菩薩道，自利利他。

（本文作者爲喜瑪拉雅十三國國師，不分教派運動祖師的轉世。
其教法極具特色，融會了西藏各大傳承的精華）

〈推薦序〉
無死甘露——前所未有的媽媽禪

仁增欽摩法王

於此墮胎不育時代無後婦女充滿世界，
歡喜空行央金拉姆賜予衆生無死甘露。
前所未有媽媽禪乃止息殺業珍寶良藥，
願五大洲共享此書衆生如願代代相傳。

多吉扎老人書

（本文作者爲北岩藏教主，中國佛教協會副會長，是現今西藏地位最高的活佛。其傳承分寺遍及全藏，以持戒嚴謹和修法法力聞名）

仁增欽摩法王序・藏文原文

རྗེ་བྲག་རིག་འཛིན་ཆེན་པོ་ནས་གནང་བའི་ཤིས་ཚིག

སྲིད་ན་དུ་གསོད་རབས་ཆད་མ་ཡིས་ཡངས་པའི་ནོར་འཛིན་གང་བའི་དུས།།

འཆི་མེད་བདུད་རྩི་སྐྱོལ་ལ་དགྱེས་པའི་མཁའ་འགྲོ་དབྱངས་ཅན་ལྷ་མོ་ཡི།།

སྟོན་མེད་ལེགས་བཤད་སྐྱེས་མའི་སྙོམ་རིམ་བྱ་བའི་གསོད་སྡིག་འགོག་སྨན་འདི།།

གླིང་ལྷའི་མ་ཕྱུར་ཡོངས་ཀྱིས་སྤྱོད་ཅིང་རིགས་འཛིན་རབས་ཀྱིས་ཀུན་ཁྱབ་སྒྲོན།།

རྗེ་བྲག་པ་རྣན་ནས་དང་བའི་བློས་བྲིས།

〈推薦序〉

孕育幸福家庭的甘露雨

唐仁波切

《媽媽禪》作者央金拉姆，自幼便是一位孝敬父母長輩、具足極高覺悟力的女孩兒。在她經歷種種艱難坎坷、獲得巨大事業成功之後，卻發現這一切不是她眞正的追求，便毅然放下所有，踏上尋找生命究竟意義的修行之路。

在尋找生命答案的旅途中，她向諸多東西方深具威望的禪修大師虔心求法，得到很多無上珍貴的法脈傳承和禪修要訣，憑藉堅毅的努力，成爲一名時刻心懷無我利他之菩提心的女禪師。

在她身上，擁有與生俱來的音樂天賦、對尊輩的虔敬、對衆生的悲憫，以及嚴苛謙卑的學習態度，成就了她在心靈音樂的道路上獲得舉世矚目的榮譽，爲這個民族留下了光輝的印記。她在爲衆利的甚深修持中，悟出殊勝的曼妙舞姿和動聽旋律，療癒了無數人的身心煩惱和痛苦。

因爲過去生的因緣，我們在一次天時地利人和的機緣下重逢，又再次結爲兄妹，也自然連接上了過去生的法脈傳承的淵源。在與她的相處中，有幸逐步得知她在每一次朝聖、閉關禪修中所顯現出的種種特別體悟和境界，不由從心底讚歎，她就是尊貴的堪卓瑪（空行母）。

常言道：「有水鳥處自有水，有煙霧處自有火。」諸佛菩薩和慈悲再來度化眾生的成就者都有著共同的特點和心願，就是他（她）們身上時刻充滿普度眾生的慈悲和智慧的力量。

由於她的愛人文殊師利（法名）和大女兒明樂一家人圓滿福報的感召、央金拉姆本人修習善業的福澤，我也有幸在她的佛堂設大隨求佛母壇城修法，並將此法傳承傳予她，讓她可以在養胎過程中不斷修法迴向給寶寶們。在種種外、內、密的殊勝因緣和合下，她順利懷上了如日月星般的三位寶寶。

但高齡產婦孕育三胞胎的過程可想而知非常辛苦和危險，幾乎是我們常人無法想像的。即便如此，由於她對生命無上的慈愛之心，對佛法僧三寶堅定如磐石的虔信祈請，加上她豐富扎實的禪修經驗和功底，化解了所有妊娠中的危險和困難，平安順利地產下三位健康的寶寶。

產後的日子，她每天晝夜不停地給予寶寶無微不至的照顧。但即便如此忙碌不堪，她還是抽出時間，撰寫了《媽媽禪》這本孕育孩子的寶典，分享給有緣之人。

印度學者阿卜杜勒．卡拉姆（Dr. APJ Abdul Kalam）曾經說過：「一個國家的和平，必須通過三個人的努力才能實現，那即是父母和老師。」但是，如何成為一名究竟意義上合格的母親，這方面的書籍甚少。西班牙六十六歲的高齡產婦瑪麗亞（Maria del Carmen Bousada de Lara）順利生下雙胞胎；世界上年紀最小的母親，祕魯的琳娜．梅迪娜（Lina Medina）在五歲七個月二十一天大時生下一個男孩，且母子均安；美國加州的娜德雅．蘇爾曼（Nadya Suleman）生下八胞胎，都幸運地活了下來，是迄今為止存活率最高的八胞胎——這些都是事實，卻鮮少有人關注、學習這些用生命保護生命的事蹟，反而因為種種原因，墮胎等無視生命的現象比比皆是。

妙音天女般的空行母央金拉姆，以慈母的愛心和智慧，將她自己親身體悟並總結的經驗分享給大家，對那些渴望家庭和睦幸福、親子關係融洽和諧的人來說，是非常值得學習的寶貴經驗。也希望能夠喚醒更多人內心的善良和慈悲，正確面對生命中遇到的種種不幸和艱難坎坷。此書宛如這個時代珍貴的甘露雨，恰逢其時地洗滌每一位母親的心靈。

從堪卓．央金拉姆長久以來上供下施、心懷眾生、精進修法等外內密的諸多殊勝功德來看，讓人不由地想起當年蓮師在西藏對伊喜措嘉佛母的開示：

妳已擁有至上尊貴的菩提之身，
是具足福德和智慧的圓滿佛母。

妳是證悟明空不二的尊貴王妃，
能夠歡喜而且善巧地度化眾生。

妳的化身將普照未來無量徒眾，
如同過去現在未來諸佛的功德。

容貌如同水中蓮花的金剛王妃，
妳是未來弘揚佛法的根本基礎。

妳的女性身體是最珍貴的本體，
措嘉妳將生生世世常行菩薩行，
誓願永世不離開尊貴的女兒身。

蓮師的這些開示，也像是對央金拉姆這樣的女性修行者的讚美。

（本文作者師從晉美彭措法王，不丹國王贈地挽留長駐不丹爲皇室和百姓修法）

唐仁波切序 · 藏文原文

ཆེད་དུ་བརྗོད་པ།

ཨ་མའི་སྒྲོམ་རིམ་ཞེས་པའི་རྩོམ་པ་པོ་དབྱངས་ཅན་ལྷ་མོ་ནི། ཆུང་དུ་ནས་ཕ་མ་ལ་བརྩེ་དུང་དང་དག་སྣང་གི་ཚོར་བ་རྣོན་པོ་ཡོད་མཁན་ཞིག་རེད་ལ། སྐྱིད་སྡུག་སྣ་ཚོགས་ཀྱི་འཚོ་བའི་ཁྲོད་ནས་འཚར་ལོངས་བྱུང་ཞིང་། འཛམ་གླིང་ཤར་ནུབ་ཀྱི་མཁས་དབང་མང་པོའི་བརྩེ་སྐྱོང་གི་འོག་ནས་བསམ་སྤྱོད་གཞན་དོན་དུ་གཞོལ་བའི་ལས་འགྲོ་ཁྱད་ཀྱིས་སད་པའི་རྟོགས་ལྡན་གྱི་རྣལ་འབྱོར་མ་ཞིག་རེད། མོས་དམན་ལ་བྱམས་པ་དང་། མཆོག་ལ་དད་པའི་བརྟུལ་ཞུགས་ཀྱི་སྒྲོམ་རིམ་ཟབ་མོའི་མཐུ་ལས་བྱུང་བའི་ཤུགས་འབྱུང་གི་གར་སྟབས་དང་། སྙན་དབྱངས་ཀྱི་འགྱུར་ཁུགས་རེ་རེས་ཕུལ་བྱུང་གི་གཟེངས་རྟགས་བཞེས་ཏེ། མི་རིགས་ཤིག་ལ་མི་ནུབ་པའི་མཚོན་སྙན་བསྒྲན་སྒྲོང་ལ། མི་མང་བརྒྱ་སྟོང་མང་པོའི་སེམས་ཁམས་ཀྱི་ནང་གཞི་ཡང་བསལ་ཡོད། སྐབས་ཤིག་གནས་དུས་ཆོས་གསུམ་བཟང་པོའི་རྟེན་འབྲེལ་དང་། ཚེ་རབས་ལས་སྨོན་བཙན་པོའི་གཞན་དབང་གིས་མོ་དང་ངའི་བར་གྱི་མིང་སྲིང་གི་ཉེ་རོ་ཤེས་ཤིང་། འགོག་མེད་ཀྱི་མཛའ་བརྩེ་དང་བསླུ་མེད་ཀྱི་དད་འདུན་དྲག་པོས་ཆོས་དང་གདམས་ངག་གི་དམ་ཚིག་གཅིག་ཏུ་འབྲེལ། མོ་ལ་གནས་སྐོར་གྱི་བགྲོད་ལམ་རེ་རེ་དང་། སྒྲོམ་ཐུན་གྱི་རྗེས་ཐོབ་རེ་རེ་ནས། དག་སྣང་ཞལ་གཟིགས་ཀྱི་ཆོས་སྐོར་རེ་རེ་ཐོན་བཞིན་ཡོད་པ་ངས་གསལ་པོར་ཤེས་རྗེས། ང་ཚོས་མོ་ལ་མཁའ་འགྲོ་ཞེས་པའི་མཚན་གནས་ཤིག་ངག་སྒྲོ་ནས་ཐོལ་གྱིས་རྫོལ་བྱུང་བ་ཡོངས་གྲགས་སུ་གྱུར། དེ་ནི་ཇི་སྐད་དུ། ཆུ་སྐྱུར་ལས་ནི་ཆུར་ཤེས་དང་། དུ་བ་ལས་ནི་མེར་ཤེས་ལྟར།། བྱང་ཆུབ་དཔའ་མཁས་རྣམས་ཀྱི།། རིགས་ནི་མཚན་མ་དག་ལས་ཤེས།། ཞེས་གསུངས་པའི་དོན་བཞིན་བརྟགས་པ་ལས་བྱུང་བ་ཡིན་གྱི་རང་གི་སྲིང་མོ་ཡིན་པས་ཕྱོགས་བསྟོད་དང་འུར་སྒྲོག་བྱས་པ་ནི་གཏན་ནས་མིན་ནོ།། མོ་རང་གི་ཐབས་གྲོགས་ལྷུང་ཟིན་མཁས་པའི་དབང་ཕྱུག་འཇམ་དབྱངས་རིག་པའི་རལ་གྲི་དང་། སྲས་མོ་རིགས་ལྡན་སངས་རྒྱས་ཆོས་སྒྲོན་སོགས་སྐུ་བསོད་དབང་ཐང་ཆེ་བ། བདག་ཅག་གིས་བུ་བཙས་ལྷ་མོ་དང་སོ་སོར་འཕྲང་མའི་ཆོ་ག་ཚུལ་བཞིན་བསྒྲུབ་པའི་མཐུ་སོགས་ཕྱི་ནང་གི་རྒྱུ་རྐྱེན་ཕུན་སུམ་ཚོགས་པའི་ཉེ་རྒྱུ་ལ་བརྟེན་ནས། མོའི་ལྷུམས་སུ་རིགས་ཀྱི་ཕྲུ་གུ་གསུམ་དུས་གཅིག་ཏུ་ཆགས་སོ། ཡིན་ན་ཡང་མོས་

དཀའ་ཐུབ་ལ་མི་ཞུམ་པའི་སྤྲོབས་པ་བརྟན་པོ་དང་། བུ་རྒྱུད་ལ་བཅང་པའི་བརྩེ་བ་དྲོན་མོ། ལུས་སྲོག་ལ་མགོ་བའི་སྙན་དཔྱད་བཟང་པོ་དང་། སེམས་ཁམས་ལ་འཕྲོད་པའི་ཉིང་འཛིན་ཟབ་མོར་རྩེ་གཅིག་ཏུ་འབད་དེ། ད་ལྟ་ཉི་ཟླ་སྐར་གསུམ་ལྷ་བུའི་རིགས་སྲས་ལྷུམ་སྤྲིན་གསུམ་བདེ་ལེགས་དང་སྐྱེས་ནས་འཚོ་སྐྱོང་གནང་མུས་ཀྱི་ཞོར་དུ། མོ་རང་གི་ཉམས་མྱོང་དང་སྙིང་སྟོབས། ཤེས་རབ་དང་ལྷག་བསམ་བཞི་ལས་བྱུང་བའི་གཏམ། ཨ་མའི་སློམ་རིམ་མམ་ཨ་མའི་དང་ཚུལ་ཞེས་པ་ཡུལ་དུས་དང་མཐུན་པའི་གདམས་ངག འཛིག་རྟེན་ན་ཆེས་གལ་འགངས་ཆེ་བའི་མ་བུ་ཚོད་ལྡན་ཞིག་བསྐྱུན་པ་ལ་མེད་ཐབས་མེད་པའི་ཤེས་བྱ་འདི་ཡང་། བུ་གསོད་ཀྱི་ཨ་མའི་ས་སྟེང་གང་བའི་དུས་ཚོད་འདི་ལ་མི་བུ་ཁྲི་སྟོང་མང་པོར་འཚེ་གསོས་ཀྱི་བདུད་རྩི་ལྟ་བུ་ཞིག་ཏུ་དོས་འཛིན་ཞུ་ཆོག་པར་སེམས་སོ།།

ང་ཚོ་འགྲོ་བ་མིའི་རིགས་མང་ཆེ་བ་ནི་མའི་ཀུན་སྤྱོད་ཀྱི་འགྱུར་རྩིས་བསྒྱུར་ཤུགས་ཆེ་བ་མངོན་སུམ་ཡིན་པ་དེས་ཕྱིར། རྒྱ་གར་གྱི་མཁས་དབང་ ཨབ་ཏུལ་ཀཱ་ལམ་ Dr.A J P Abdul Kalam གྱིས། རྒྱལ་ཁབ་གཅིག་ཞི་བདེས་ཁྱབ་དགོས་ན་མི་གསུམ་ལ་རག་ལས་ཡོད། དེ་ནི་མ་དང་ཕ་དང་སློབ་དཔོན་ནོ། ཞེས་བཤད་པ་སྟེ། དེང་དུས་སུ་ལྷག་པར་མགོ་བའི་མ་བུའི་བསླབ་བྱ་ཚོད་ལྡན་ཞིག་དཀོན་པར་སྣང་སྟེ། འཛམ་གླིང་ན་མིང་དུ་གྲགས་པའི་མ་བགྲེས་ ཨིསི་པིན Spain རྒྱལ་ཁབ་ཀྱི་ ཨ་མ་ མ་རྀ་ཏེལ་ ཞེས་པ་ལོ་ན་དྲུག་ཅུ་རེ་དྲུག་ Maria del (66) ཐོག་བྲིས་པ་ཉིས་མཚེ་ཞིག་སྐྱེས་པ་དེ་དང་། དེ་བཞིན་ པེ་རུ Peru རྒྱལ་ཁབ་ཀྱི་མ་གཞོན་ཆུང་ངུའི་མཐར་ཐུག་པ་ ལི་ན་མི་ཏི་ན་ Linamedina. ཞེས་ལོ་ལྔ་དང་ཟླ་བ་བདུན་ཞག་ཉེར་གཅིག (12/7/5) ལ་བྲིས་པ་སྐྱེས་ཏེ་མ་བུ་གཉིས་ཀ་འཚོ་ཐུབ་ཡོད་པ་དེ་དང་། གཞན་ཡང་ ཨ་རིའི་ ཀ་ལི་ཧྥོར་ནི་ California ཟེར་སར་ཨ་མ་ ན་ཌསཡཱ་སུ་ལེ་མན་སྟེ Nadya Suleman མོ་ལ་དུས་གཅིག་ཏུ་བྲིས་པ་མཚེ་མ་བརྒྱད་ (8) སྐྱེས་པ་ཐམས་ཅད་འཚོ་ཡོད་པ་མངོན་སུམ་ཡིན་ཙང་། ཨ་མ་དེ་དག་སུས་ཀྱང་མ་བུ་གཤིས་བཟང་དུ་འཚོ་བའི་གདམས་ངག་ཡིག་འཛོག་ཏུ་ཡོད་པ་མ་ཐོས་ལ། འདི་ན་བློ་གཏེར་སྒྲ་དབྱངས་ལྷ་མོའི་མཚན་དོན་ལ་འཁོར་བའི་མཁའ་འགྲོ་དབྱངས་ཅན་ལྷ་མོས་ནི། ཕྱོགས་སུ་མ་ལྷུང་ཞིང་རིས་སུ་མ་ཆད་པའི་ཨ་མ་རྣམས་ལ་བློ་སྟོབས་དང་བྱམས་བརྩེའི་གསོན་ཤུགས་བསྐྱེད་དེ་བུ་གསོད་སྡིག་ལས་ཧམ་པོ་ཆེ་འགོག་པའི་ཐབས་

ཚུལ་དང་། ཁྱིམ་གཞི་རབས་ཆད་པའི་གཉེན་པོ་འཕན་དར་རིགས་བརྒྱུད་བཟང་པོ་འཕེལ་བའི་གཞི་རྟེན་གྱི་མ་ཁྱིམ་གཡང་ཁང་གྲུ་བཞི་ཞིག་དཔེར་འོས་པའི་དཔེ་ཆ་འདི་གསར་གཏོད་མཛད་ཡོད་པས་མཚོན། དུས་ནམ་ཡང་རླབས་ཆེ་བའི་མཆོད་སྦྱིན་དང་སྨོན་སྒྲུབ་སོགས་ཕྱི་ནང་གསང་བའི་མཛད་ཚུལ་ཕྱིན་ལས་འདི་དག་ལ་བརྟགས་ཤིང་བལྟས་ན། སློན་ཨོ་རྒྱན་རིན་པོ་ཆེས་མཚོ་རྒྱལ་ལ་དྲིས་ལན་གྱི་ཚུལ་དུ། བུད་མེད་ལུས་མཆོག་སེམས་མ་ཉིད་ཀྱི་སྐུ། །ཚོགས་ཆེན་ཡེ་རྫོགས་བདེ་གཤེགས་དགྱེས་བསྐྱེད་ཡུམ། །སྟོང་དབྱིངས་ཤེས་རབ་རྡོ་རྗེ་བཙུན་མོ་ཆེ། །ལུས་མཆོག་འདི་འདྲ་ཐོབ་པའི་ཐུགས་བསྐྱེད་མཛོད། །དུས་གསུམ་རྒྱལ་བའི་ཕྱིན་ལས་ཆུ་ཟླའི་གར། །གདུལ་བྱའི་མོས་ངོར་གཟུགས་ཀྱི་སྐུར་བཞེངས་པ། །འབྱུང་གནས་རྡོ་རྗེ་བཙུན་མོའི་ཆུ་སྐྱེས་ཞལ། །སངས་རྒྱས་བསྟན་གཞི་སྨིན་པའི་སྨྱུ་གུ་བཞིན། །བུད་མེད་ལུས་འདི་མི་དམན་ལུས་འདི་བཟང་། །མཚོ་རྒྱལ་ཁྱོད་ཀྱིས་ནམ་ཡང་ལུས་འདི་དང་། །མི་འབྲལ་ཐུགས་བསྐྱེད་སྨོན་ལམ་རྣམ་དག་མཛོད།། ཅེས་གསུངས་པ་ཡང་སྤུགས་སྐྱེས་མ་འདི་ལྷ་བུའི་རིགས་ལ་དགོངས་པ་ཡིན་ནམ་སྙམ་མོ།

ཨ་བུ་འཁྲུམ་པོ་གཞི་སྤྲུལ་ཆོས་ཉིད་རང་ཤར་རམ།
འབྲུག་ཡོངས་གྲགས་སུ་སྣང་རིན་པོ་ཆེར་འབོད་པས།
ས་ཕག་ཚེ་འཕྲུལ་ཟླ་བའི་དུས་བཟང་ལ།

〈推薦序〉

生活中的菩薩行

心道法師

看到央金拉姆分享她「脫胎」換骨的歷練，眞是一種佛法的幸福。

她總是一心祈請諸佛菩薩、傳承上師的加持，一路用「平常心」正念禪修，用簡單又寫實，如同日課記錄的方式，樸實無華且無所保留地把高齡母親懷孕中的險難糾結、辛苦瑣碎的生活互動，點石成金、轉凡成聖，溫柔又無私地一一體現給大家。

很爲她感到欣慰，也讚歎這家人的福慧雙修。央金把自己的家庭故事，實踐成人人皆可期望的生活道場，從菩薩入母胎的胎教、爲人父母的身教、眷屬和合的家教，認認眞眞、誠誠懇懇、步步踏實地實修成爲一種菩薩大愛的分享。可以說，這是最平常也最殊勝的基因傳承教育，把佛陀人人成佛的基因傳承給世世代代的人類。

央金的努力不只如此，她還希望把傳承上師的教導，進一步推廣成如同現代版「活佛教育」的「小菩薩覺醒教育系統」，希望天下如父如母的衆生都有機會參酌其中、收穫其中。

（本文作者爲臺灣靈鷲山寺開山祖師，因其證量，信徒弟子寺院遍布五大洲）

〈推薦序〉
被馴服的老公

陳宇廷

我想起十幾年前，我第一次偷偷翻閱央金的閉關日記，剛打開翻了沒有幾頁，我就驚呆了：她怎麼可能經驗到了這種只有古書裡才有的境界呢？我一面讀著她那本厚厚的日記，一面心跳加速、大腦充血，心想：「完了！完了！太太要變成菩薩了！她還會要我嗎？怎麼辦呢？」

那時候，如果有人告訴我「央金很快會離開你」，我一定完全相信；如果告訴我「你們以後會是一對恩愛的菩提伴侶，還會有個可愛的女兒，加上不可思議的三胞胎」，我會覺得他是在惡意開我玩笑。

雖然那時我也修了很久，還出過家，當過佛學院的教務主任，還有幾百天的閉關經驗，也有些「明空不二」的空性覺受，但仍然對「修行成就者」有些成見，覺得要不是天天在法座上弘法的大師，就是在深山中獨自禪修的瑜伽士。總之，一定是不碰人間俗事、沒有愛情、不食人間煙火，更不會有夫妻家庭生活的人。

但是沒想到，央金閉完關，回到家庭生活中，隨著她修行的深入和穩定，反而對我越來越溫暖、越來越溫柔，兩人的感情也越來越好。以前她總是給我很大的壓力，我總笑她是「望夫成龍」，現在反而各方面都很圓滿幸福。事業方面，相輔相融，四處教學，利益衆生；家庭方面，共同承擔，和諧溫暖；感情方面，互相體貼，而且結婚快二十年了，有時仍像戀人一般。

兩千五百年來，在古印度和西藏，尤其是密法興盛以來，有大量的女性成就者。只是由於古代男尊女卑，女性很難有機會接受教育，雖然修行成就了，但因不會書寫文字，大多沒有留下紀錄。不過，印度和藏傳佛法許多傳承祖師的上師，倒有好多位是女性，其中絕大部分不是出家人，而是過著平凡家庭生活的媽媽。

我算了算，如果每年有一百多位女性成就者，兩千五百年來就有二十五萬名女性成就者，而事實上，我想這個數字應該更接近數百萬吧。但是呢，雖然有這麼多女成就者，但有傳記的只有百餘位，其中更沒有一位留下她自己備孕、懷孕、胎教、養兒育女的經歷，我覺得非常可惜，因爲她們在生活中修行成就的經歷，應該會對現代人更有借鑑的意義。

我和央金開玩笑說，古代伊喜措嘉佛母（西藏公認修行最高的女性祖師）需要示現在雪山中，經歷一般人想了就怕的「八大苦行」，因爲古代藏人特別尊敬苦行者；而現代人天天生活在煩忙中，大多數人心裡已經苦得不得了，如果再看苦的故事，就沒人敢修了。因此，她示現在快樂中修行，五十一歲生出可愛的三胞胎，這樣溫馨的故事，會讓很多人對修行產生興趣和信心。

不過，快不快樂，其實還是心態的問題。我在央金身邊，每天看著她帶孩子，真是打從心裡佩服。爲了讓孩子有安全感，她把四個寶貝都帶著，一起睡在我們臥室地板的大床墊上。baby剛回來的幾個月，二十四小時都有一個在哭，或是叫著要喝奶；有時半夜一個孩子開始哭，很快就會吵醒另一個，然後三個哭成一團。我通常只是在半夢半醒中聽著，沒有什麼反應，除非有個孩子哭哭哭，突然停住，好像斷氣了，我才會嚇得跳起來去抱一抱，其他時候我都是交給央金處理，實在不是一個好先生、好爸爸。

一直到今天，她仍堅持親餵母乳，整整一年來，沒見她睡過完整的一覺。一大早要叫大女兒樂樂起床、穿衣、吃飯、上學，接著還有大量的教學工作和家庭瑣事，我又時常出差不在家，家中大大小小的事，都是她在花費心血照料；除此之外，她還寫了這本書，並且持續創作音樂，晚上還要陪樂樂練鋼琴、做功課。然而，她極少有什麼煩惱情緒，總是在很平和的狀態中，將事情一件一件圓滿處理了：她以耐心和智慧教育大女兒樂樂，以愛心和溫暖養育三個寶寶，以慈悲心一一回答學生們的各種修行問題。

喔！原來修行是否有成，其實是會體現在生活中的。難怪古代印度和西藏的許多媽媽，便在很平常的養兒育女家庭生活中，修行成就了。

想起兩人初遇時，央金是一位很清淨、很虔誠、很堅毅，但不大開心、有點嚴肅的成功女企業家。這些年來，我在她身邊看著她透過修行，一步步蛻變成今天四個孩子的溫暖媽媽、我的溫柔妻子、學生們慈悲智慧的老師……

眞的是不服氣不行，被徹底馴服了！

也向所有的媽媽致敬！

（本文作者爲央金的先生，三十年投身公益和修行，現爲「覺性科學」推廣者，倡導科學化、現代化、生活化的禪修）

序章

媽媽禪

我做媽媽剛滿六年，
在這六年裡，
發生的事情如夢也如幻。

我從一個總是喜歡閉關禪修的獨身主義者，
走上了備孕、懷孕、生育的旅程，
發現「生兒育女」也可以是女性修行成就的一條快速道路。

每個階段，都帶給我深刻的修行經驗。
懷了女兒樂樂後，我有了一顆真實的母親的心，
對眾生的慈悲心自然升起。

自然生產樂樂的那天，
我生平第一次，經歷了那樣撕心裂肺的疼痛，
才體會到自己的母親原來是如此地疼痛。

在疼痛中，我為承擔全天下母親的苦而發願，
在願力的加持下，
我經驗到身體四分五裂的疼痛，心卻達到了狂喜圓滿！

孩子來到的那一刻，
我的眼淚自然落下，
我第一次體會到天下母親無我的心。

自然哺乳的時候，
我經驗到和孩子最親密的連結，
我知道孩子第一個學習到的人際關係是母親。

在帶樂樂長大的過程中，
發現一個孩子沒有伴的孤獨，
是父母無法彌補的。

有了孩子，我更加關注媽媽和孩子們，
親眼目睹很多年輕女士無法懷孕的苦，
也看到大量年輕準媽媽淹沒在無知的焦慮中。

我親眼目睹很多年輕媽媽迷失在親子關係裡，
也被網路和外面流行的各種學說綁架，
卻忘記了尋找古人留下的內心智慧的終究方法。

我發願用自己的親身經驗，希望能夠在這個領域有所貢獻。
我在快到五十歲的時候，
勇敢地第二次走上了備孕、懷孕、生育的道路。

在兩年認真求子的過程中，
我在自己虔誠修行的實際行動裡，
迎請來了三位小菩薩寶寶。

因為，懷的是三胞胎，
在懷孕和生育的過程中，
經歷了很多的挑戰和痛苦。

但是，自己的努力修行，
發願、行願、禪修，
加上對上師三寶能量的堅定信心。

最終超越了恐懼，
避免了可怕的風險，
迎接來了如日、月、星般的三位寶寶。

在照顧三寶的過程中，
經驗到無私的母愛，
讓我超越了很多的不可能。

母親是孩子生命的源泉，
母親是孩子最重要的啓蒙老師，
母親是孩子最直接的人生老師。

在養育孩子的過程中，
經歷過多少次筋疲力竭的勞累，
經歷過多少次不眠不休的熬夜。

在養育孩子的過程中，
孩子卻帶給我無盡的快樂，
經驗到孩子帶給媽媽的幸福感。

當孩子歡笑的時候，
我的心也隨之綻放，
經驗到孩子的笑是療癒媽媽的心藥。

當孩子生病的時候，
我會徹夜不眠地照顧他們，
體會到孩子是如何牽動著媽媽的心。

當孩子哭鬧的時候，
我的心也會微微不安。
當把心安住在當下，我的穩定自然會讓孩子安定。

當孩子淘氣的時候，
我的心也會起伏漂蕩。
當保持「覺」的時候，孩子的情緒不會把我帶跑。

當孩子不聽話的時候，
我的心也會微微波動。
當心安靜下來時，最終的答案自然會從心流出。

孩子讓我有了無限的耐性，
孩子讓我體會到無條件的愛，
孩子開啓了我的慈悲心。

孩子讓我變得更充實，
孩子讓我變得更落地，
孩子讓我變得更踏實。

孩子讓我變得更勇敢，
孩子讓我變得更堅忍，
孩子讓我變得更無懼。

孩子讓我忘了時間和空間，
孩子讓我經驗了純淨，
孩子讓我總是在當下。

孩子開啓了我的智慧，
孩子讓我體會了空性，
孩子讓我的覺性更加穩定。

養育孩子的過程，
就是我修練生命的過程，
讓我重新走過一遍。

只要有修行的方法，
生兒育女何嘗不是修行？
何處不是盛開的蓮花？

孩子呀，你是我悟道的工具；
孩子呀，你是我成就的養分；
孩子呀，養育你們長大就是我修成正果之路。

我在路上，在這裡，
將會陪伴你們，
陪伴你們一起走過……

第一部

家是最好的道場，帶孩子是最好的禪修

家是女人的道場，帶孩子是最好的禪修

家是媽媽最好的修練場，
家是媽媽創造能量場的地方。
家是媽媽的指揮中心，
家是媽媽養育孩子的地方。
家是媽媽給予愛的地方，
家是媽媽升起慈悲心的地方。
家是媽媽練習覺知的地方，
家是媽媽升起智慧的地方。

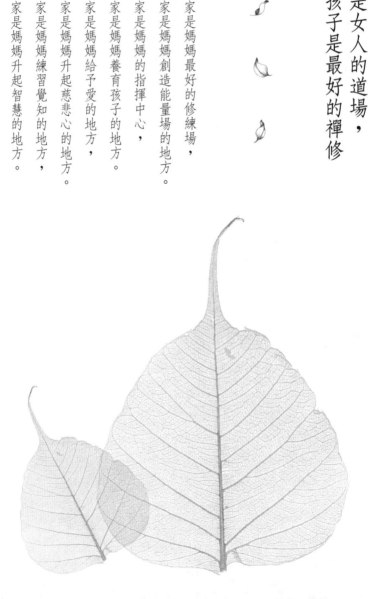

家是媽媽給予孩子安全感的地方，
家是媽媽給予孩子歸宿感的地方。
家是媽媽陪伴孩子玩耍的地方，
家是媽媽陪伴孩子成長的地方。
家是媽媽和孩子鬥智鬥勇的地方，
家是媽媽穩定覺性的地方。
家是女人最好的修行道場，
帶孩子是媽媽最好的禪修機會。

第一章

迎接第一次花開

花開了

花開了。
在生命的旅程中，
妳經歷了多少次的尋尋覓覓？
在播種的過程中，
妳經歷了多少次的風吹日晒？
在生長的過程中，
妳經歷了多少次的春夏秋冬？
在綻放的過程中，
妳經歷了多少次的花開花落？
在結果的過程中，
妳經歷了多少遍的千錘百鍊？
啊！花開了！
啊！果熟了！

生命之花一春又一春，
菩提之果一生又一生。

1 從一心出家修行，到決定生養孩子

從小嚮往出家的獨身主義者

我從小就很敏感，感受得到大人內心的很多苦，也看到家鄉的活佛和喇嘛的慈悲和自在，於是嚮往長大了能出家修行，希望修成了之後，可以像活佛一樣，幫助很多人解決內心的苦惱。但是，我們家鄉沒有女性的修行寺院。

中專開始，我就是獨身主義者，也是一個小大人，心裡總是想著如何解決藏區經濟落後、教育斷層的問題，對戀愛結婚、生兒育女這樣的人生道路沒有任何興趣。大學也只讀了兩年，就輟學去創辦企業，想用經濟的手段解決藏區貧困落後的問題。雖然經過八年不眠不休的打拚，創立了一家最終成功上市的藏藥企業，但我的生命反而離我想幫助藏族的心願越來越遠，內心越來越苦悶。

三十歲的時候，我覺得應該追隨過去大成就者的榜樣，去寺院出家修行。自己修行成就了，有了足夠的智慧和力量，再回來幫助眾生。於是，我正式向我的上師堪布慈誠堅贊請求，希望他接受我在他的座下出家修行。

上師是一位證悟者，也是很著名的藏醫和天文曆算家。他爲我卜卦算了之後，建議我不要出家。當時他用中指比了比，預言說：「如果妳出家修行，會很普通，像這樣，中等。」接著又用大姆指比了比，說：「如果妳在家修行，會是未來在家修行人的典範，利益很多衆生。」不過，我那時候心裡很苦，對成爲典範沒有信心，也沒有任何興趣。

之後我一面經營企業，一面努力修行，仍然是個獨身主義者，不想有修行以外的牽掛。直到二〇〇一年，我在西藏最神聖的大昭寺佛前發願，還是希望順利出家，但若不能出家，希望能遇到一位和我一起利益衆生的伴侶。當晚，佛菩薩在夢中示現，我很快會嫁給一位有相同心願的漢族人。幾個星期後，我就遇到了我的修行伴侶——宇廷，我現在的先生。上師知道以後，又預言說：「妳選擇了一條非常艱辛的修行道路，會很辛苦，但如果妳堅持走下去，最終會有成就，能夠利益很多人。」

結婚不忘出家的心願

結婚前一天，我和宇廷兩人約定：如果任何一方想出家修行，另一方不可阻擋。我記得這個約定還是宇廷提出來的。他曾經出家三年，也覺得自己修好了再利益衆生，是人生最重要的事，我當然很開心地答應了。

所以，我們結婚之後一直沒有打算要小孩。兩人一致的想法是小孩來了會影響我們的修行。此外我們也覺得，這個世界太苦了，帶個孩子來受苦做什麼呢？

當時我們就是這樣，有很多似是而非的傳統學佛觀念。

我們在北京舉辦了一場佛法婚禮，結合了漢傳和藏傳佛法，賓客有近千人。主持婚禮的是丹增嘉措活佛，另外也請了我家鄉的活佛，和宇廷的小弟堪布丹傑在尼泊爾和青海創古寺的活佛和十幾位喇嘛，協助這次像大法會一般的婚禮。

我的父母和親戚來了二、三十位，都穿著傳統的藏裝，增添了婚禮的喜慶和美感。雙方父母倒是婚禮當天才第一次見面。我的家族過去是貴族，雖然文革後成了貧苦的農牧民，但一直保持著佛法修行的傳統。我阿爸像安靜的禪師，個子很高，留著漂亮的白鬍子，當他牽著我的手進來時，有些人還以爲是我們特別請來的演員；我阿媽是慈祥的女菩薩，充滿了慈悲和智慧。由於宇廷父母也學佛修行多年，一見面好像認識許久一樣。

當天還來了兩岸四、五十家電視和報紙雜誌的工作人員，幾十部攝影機和照相機打著燈、閃著光，圍著我們，像拍電影一樣。

我們沒有交換戒指，宇廷送我的是他出家時的漢傳和藏傳僧服，我送他的是一對金剛鈴和金剛杵，代表智慧和慈悲。

一個多小時的婚禮，像是一場莊嚴盛大的佛教法會。很多人感動得流淚，說參加了一場不可思議的婚禮。

好幾家臺灣的報紙媒體也以「王子公主的婚禮」來形容我們這次的「法會」。

落難陌生人之間的磨合

沒想到，我們還在期盼一趟浪漫快樂之旅的時候，苦難的日子就開始了。

我和宇廷都有些冒險家的精神，但所有浪漫的幻想很快就破滅了。

結婚沒幾個月，宇廷的公益事業突然中斷。他學佛修行、努力行善了十幾年，最後落得只剩兩箱衣服回到臺灣，如何證悟的方法又沒找到，內心非常苦。而我嫁給他是為了共同修行，但沒想到和他結婚讓我付出了巨大的財富代價，被迫從我創立的企業淨身出戶。

兩人的婚姻剛開始，就在經濟和心靈兩方面同時遇到重大的挫折和考驗。

於是，宇廷把我接到臺灣，一起住在他父母家閣樓的小套房。

兩個還不大相識的人，突然什麼都沒有了，被放在一個小空間中，自我的習性更加凸顯出來，有了很多煩惱，不知如何相處。

兩人近距離相處後，發現我們的性格、喜好、飲食、生活習慣、思維模式都很不一樣。

我生長在自然的大山裡，在牛群、羊群中長大；而他生長在受保護的大宅院裡，在保姆、廚師、司機、門房、警衛群中長大。

我是好不容易才上了小學、初中、中專，獨自到北京端盤子、洗碗打工賺錢，供自己考上大學；而他出國念書受親戚照顧，讀常春藤名校，在獎學金和父母的支持下，從來不需要擔心錢。

小時候，我在大山中放羊，和遠方的牧童一唱一和，把優美的藏族山歌由一山傳到另一山；他則是在圍著高牆的大院子中，和兩個弟弟騎著腳踏車，唱著卡通主題曲。

我是輟學創業，在西藏最苦的環境裡，從零開始打拚，創造了一家最後成功上市的藏藥企業；他則是讀完哈佛，在麥肯錫穩定有序的工作環境中，幫助大型企業更加強大。

加上那一年兩人的事業都歸零，擠在簡陋的小小閣樓房間中，自然有很多磨擦，也會爲了小事吵架，想不明白對方的喜好、對方在想什麼、爲什麼生氣、爲什麼煩惱。

尋找突破生活煩惱的法門

兩人的生活不能說顚沛流離，但的確一直居無定所。結婚幾年，在廣東、北京、臺北、美國、上海一共住了十三個地方。每次終於在一處安定下來，布置了心目中能安心的家，又得再搬了。有時是因爲事業改變，有時是學佛因緣，但多半是經濟考量，因爲我們的銀行存款總是只夠維持三、四個月的租金，而兩人事業垮了之後，又一直賺不到錢。以前我經營企業的時候，經濟狀況很好，婚後卻變得幾乎一無所有。我是爲了修行而結婚的，也根本不想重新創業。

宇廷學佛、投入公益事業以前，過著拿高薪的生活，現在卻成了窮光蛋，心裡也總是不服氣，想盡辦法要賺到錢，安定下來，但事業總是起不來，最多賺些有一搭沒一搭的顧問費。

他心中的壓力很大。男人結了婚，帶著太太這樣到處搬家，到了四十多歲連個房子也沒有，雖然我不在乎，但他心裡總是對我有些歉意，覺得沒能提供我一個安穩固定的修行場地。也因此，他時常會升起煩躁的情緒。

雖然兩個人在修行方面都很努力，但經濟上有非常大的壓力，又沒有找到眞正突破生活煩惱的方法。因此，身心兩方面，都過得很苦。

我們倆到處搬家，而我仍然一心想要創作心靈音樂來利益衆生，和宇廷過著聚少離多的生活。我不是到處求法，就是去山裡閉關，要不然就是去西藏或臺灣的山上創作自性音樂、製作專輯。我全球飛來飛去，在臺灣、香港、日本、大陸各地參加演出，甚至去了歐洲、俄羅斯、土耳其，以及美國的紐約、洛杉磯、科羅拉多州、新墨西哥州……

兩人在一起的時候，彼此有不少的碰撞和煩惱。其實都沒有什麼大事情，只是因爲我們倆的家庭、成長、教育、工作背景都太不一樣了，所以思考模式不同，性格、觀念、喜好、美感也非常不同。我們喜歡看的書不同，喜歡看的電影不同，喜歡聽的音樂不同，喜歡吃的食物不同，會笑的笑話不同，生活習慣也不同，連晚上睡覺要不要開冷氣這樣的小事，我們都沒法一致！

不過，雖然在生活中很難找到共同點，但在修行方面，我們每天都有談不完的話題，像是各自修行的體會、互相鼓勵該怎麼進步、該怎麼繼續推動和發展我們的佛行事業、如何利益更多的人。在這方面，我們倒是完全一致的，都希望自己在修行上有所成就，未來能夠一起利益眾生。

聖山閉關獲得的領悟

我在修行上比較大的突破，是在二〇〇八年。那一年，前聯合國副祕書長夫人漢娜·斯特朗女士邀請我去她在美國科羅拉多州創建的克利斯頓心靈修行城。那兒幾百平方公里的平原、河流、雪山，乃至花、草、樹木，都和我家鄉的一模一樣，讓我感覺好像回到家鄉，忘記自己身在美國。

漢娜是慈善家和心靈修行大師，許多偉大的西藏上師都來過她這裡。她在法教上幫助我很多，在我修行的道路上給了我很多支持。

我在她的聖山中閉關了三次，總共差不多半年，讓我在修行上有非常非常大的突破和提升，經驗到前所未有的境界。閉關時，我總是一個人住在聖山森林中的小帳篷裡。深山中動物很多，時常有騾鹿在森林裡穿梭，也有好幾隻熊在晚上出沒。有一次太陽剛下山，一隻熊走到我帳篷門口，探頭進來找食物，還好我當時在禪定中，沒有任何恐懼，只是睜著眼睛瞪著牠。牠一抬頭看到我，反而嚇了一跳，頭也不回地逃掉了。如果我當時慌亂大叫嚇到牠，牠可能會一巴掌打下來，那些一寸多長的利爪恐怕就把我撕裂了。

二〇〇八年的三個月閉關中，我每天一大早都會去一塊印地安聖石上打坐，不論刮風下雨，都坐上七、八個小時。我在禪境中得到蓮師（即蓮花生大士）和許多佛菩薩與祖師的加持，使我對修法升起了無限的信心，對眾生也升起巨大的悲心。最重要的是，那次閉關使我和過去多生的修行連結起來了，並從度母和空行母*那裡得到運用覺性歌舞幫助未來女性證悟的法門。

我另外還有一個收穫：看到自己生生世世的故事以後，我突破了「我是藏族」的執著。我明白了民族、人種、宗教等都只是輪迴中的遊戲，我們其實是平等、一體、沒有分別的，都是一家人。我也經驗到，佛法並不是一種宗教、一種信仰、一種儀式，也不是一種文化，而是一種幫助我們開發內心慈悲和智慧，認識宇宙實相的方法。

婚姻中的煩惱是非常好的禪修工具

我雖然對自性和空性有了認識，對佛法和修行有了不退的信心，但現實中經濟的壓力，以及兩人各方面的差異，使我們的生活仍然是小衝突和煩惱不斷。不過，我們一直堅持修行，沒多久也終於迎來了重要的突破。

有一次，宇廷又讓我升起了很大的憤怒，我幾乎是怒火沖天。但是，我突然經驗到，那個憤怒後面還有一個不動的自己：一個不動的自己凌空看著憤怒的自己。那是個非常強大而奇怪的經驗，不動的自己看到被憤怒包圍的自己的全部過程。

不動的自己看著怒火慢慢從心裡升起，之後慢慢流遍全身，渾身被燒傷……這種燒傷的感覺在全身維持了很久，才慢慢退去。那次我才感覺到，怒火一次會燒死好多身上的細胞，太可怕了。之後我對宇廷的感覺，從討厭變成感恩，因爲是他讓我有機會經驗到這個不動的自己，這是多麼珍貴難得的修行經驗！

而宇廷也在差不多的時間體悟到同樣的道理。他在公益事業突然結束後，陷入一種特別痛苦的狀態，時常自怨自哀，覺得他修行修了十幾年，放下一切去出家，做了那麼多年的慈善公益幫助別人，還建了上百所寺院、閉關中心、禪學院、佛學院，辦了那麼多法會，持咒、念經、禪修，怎麼最後落到這個田地？

他很努力地想來想去，也想不清楚事情的前因後果，身心逐漸被憤怒、懊惱、失

＊空行母是指證悟到空性的女性。

落、怨恨、憂傷、悔恨等負面情緒籠罩。以現代醫學來看，大概算是重度憂鬱症吧。

有一天，他又煩得快瘋了，便搬了一張沙灘椅到屋頂上，告訴自己，今天一定要搞清楚煩惱和憤怒是怎麼一回事，否則就不起來了。他那天坐了十幾個小時。

事後他告訴我，剛開始他連自殺的念頭都有，停都停不下來，跟洪水一樣，有時候憤怒，有時候憂愁，有時候傷心難過，有時候自責。他從早上一直坐到天黑，突然間，他發現憤怒和自我分開了，變成兩個自己：一個安靜的自己，看著一個憤怒的自己。他覺得很奇怪。安靜的自己開始問憤怒的自己，到底是誰在煩惱。問著問著，憤怒竟然越來越淡，忽然就不見了。他反而嚇一跳，站起來左右看了看，發現自己不煩了。煩了幾個月，突然就不煩了，如釋重負地睡著了。

第二天，他又用這樣單純的方法看著煩惱本身，發現煩惱只是一股起起落落的能量。如果想去掉，它就會變得更強烈；如果不跟著它走，只是安靜地看著，它自然很快就會平息下去。

從那時起，我們兩人的婚姻關係就進入了另一個層次。煩惱雖然仍然會升起，但它本身不再是煩惱，反而成了禪修的工具。每當有矛盾，我們都能用「覺的禪修」來觀察煩惱和心性的本質，把逆境轉成修行的助緣，逐漸熟悉運用煩惱來修行的方法。

接著，我們又先後在禪修中發現，每次矛盾的眞正起因其實不在對方，而是在自己內心。每一次吵完架，我們不會把誤會堆積在心裡，更不會形成怨恨的記憶。對我們來說，吵架使我們看清了自己內心煩惱的根源，兩人的關係反而越來越親密。

我們很幸運，在婚姻初期就有這樣的體會，才能將婚姻生活中大大小小的煩惱，轉變成禪修的工具。要不然，我想我們早就分手了不知多少次了。

我和宇廷又繼續用功了幾年，到了二〇一一年，我們深入在生活中穩定明空不二、覺空不二這些境界的禪修方法，分別又透過煩惱，體悟到心性的本質。兩人時常很感慨：「我們知道這些修行的方法，實在是太幸福了！」

此外，我們也時常想到，沒有這些方法的夫妻，不少人離婚了、互相放棄了，或是將就著活著，眞的是太辛苦，也太遺憾了。很希望有一天，我們的經驗能夠幫助更多人學習到在婚姻生活中修行，把煩惱轉爲修行機會和慈悲智慧的禪修方法。

孩子要來的預言和預兆

二〇一一年，我們結婚已經九年了，一直忙著尋師訪道、閉關禪修、創作音樂、公益事業，從來也沒想過要生孩子。但那一年，突然好多位佛門大師都說，有個特別的孩子要來，我們應該把他生下來。

最開始是一位住在北京的禪師主動對我們說：「有一位乘願再來的修行者要來，帶他來人間是你們倆現在最重要的任務，比什麼事情都重要。他會是一個智慧超群、辯才無礙、利益很多眾生的人。」

另一位住在北京大院裡的大師，是我公公的朋友，他對我們說得還挺嚴重的：「如果你們不生孩子，就是耽擱了人類的傳承。」

但是，宇廷不大相信這類預言，仍然不想要孩子。他說想要利益眾生的菩薩有本事選擇投胎，世界上有那麼多家庭，沒必要一定得我們把他生出來。

於是，我想到去請示大寶法王。宇廷的五弟堪布丹傑是第十七世大寶法王的漢文翻譯，也是法王的好朋友。我託他請教這件事，結果法王也說：「為了慈悲心，為了利益眾生，你們應該生個孩子，不要逃避。」

最後，我們請示了住在尼泊爾山中的夏扎法王，法王那年九十九歲，但仍健步如飛。他直接預言說：「你們在兩年以後會生個孩子，是個女孩，我會加持你們。」

夏扎法王一生不建寺院、不參與政治，只在尼泊爾喜馬拉雅山麓建設閉關中心，帶領閉關禪修的人，是一位非常清淨，也是藏傳佛教各派公認修行證悟最高的人。宇廷對法王非常有信心，終於同意要小孩了。但沒多久，我的姊姊突然被檢查出來得了胃癌，我們把姊姊接到向朋友借住的北京大別墅，不分晝夜，把所有精力都用來照顧她，生小孩這件事就放在腦後了。

有一天，我早上起來突然覺得小腹非常非常痛。我公公當時住在我北京的家裡，他是老人家，比較敏感，也有經驗，看到我的臉色不對勁，說我應該馬上去醫院。我就去一家婦科醫院接受檢查，結果發現我放了六、七年的子宮內避孕器掉了。我突然意識到，這可能是天意，像是孩子要來的預兆！

但那個時候，我的心仍然全部放在照顧姊姊上面，沒有心情考慮要孩子的事。然而，雖然我們竭盡全力，姊姊還是在五個月後往生了。我和最後幾個月一直在幫助姊姊的雲丹活佛一起，把她的骨灰送回西藏林芝，做成了擦擦，也就是混合了膠泥、珍寶、藥材的小佛塔、小佛像，然後送到西藏各聖山、聖地，還有漢地的佛教四大名山。

然後，二〇一一年十一月底，我就和宇廷回美國了（我們二〇〇九年就住在美國，因爲要照顧姊姊，所以回大陸一段時間）。那時，我心裡打算再也不回來，因爲我很傷心，覺得我這麼認眞，不顧一切地投入修行、幫助衆生，到頭來連自己最親的人也救不了。我想徹底離開北京，再也不想回憶起這裡的生活。

2 修法 vs.「做人」

清淨身心，準備迎接孩子

回美國一段時間後，我內心的傷痛慢慢平復了。想起夏扎法王的預言，我決定好好在美國懷上孩子，把孩子生下來帶大，過一個單純而溫暖的修行生活。

雖然大師們給了不少預言，但究竟該如何生出這個孩子，以及怎麼樣才不會生錯，我和宇廷都不是很有把握。不過，我們很確定，孩子是隨著父母的整體能量狀態而來的，這個能量狀態包含父母身體和心理的健康狀況，以及外部環境的能量磁場。

我把迎請這位特殊的孩子當作很神聖的使命，很認真地清淨自己的身心。

那段時間我特別注意飲食，吃得非常清淨。我不喝酒、不喝咖啡，也不喝冰水、冰的飲料，基本上都是買新鮮蔬菜回家自己做菜，沒有吃外賣食物，也很少出去餐廳吃飯。

每個月我都很認真記錄排卵時間，容易懷孕的那幾天，我會特別早睡早起，絕對不熬夜。白天我會透過放鬆禪修法，還有禪睡*，讓自己總是保持在放鬆、清明、精力充沛的狀態。

打造能量清淨的世外桃源

當時我們在美國的家，能量磁場環境非常清淨，讓我可以很安心地在那裡調整身心和準備懷孕。

那個家位於洛杉磯東北邊山麓的白人區，房子不大，但院子非常大，是一位法國太太的鄉村院落，圍在一片樹林裡，有六、七棵三個人圍抱那麼粗的大樹。她回法國後，房子好久沒有住人，我和宇廷二〇〇九年第一次去看房時，那個大院子裡的草皮都枯黃了，滿地是落葉、枯枝，到處都是爬藤植物。院裡有好多個花園，但很久沒有人整理，一半的花木都枯死了，長滿雜草。對一般美國家庭來說，這樣一個院子需要花太多功夫整理，美國又很難請到幫傭，所以雖然租金很低，但一直租不出去。

＊禪睡是我公公陳履安先生新創的禪修方法，核心是快速進入深度休息，並保持身睡心不睡，能夠令人快速恢復精力，大幅降低昏沉和疲勞。

不過，我一看就愛上了，覺得是個適合我的地方。我知道如果好好整理，這個荒廢的園林會是實現我夢想中田園修行生活的地方。於是，我們當場就決定租下來。

搬進來以後，我們最少花了四、五個月，一步步整理庭園，把落葉、枯枝、死樹全都清理乾淨，裝了整整十幾卡車運走。宇廷那時仍然為了公益事業，美國、北京、臺北三地飛來飛去，但只要他回家，我都會拉著他一起清理。我發現他也非常喜歡整理花園，一幹起活來就停不下來。由於常做體力活，他的身體也變得非常健康。

我們到書店買了很多整理花園的書，又到花市買了好幾車的花花草草，邊學邊種。南加州四季如夏，日光燦爛，花草樹木長得特別快、特別茂盛。我每天穿著比基尼，拿著桶子、鏟子、各式工具，在花園進進出出，自得其樂，全身也曬成了美麗健康的古銅色。宇廷最喜歡我曬成這個顏色，我自己也很喜歡。

很快地，一座荒廢的院落，變成了一個充滿生機、散發溫暖、美麗而浪漫的世外桃源。

家，是女人的道場

這個家，是我很喜歡的修行道場。

整個院落圍在大樹林中，與鄰居的房子幾乎完全隔絕，非常安靜。每天從早到晚，前院、後院、側院、花園、房屋內外……到處都是我練習禪修的地方。

前院是十幾塊高高低低的草坪，錯落種滿了花花草草，由一條石階串連起來，石階兩旁有三、四十株紅色、黃色、白色、粉色的玫瑰花。院子西邊有一條石板小徑，兩邊全是茶花。穿過石頭拱門，又有一座種滿了花花草草的美麗花園，中間有個很舒服的游泳池和按摩浴缸。邊上有一塊草坪，每天太陽升起時，我都會來這裡練習「覺之舞」。覺之舞是我在科羅拉多州山裡閉關時，度母教我的一套透過舞蹈來禪修、打開氣脈的法門。

往西再經過一個石拱門，有一片法國太太過去養馬的草坪，周圍種了很多果樹，長滿檸檬、橘子、蘋果、石榴……總是掉得滿地都是，我們都吃不完。每天早上天還沒亮，我就會來到這塊草坪上，帶著「覺」練習禪跑，一種動中禪修的好方法。

前後院之間有好多座獨立的花園。西側是個大玫瑰花園，有上百株各種顏色的玫瑰，正對著主臥室的窗子。每天我都會來修剪玫瑰，把剪下的花供在佛堂，也放在家裡各個地方。東院有個小水池，和幾株長到兩層樓高的大仙人掌，邊上還有一片長滿石蓮等多肉植物的小花園。

後院更大，有座三層樓高的小山丘，原來荒廢了，我們重新種了上百種不同顏色的花花草草，尤其是一大叢一大叢的紫色薰衣草，又美又香。我覺得種花種草是生活中養心、練習禪修的好方法。我也很喜歡一個人坐在山頂，看著遠方的天際，修習大圓滿的禪修。

小山丘邊上有一棟兩層樓的獨立小樓，整個二樓是開放空間，是以前女主人自己練瑜伽的地方。三面落地玻璃窗看出去，只有藍天白雲和美麗的花草，我們把這裡布置成佛堂。這是我最愛的地方，只要在家，我每天都會花三到五個小時在這裡禪修和修法。

小樓前面的花園裡，有個周圍種滿天堂鳥花的戶外披薩烤爐。這個烤爐的樣子剛好有點像我藏區老家、我阿媽每天做煙供的爐子，我就把這裡當成每天做煙供的地方。煙供是一套幫助消除所有濁氣、去除障礙的法門，方法是把松枝松葉、米麥穀物、酥油乳酪、蜂蜜糖果等食物混在一起，在戶外點火燃燒，讓香氣遍布彌漫。

每當濃煙升起時，我都會觀想，也就是用心想像所有的供品向上飄到一切淨土，供養諸佛菩薩、護法龍天等；之後，再將香氣佈施給六道*一切苦難眾生、冤親債主，希望他們都能解冤釋結、離苦得樂。

每一次做煙供，我都覺得很輕鬆、很歡喜，不過也有一次緊張的經驗。有一天，我正在烤爐前做煙供，突然有人不停地按門鈴，還很用力敲打我家後院大門。宇廷趕快跑去開門，結果外面站了好多警察和消防人員，原來是周圍有住戶看到濃煙升起，就報警了。還好法國房東太太在披薩烤爐旁邊裝設了一個水力很強的澆花水龍頭，從消防的角度來講，是非常安全的。而且，爐子的一邊是草坪，另一邊是停車場，周圍只是種了些花花草草，沒有任何可燃的危險物品，所以他們看了看，又問我在做什麼，知道原來是個西藏的宗教儀式，就都笑笑地走了。以後我再做煙供，就沒有人報警了。

這個煙供爐的南邊是大院落的主建築，也是我們居住的地方。雖然只有一層，但隨著地形設計成高低錯落的客廳、餐廳、廚房、書房和四間臥室，裡裡外外，每個細節都做得非常有味道，到處是大落地窗，每個窗戶都可以看到美麗花園的一個獨特景致，而且幾乎隨處都可以坐下來禪修。

主樓客廳有個大壁爐，院子裡又有大量的免費柴火，晚上宇廷總是會燃起火爐、點些蠟燭、拿出紅酒、切些乳酪……布置得非常浪漫。他喜歡我陪他一起喝點紅酒、吃點乳酪，坐在地毯上聽聽音樂、聊聊天，那是我們倆婚後難得的一段輕鬆浪漫的日

＊六道是指天人、人、修羅、地獄、惡鬼、畜牲等六種生命狀態。

子，為我們嚴謹的修行生活添加了一些溫柔和愛意，互相打開了心靈，走進對方心中。

我和宇廷總是覺得自己特別幸運，能以很低的租金，住在這樣一棟不可思議的花園別墅中。除了說是福報現前，眞正的原因，一方面是二〇〇八年的金融危機使租金大幅下降，另一方面，是這裡很久沒有人住，庭院荒廢不起眼，加上院子實在太大，一般家庭整理起來很麻煩，太費功夫。雖然租金很便宜，但我們後來仍然租不起，想要搬走。很幸運的是，法國太太委託管理這裡的老先生很喜歡我們，不捨得讓我們離開，所以之後的一年半，只象徵性地收我們一個月二千九百美元的成本費。

這個家，好像一切都是安排好的，每個角落都很適合修行，一年四季都有花開，滿院都是花香，眞的是女人落實生活中修行的圓滿場所。

我們兩人時常被這裡生活中的點點滴滴感動，也都發願，希望有一天能夠建設一個類似這種感覺的禪修社區，讓更多朋友也能體驗到這種生活中修行的喜悅。

每日安頓身心的功課

上午的禪修與修法

因姊姊過世而回美國後，我在這個世外桃源的能量磁場中很認眞地修行，也開始備孕。每逢容易懷孕的那幾天，我會要求宇廷不能喝酒，要和我一樣早睡早起，一起整理花園、鍛鍊身體、清淨自己的身心。

每天天還沒有亮，我就去養馬的草地上禪跑；太陽出來後，就到游泳池邊的草坪上跳覺之舞；吃完早餐，就去佛堂禪修和修法。

這段時間，我的生活非常規律。而早上在佛堂，我主要練習三個方法，每天都是同樣的順序。

首先，我先修「覺之誦」。和覺之舞一樣，這也是我二〇〇八年在科羅拉多州山裡閉關時，從度母那裡學到的法門，是透過特殊的唱誦方法打開氣脈，快速進入禪定，使覺性清晰、寧靜、穩定。

接著，我開始禪修。禪修是開發如明鏡一般的自心的重要方法，形式有「動中禪」和「靜中禪」兩種，要相互搭配。

動中禪，是透過日常生活來練習心性，與自己的覺性連接。只要帶著「覺」，舞蹈、行走、做飯、做家務、清理花園都能變成很好的禪修練習。動中禪會幫助身體脈絡暢通，放下頭腦的思維，使身體能量流動起來。身心輕鬆，煩惱減少，歡喜心自然會升起來。

靜中禪，則包括靜坐和修法。靜坐是讓自己安靜下來，更清晰地觀察到自己的內心世界、各種念頭、情緒、煩惱，再慢慢由靜生定，由定生慧。

我每天在佛堂練習完覺之誦後，通常會靜坐半小時左右，然後開始修法。先修蓮花生大士相應法。蓮花生大士是藏傳佛教的創始人，被藏族喻為「第二佛」；相應則指和蓮花生大士的願心和能量合二為一，最終和自己內在的覺性融為一體。

接著，我會修二十一度母的相應法。二十一度母是指觀音菩薩的二十一種女性化身，練習這套方法有助於超越煩惱、恐懼，成就利益眾生的事業，最後也是和自己內在的覺性融為一體。

家務和生活中的修行

在佛堂修法兩、三個小時後，我就會開始「動中禪修」，把做飯吃飯、洗刷碗盤等都變成修行的一部分。吃完中飯，我通常會稍微休息一下，再開始做家事。

由於家裡和外面的院子都很大，每天總有做不完的家務活，清潔打掃、整理花園、修剪花草。不過，我把家務活當成練習覺的禪修功課，本來無聊的家務也變得很有意義了，所以每天做家務活的時候，身心都很活絡、很開心。

過程中，我時常感受到將外境清理乾淨，就是將內心清理乾淨。當我把房子和花園清理乾淨，感覺內心也清乾淨了，時常升起一種清涼的感受；而當我把家裡的每個場景都裝扮了不同的鮮花，心中也自然充滿了美的享受，時常停在一個美景中，靜靜享受那個當下。

自己的家，是女人待的時間最久的地方；家，就是女人的道場，也是散發愛的能量的地方。所以，想要穩定自己的禪修，最好的練習場所，就是自己的家。

家，是女人放鬆的地方；

家，是女人創造的地方；

家，是女人做夢的地方；

家，是女人養育的地方。

家，是最讓自己感到安全的地方；

家，是最讓自心得到休息的地方；
家，是最適合自由釋放的地方；
家，是最適合女人修練的地方。

傍晚和晚上繼續清淨身心

每天下午做完煙供後，我就會回到佛堂繼續修法，主要練習兩個方法。首先，是打開身體氣脈流動的通道，提升內在能量。氣脈通暢時，一股被稱為「拙火」的強烈熱能會從丹田升起，像火焰一樣遍布全身，讓人進入極度喜樂的狀態。在西藏佛法中，這套方法被稱為氣脈明點法門。

自從在聖山閉關時升起拙火後，我的身體幾乎像再生了一樣，不但從小的各種寒病都不治而癒，內心深層的莫名煩惱也全部脫落了。那幾個星期，我每天都充滿一種言語難以形容的喜樂（傳統上稱為狂喜）。它超越世間任何的享受和快樂，是一種可以持續很長時間的喜悅狀態。從早到晚，不管我在做什麼，即使是煮飯、掃地、清理，全身的每個細胞都處在狂喜的狀態中。我非常喜歡修練氣脈明點法門，它讓我逐漸體驗到拙火和狂喜也只是表層的現象，一切都是我們更深層心性的化現，於是我逐漸放下對自我和外境的執著。

修完氣脈明點法，我就會開始修護法。當時每天修的是寧瑪派的三大護法和噶舉派*的阿企護法，目的是消除修行的障礙，並圓滿利益眾生的事業。從最高的層次來說，當我們和自己內在的覺性融為一體時，自己的心，就是自己最大的護法。

修完護法，我會簡單吃些晚飯，然後回到佛堂繼續禪修，或是在客廳聽聽音樂、看看書。

「做人」真不是那麼容易

那段時間，宇廷大多仍然在大陸忙著他的公益事業，但我是個做什麼事都很認真的人，一旦決定了，就把「做人」當成非完成不可的神聖任務。每個月我都會認真計算排卵時間，嚴格地按時間把宇廷抓回美國來造人。

---

* 西藏有八大修派，分別是寧瑪、噶舉、覺囊、薩迦、噶當等，盛極時各下轄數十到數百座寺院。寧瑪傳承或寧瑪派主要修持蓮花生大士於第八世紀自印度帶進西藏的佛法，噶舉派主要修持第十一世紀馬爾巴譯師帶入西藏的佛法。

每次「做人」之前，我都會先去佛堂，供水、上香、點燈、發願、祈請，然後再禪修和修法一段時間，才會去臥室。

有一次，我從佛堂回來，宇廷躺在床上等了好久，看著我笑道：「妳知道嗎？世界上大多數的人知道妳每次『做人』以前先跑到佛堂去修法，都會覺得很有趣，甚至會覺得有些好笑！」

我聽了很意外，就問他：「那大多數人會怎麼想讓好孩子入胎呢？」

他說：「大部分人哪有想什麼入胎不入胎的，只是男女一時的激情，然後就懷孕了。現代人的知識結構裡根本沒有這些概念，很少人知道，其實宇宙中有無限多的靈界生命等著透過入胎，進入人類的四度時空世界。」

我問：「那他們怎麼辦呢？」

他說：「沒什麼怎麼辦，即使有些人知道有這麼一回事，但大部分人相信，生好孩子或壞孩子是機率問題，只能碰運氣、聽天由命，想都沒想過其實是有方法可以迎請菩薩寶寶入胎的。」

不過，雖然每個月容易懷孕的時候我們都在努力，但就是一直沒有懷上。或許也和我們的年齡有關，當時我已經四十六歲，宇廷四十九歲了。

經過幾個月的努力，我第一次發現，造人也不是那麼容易。

接著，我突然生了一場非常嚴重的大病，讓我們迅速搬離美國。

那天我突然肚子絞痛，全身發冷。我是個很能忍痛的人，但那次的疼痛極為強烈，而且持續痛了三天三夜，每夜都痛得不能睡覺。去了三家醫院，都檢查不出是什麼原因。家人非常擔心，我公公就打電話給宇廷，希望我們盡快從美國搬回臺灣。宇廷一開始還不敢和我說，心想我是不是會不捨得這個地方，於是要他父親直接打電話給我，要我趕緊回臺。當時我也不知道為什麼，二話沒說，就答應了。

因為我還在病中，宇廷一個人找了幾個墨西哥臨時工，花了一星期，把一個四十尺貨櫃那麼多的行李全部打包好，運回臺灣。

很奇怪的是，我一回到臺灣，病就突然完全好了。到醫院全身大檢查，什麼病都沒有，只是瘦了六、七公斤，好像有什麼力量不讓我留在那夢幻的修行中，趕快回到東方人間來。

三個奇特的夢，預示孩子來了

病好了之後，我們兩人又搬到北京。宇廷兩岸飛來飛去，我則定期抓他回來努力「做人」。那幾年在北京，我們一直借住在一位律師好友的別墅中，但因為他說二〇一二年底想要重新裝修別墅，我們就決定搬家，在機場附近一個外國人比較多的小區裡，租到一套我非常滿意的房子。布置好新家沒多久，我們的孩子就來了。

她是在二〇一二年九月十六日凌晨左右入胎的，當晚有三個奇特的夢。

我夢到自己走進一個大房間，房間裡有個很大的佛龕，上面坐著一尊和人一樣大的紅珊瑚的彌勒菩薩，對著我笑。

房間裡還有一張很大的桌子，上面放了許多和彌勒菩薩一樣的紅珊瑚做的石榴。我的婆婆也在這個空間裡，她好像也被供起來一樣，坐在一張高凳子上，懷裡抱著很多很多紅石榴。彌勒菩薩微笑著把桌上最亮的一個紅珊瑚石榴拿給我，我就捧著石榴醒來了。當時大概是早上四點多，根據我的經驗，後半夜非常清晰的夢境通常都預示著什麼，於是我就起來去佛堂禪修。

在禪定狀態中，我收到一個訊息：我的孩子投胎來了！

之後我就回床上睡覺。沒多久，宇廷突然把我搖醒，告訴我，他也做了個奇特的夢。

他夢到天上飄滿白色的巨大水晶球，有透明的、半透明的，也有彩色的。其中一個飄到他前面，他就一把抱住了。這個水晶球是半透明的，裡面有很美的七色彩虹，再仔細看，彩虹下坐著一尊雪白的四臂觀音菩薩，非常莊嚴。他正歡喜地看著這個奇景時，就抱著水晶球醒來了。

宇廷問我這個夢是什麼意思，我就跟他說了我的夢和禪境。我說，我們的孩子可能已經投胎來了。

那幾天，我公公剛好也住在我們北京的家裡。吃早餐時，公公突然說，他做了一個特別的夢，夢見自己抱著一個小孩在空中飛。在我的記憶裡，公公從來不曾說起自己的夢，這是第一次。我和宇廷看著彼此，笑了笑。當時我們不敢說孩子來了，因爲還沒有百分之百確定。

一大早，我就去買了驗孕紙，結果顯示懷孕了。我非常興奮，但還沒有百分之百確定之前，我一直忍著，直到兩週以後去醫院驗了血，果然懷孕了，我們才告訴公公婆婆這個喜訊。

我們結婚已經十年了，宇廷又是長子，雖然公公婆婆非常開明，從來沒有對我們不想要小孩這件事說過什麼，但我們有了孩子，他們的喜悅是不言而喻的。

宇廷爲孩子取名「大樂」，但沒多久就發現是個女孩，我覺得女孩叫大樂太奇怪了，但宇廷堅持要用「樂」字。由於有夢到彌勒菩薩，公公便爲女兒取名陳明樂，小名「樂樂」。「明樂」是彌勒的諧音，也有「明空不二，樂空不二」的禪修意境。

3 在肚子裡就開始的教育

胎兒的身心和母親連為一體

懷上樂樂、成爲準媽媽之後，我發現我的生命狀態完全變了。當一個純淨的小小生命在我的身體裡開始發育和成長，我感覺自己和她的生命完全綁在一起了，我要對她的一生負起全部的責任。

懷孕的整個過程，讓我體會到一種做母親的美德、體會到一種養育生命的幸福感，一股全然承擔的無懼感自然而生，一種無條件的愛與慈悲之心自然湧現出來。

我接應來一顆好的種子，這是成功的第一步，而這顆種子是否發育得好，健康茁壯地結成一個好果，還要看將近九個多月在我肚子裡的發育。除了給予胎兒健康的營養，胎教更是重要。

雖然胎兒的身體還沒有完全成形，還不知道如何用言語或肢體表達，但他們是在一種開放的覺知狀態裡。他們不只是身體和母親相連，內心也是和母親連爲一體的，母親的各種思想和情緒，都會直接傳導給他們。由於他們還很幼小，母親的一點點波動，對他們都像是閃電打雷一樣。

當母親快樂的時候，胎兒也在媽媽快樂的能量裡得到快樂；

當母親穩定的時候，胎兒在媽媽穩定的能量裡感到穩定；

當母親開心的時候，胎兒在媽媽開心的能量裡很開心；

當母親平靜的時候，胎兒在媽媽平靜的能量裡感受到安詳。

當母親憂傷的時候，胎兒在媽媽憂傷的能量裡也會感到憂傷；

當母親憤怒的時候，胎兒在媽媽憤怒的能量裡經歷地震一般的摧毀；

當母親焦慮的時候，胎兒在媽媽焦慮的能量中也會焦慮不安；

當母親恐懼的時候，胎兒就在媽媽恐懼的能量裡經歷地獄一般的恐懼。

我非常重視整個胎教，有幾項堅持的原則：

一、飲食健康清淡，不吃垃圾食品，不喝茶和咖啡，不飲酒。

二、不讓自己動怒和焦慮。

三、不讓自己陷在憂傷的情緒裡。

四、不讓自己熬夜。

五、經常禪修、修法、修覺之誦。

六、平時保持心情開心、平靜。

在生活和禪修中進行胎教

懷孕的前五個月，一直到二〇一三年二月，我們都住在北京。當時的生活仍然非常忙碌，雖然我們還沒有對外教學，但每天都有很多朋友來家裡，談的都是佛法和修行方面的事，因此也可以說，樂樂在我的肚子裡就開始聽聞佛法了。

由於懷孕前我夢到彌勒菩薩，宇廷決定讀《彌勒菩薩下生經》給樂樂聽。晚上他會拿著佛經，盤腿坐好，把我的衣服掀開，露出圓鼓鼓的肚子，然後很認眞地對著我的肚子念經給女兒聽。

我自己也專門選了很多音樂放給她聽。除了心靈和佛法音樂，我還找了一些非常好聽的古典樂和輕音樂，開始培養她對音樂的品味和鑒賞能力。

懷孕期間身心保持在一個穩定、安靜的能量場裡是非常重要的，所以只要沒有客人來，我總是在禪修和修法。

我在懷孕期特別重視覺之誦的禪修，因爲覺之誦會幫我們打開堵塞的氣脈，讓身體中的能量非常通暢地流動，也會讓全身細胞放鬆，進入寧靜、輕安、愉悅、無懼，乃至禪定的狀態，讓母親和宇宙的頻率接軌。胎兒在母體中自然也會感受到這樣歡喜而無懼的頻率，對安胎特別有幫助。每次唱誦的時候，我都感覺肚子裡的女兒變得特別安心、安靜、安詳。

其他時間，我都在忙著完成我的第一本書《心靈女戰士：快樂女性覺醒六法》，這是一本談女性如何在生活中修行、從煩惱中解脫出來，甚至最後達到證悟的一本書。我在禪修中得到一些訊息，知道未來會有很多修行的女性醒來，平衡當今男性能量過強造成的創傷、災難和各式各樣的問題，而我把未來這個時代，稱爲大地母親的時代。

生樂樂時體會到為眾生發願的力量

爲了在臺灣發行《心靈女戰士》，懷孕五個月時，我回到臺灣辦了一場新書發表心靈音樂會，接受了很多電視、廣播和報章媒體的採訪，主要談的是現代女性如何在生活中修行，例如「家，是女人的道場」。還辦了一次「央金歌舞法」教學課程，帶一百多位學員練習了兩個多小時的「覺之舞」。我記得課程進行到一半時，宇廷看到我挺著大肚子跳舞，越看越擔心，忍不住跑到我身邊，拉著我的手，悄悄在我耳邊說：「妳要小心一點呀，不要忘了妳是一個孕婦啊！」我笑笑說：「不要擔心，我有把握，沒問題的。」他這才放心。

我們很希望在臺灣生下孩子，因爲我公公婆婆在臺北的家離一所很好的婦產科醫院只有不到一百公尺，特別方便，旁邊又有一家很好的附屬月子中心。但是由於我的簽證每次只能停留十五天，無法在臺灣生下孩子。

正好這次在公公家裡遇到一對住在美國亞特蘭大的臺灣夫妻，他們曾經到我們洛杉磯的家裡學習過禪修，很感恩公公和我們，於是想邀請我去他們家裡養胎，說附近也有一家很好的婦產科醫院。他們的邀請非常熱情和眞誠，於是，我就決定去美國了。

到美國以後，他們非常照顧我，可以說是無微不至。他們修行的熱忱很高，每天早上六點，我就帶他們在佛堂打坐禪修、修習「央金日修法本」，以及練習覺之誦；晚飯後，則回答他們修行方面的問題。

他們有個修行的朋友圈，幾乎每天都有人來見我，有幾次我也出外教學，用佛法和大家結善緣。所以，整個懷孕期，我天天都在教學、講法、答疑，或是帶著大家發願、行願、禪修、修法，可以說每天都帶著寶寶在利益衆生的生活中度過，我覺得這是對她最好的胎教。

生產前兩週，我還在亞特蘭大做了一次大型的央金歌舞法教學。而除了教學，我每天還堅持在公園走路一個小時以上，鍛鍊身體，因爲我希望能夠自然生產。

整個懷孕的過程非常善順，身體沒有任何不舒服。樂樂在我的肚子裡，沒有帶給我任何煩惱或痛苦，反而增長了我的母愛和慈悲心，提升了我的修行。

生樂樂的兩天前，她託夢告訴我說：「我的時間到了，我要出來了。」然後，我的肚子上就顯現一道亮光。

生樂樂那天，發生了神奇的事。倒不是什麼祥瑞景象，而是我體會到願心不可思議的力量。

那是一個我剛發完願，馬上就滿願的經驗。

二〇一三年六月生樂樂時，因爲我是自然分娩，而且爲了避免後遺症，沒打無痛分娩針，在進入最強烈的陣痛時，我感覺自己痛得四分五裂了。這個時候，我突然想到我的媽媽，想到她一共生了八個孩子，就這樣痛了八次。

以前我完全體會不到阿媽經歷過的這種苦，在這樣的心情下，我突然開始發願：我願意承擔全天下所有母親的苦，祈願所有母親都能從苦中走出來。當這樣真誠的願心發出來時，我的心突然進入一種狂喜的覺醒狀態，和身體的極度疼痛分離了。

那時，我看到了不可思議的景象——我看到夏扎法王出現在我的上空加持我，保佑母女平安，消除了我的痛苦。我感動得流出眼淚……在極度疼痛和感恩母親這樣一個非常深刻而有力量的狀態下，我發出了利益眾生的強烈願心，而這樣的願心和菩薩普度眾生的願心相應了，因此我得到了諸佛菩薩的加持。

4　養兒育女好修行

我的生命之花終於盛開

樂樂從小就是個非常好帶的孩子，總是非常安靜、開心，也非常聰明，我們一直非常感恩佛菩薩賜給我們這樣一個好寶寶。

她帶起來完全不費力，還是嬰兒的時候就很少哭鬧，即使感冒生病了也是。她也很謹慎，不會隨便拿了東西就往嘴裡塞；告訴她一次，她就不會把手指頭放進插頭裡；平常爬高爬低，都會先試探清楚，極少摔跤，即使很偶然摔了一跤，也自己爬起來，不會哭。宇廷時常說，完全想不起來樂樂小時候哭的聲音或樣子。因此，我們關於帶孩子的記憶都是很愉快、美好的。

樂樂人如其名，她的到來，帶給我們全家老少無盡的快樂。她很快就長得白胖可愛，什麼時候都笑笑的，從嬰兒時期開始就是全家人的開心果。她出生的第一年，我公公時常和宇廷在一起寫書，寫累了就會說，我們去找充電器充充電，樂樂就是他口中的充電器。看到樂樂，大家就開心，完全沒有煩累惱怒這類情緒。宇廷逗著樂樂玩的時候，有句口頭禪：「這……麼可愛的baby，哪……裡找喔！」

我想樂樂可能遺傳了宇廷的幽默感和邏輯。她從小就很幽默，才一歲四個月，剛剛學會全家人的稱謂時，宇廷讓她叫爺爺、奶奶、爸爸、媽媽等，她第一次都會跟著講，但再讓她講一次，她就會故意把爺爺叫成爸爸，把媽媽叫成奶奶，看到大家都楞在那裡，她就會露出頑皮的微笑，使大家很開心。現在她更常流露出這種幽默感了。

她先天也有邏輯能力。剛剛學會講話時，我們教她認人，這是爺爺、這是奶奶，她會跟著講「爺爺」「奶奶」；但是過一會兒，她就會自己說：「奶奶不是爺爺，爺爺不是奶奶。」如果教她，這是餃子、這是包子，包子是圓的、餃子是扁的，她也會跟著講，但是過一會兒，她就會說：「餃子不是包子，包子不是餃子。餃子不是圓的，包子不是扁的。」這個邏輯對孩子來說，其實還是比較複雜的。

此外，她對音樂也很敏感。不到四歲就會欣賞一些大人的音樂，像是美國老鷹合唱團的歌，她一聽就愛得不得了，一直站在音響旁邊不走。她有很豐富的想像力，喜歡演自己編出來的話劇，也喜歡創造各種情景，指揮我和家人表演。比較特別的是，她告訴我，她睡覺以前會認眞地想一些劇情和孫悟空這樣的卡通漫畫人物，然後就能把他們帶進自己的夢裡，在夢中和他們一起玩耍。

我覺得，樂樂的這些特質，除了她投胎的來歷以外，應該也和我懷她時的胎教有很大的關係。

我和宇廷非常享受帶樂樂的整個過程，有了樂樂之後，夫妻關係也變得更加圓融了。我們之間多了一個生命的連結，也多了無窮無盡的共同話題，樂樂將我們連結得更加緊密，再也無法分開。這也可能是人間最牢靠的捆綁吧，宇廷看著樂樂的眼神那麼溫柔、那麼滿足，是我從前沒有見過的，也讓我更加體會到天下父母之心。

我也慢慢發現，是樂樂讓我的修行眞正落地了。有了樂樂以後，我覺得我的生命才像是一朵得到充分的水和陽光的花苞，終於盛開了。以前的我，只是個包著花朵的花苞，沒有展開，現在我的生命才完全展開了。

孩子幫我開啓了菩提心

樂樂徹底顚覆了我和宇廷過去認爲「有了孩子會打擾修行」的觀念，也打破我「非要用音樂度衆生不可」的執著。早年我曾卡在「生小孩不是我應該做的事」的觀念中，覺得生小孩和修行不但不相干，而且是個障礙，會多了很多牽掛，影響我的修行，耽誤我利益衆生的事業。回想起來，我過去是卡在「我」要度衆生、「我」要解脫的感覺裡，一切思考仍然是從「我」出發，並沒有眞正突破對自我的執著。

這是因爲以前我自己還沒當過母親，還沒有體會到什麼是無條件的承擔與愛。在過去的修行中，我也時常觀想眾生如母，每天迴向給全世界，不停想像人人都做過我的父母師長、兄弟姊妹、兒子女兒，這樣我也會升起慈悲心，但是不容易持久，不容易深入，也不夠寬廣，心沒有完全打開，只是在道理上懂得平等的慈悲心，但很難感同身受。在修行上，我始終缺乏眞正的菩提心。

但在養育樂樂的過程中，我更常處在快樂、滿足、知足、感恩的狀態裡，而當我在這種狀態裡，會自然升起對他人的慈悲心，彷彿自己內心裝了滿滿的愛，自然會流出來想幫助別人。

我也更能夠體會到天下母親的心，知道母親是如何愛著自己的孩子。我們經常說觀音菩薩愛眾生就像愛自己的孩子，但是當我沒有孩子時，很不容易深切體驗到這種感覺。

樂樂來了，我才眞的能體會這個比喻，也對眾生自然升起了更深的慈悲心。有了一顆活生生的母親的心以後，我能將心比心地想到別人的孩子，也會自然想到所有人在生生世世中也都曾經是我的孩子，希望也能消除他們的煩惱痛苦，帶給他們快樂。

這幫助我更能看見別人的需求、別人的執著、別人的煩惱、別人的痛苦，心裡時常自然湧現一種無我利他的心，一種不分高低上下、眾生平等的慈悲心。而這種平等的慈悲心，使我升起了眞實的菩提心。

以前上師們就告訴我，「菩提心」是一切修行證悟的基礎，如同鑽石一般珍貴，一定要升起菩提心，才能成爲眞正的修行人。但是，在此之前我一直沒有體會到。

菩提心是一種更深層次的慈悲心，是一種自覺覺他之心。自覺覺他的意思是「爲了幫助所有人覺醒、離苦得樂，自己必須精進修行，達到全然覺醒的心願」，因爲只有自己醒了，才能幫助別人醒來，才能眞正離開煩惱痛苦。

回頭看看我早年的修行，雖然禪修境界非常多，但禪修的境界，不論是輕安的感覺、空明樂的覺受、天堂地獄的異相、菩薩本尊的現前加持……其實都只是修行的副產品而已，都是要放下、不可執著的禪境。

現在我深深體會到，最重要的是對衆生有深廣的慈悲心，有穩固的菩提心。只有當一個人升起菩提心時，利益衆生的事業才會自然開展。

母愛是菩提心的源泉

好孩子會帶來福氣。生樂樂以前，我的音樂事業和宇廷的公益事業總是跌跌撞撞，發展不順利，生活也很辛苦；她來了以後，對她的愛使我們的菩提心更加穩定而寬廣，因此我們利益眾生的事業很快就開展了，生活變得忙碌而充實。我們夫妻搭檔教學，宇廷教導「覺性科學」，也就是現代化、科學化、生活化的禪修理論和方法；我則教導央金歌舞法，幫助現代人快速打開氣脈，進入禪定，體悟心性。

因此，樂樂一直跟著我和宇廷全球飛來飛去，直到她四歲上幼稚園中班。生她後的前十個月，我們沒有保姆，都是我自己帶；而她剛滿三個月，我就開始教學了。

那時我沒有團隊，也沒有開固定課程，只是隨緣教學，哪裡有人邀請，我就去哪裡講課。我在美國東岸的亞特蘭大郊區生下樂樂後，第一次教學是在西岸的舊金山灣區，她剛滿三個月，就和我飛越美國；第四個月，我又在朋友的邀請和安排下，到上海舉辦了兩場比較大型的音樂會，從此走上沒有閒暇的道路，馬不停蹄地東奔西跑，演唱、教學……那時候樂樂只喝母乳，我就帶著她到處飛。

她出生的第一年，就和我們從亞特蘭大來回舊金山兩次，然後又往返北京、上海、臺北多次，還跟著我到廣州、深圳、成都、昆明、鄭州、濟南、瀋陽、海南、南寧，甚至是英國的倫敦和蘇格蘭。樂樂很乖，路上從來不哭不鬧，但她畢竟是個很小的baby，她越乖，我和宇廷越是心疼。

樂樂六個月大的時候，有人介紹我一個小助理，字春美。小字那時還是個小女孩，跟著我，幫忙打理我身邊的雜事，順便照顧樂樂。我們帶著樂樂各地跑，到哪裡都是住飯店，樂樂學爬、學走路，都是在飯店的房間裡。我怕飯店地板不乾淨，和小字反覆地擦也擦不乾淨，只好把床單鋪在地上讓她爬。樂樂就這樣和爸媽一起跑了好幾年。

我印象最深刻的是小字上班的第一天。那是個寒冷的北京冬夜，我接受P&G寶僑公司的邀請，在他們的全球年終大會上演唱。在那個活動中，演唱和國際模特兒走秀的舞臺都搭在戶外，演員化妝的地方也是在戶外臨時搭建的大帳篷裡，雖然有暖爐，但是稍微離開爐子就冷得不得了。我記得走紅毯的時候，每個演員都冷得直哆嗦。後臺和表演的地方又離得比較遠，我需要去化妝、走紅毯，還要上臺唱歌，小字則抱著樂樂在後臺的暖爐邊等我。

到了吃奶的時間，我還沒有忙完，樂樂餓得哭了。那時小字才二十三歲，剛剛大學畢業，沒有經驗，哄不住她，也急得跟著哭。我結束工作趕到後臺時，就看到滿臉淚水、不知所措的小字，抱著哇哇大哭的小樂樂。我到今天都很難忘記看到她們倆的那一眼，我的心都快要碎了。

我一把抱住大孩子小字和小寶寶樂樂，小字哭著說：「老師，大家都以爲您很風光，卻沒想到您是這麼艱苦。」我什麼也沒說，趕緊脫下演出服，抱起樂樂餵奶。那是小字第一天到我這裡上班，這件事沒有把她嚇跑，到現在，她還留在我身邊。

曾經帶著baby出行的母親都知道，帶著孩子跑來跑去眞的不是一件輕鬆的事情。樂樂用的東西全都要帶著，她的小棉被、小枕頭，還有她最喜歡的娃娃玩具，都要帶在身邊，這樣她才會有安全感。

樂樂六個月後，除了喝母乳，也開始吃副食品。她不能吃大人的食物，得單獨做給她吃，所以不管去哪裡，我們都還要帶著給她熬粥的小電鍋，還有米、麵條這類食材。此外，出門還要帶每天換洗的衣服、尿布……所以每次出行，樂樂的東西都會裝滿兩個大行李箱。

這樣跑來跑去眞的是非常辛苦，但我心裡充滿了母愛。在滿滿母愛的滋養下，我升起了對衆生平等的慈悲心，繼而穩定了我的菩提心。當我的心不在自己身上，內心自然沒有了苦；內心沒有苦，身體上的勞累其實不算什麼。我這才體會到，爲什麼菩薩教導我們一定要發菩提心的願。

而只有在無我的狀態，才會升起眞實的菩提心。

過去我看到很多仁波切年紀很大了，帶著又老又有病痛的身體東跑西顚，到處度衆生，覺得他們好辛苦，但他們的狀態又永遠那麼平和而溫暖，不懂他們是如何做到的。

當自己帶著孩子也這麼東奔西跑時，我才體會到，原來心自在，才是眞正的自在呀。

尤其看到許多學生因爲我們的教導而從自己的苦中走出來，我心裡也充滿喜悅，所有付出的辛苦都不見了。

我也知道那個時候樂樂還小，其實很需要媽媽待在家裡，但我幫助衆生的事情一開始就停不下來。我教學就是幫人離苦得樂，就是所謂的度衆生，而在度衆生的過程中，我也養育著我的孩子；在母愛的狀態裡，我更能體會很多很多人的感受。

我眞正看見別人的需求、別人的執著、別人的苦，心裡湧起無盡的承擔和溫柔。

我的心像花朵一樣盛開，感覺自己猶如大地，養育著我的孩子，也養育著身邊的人。看到孩子一天天長大，也看到我們教授的科學化、現代化、生活化的禪修方法幫助很多人走上離苦的道路，我心裡的法喜是無可言喻的。

母愛是菩提心的源泉，取之不盡，用之不竭。

從一心出家修行，到決定生二胎

樂樂不到兩歲時，我經常問她要不要弟弟妹妹。她那時候可能太小了，不明白，總是堅決地搖頭說：「我不要。」

但是，當樂樂慢慢長大，我發現她其實非常需要玩伴。父母對她再好，也彌補不了她沒有玩伴的孤獨。我和宇廷工作太忙，雖然每次到各地教學都盡量帶著她，但畢竟不能每時每刻都陪在她身邊；即使在她身邊，很多時候也需要處理工作上的事，無法把注意力都放在她身上。

宇廷有三個弟弟、一個妹妹，三弟有四個孩子，妹妹有五個小孩，每次聚會時都非常開心熱鬧。樂樂看著堂哥堂姊都有自己的兄弟姊妹，平時可以一起玩，雖然嘴上不說，但我知道她心裡是很羨慕的。當我看到我的孩子那麼孤單，我沒有任何顧慮，就想要為她生一個伴。

二〇一六年，樂樂三歲多時，我又問她想不想要弟弟妹妹，這次她很肯定地點頭了。於是我開始拉著宇廷，努力要為樂樂生一個伴，不想讓她那麼孤獨，不想讓她覺得成長過程有缺憾，也希望她長大了、在我們都走了之後，有個弟弟妹妹陪著她。

那是我和宇廷開始教學的第三個年頭，大陸和臺灣的教學事業有上千名學員、十多萬讀者。在教學過程中，我和大量學員互動，更廣泛而深入地了解到各行各業人士的煩惱和痛苦。其中許多女學員在懷孕和養兒育女的過程中，遇到很多困擾和問題，不知道該如何解決。

她們與我分享自己的故事，訴說她們的煩惱、糾結、痛苦、恐懼、自我懷疑，我也天天透過微信，教導她們解決問題的方法。於是，我也想藉著這次生二胎的機會，把幫助學員的許多經驗，以及從備孕、懷孕、胎教，到生育、養育、教育等方方面面的體驗和心得，整理成一本完整的養兒育女手冊，期望能夠利益到許多家庭。

由於我和宇廷都步入了中年，現在才明白了很多修行的核心要點，也覺得我們利益眾生的事業現在才開展，這一生是做不完的，因此培養能利益下一代人的接班人非常重要，也是我們的一個核心責任。這也讓我更加堅定了自己的願心：這次懷孕，我不只想帶來一個陪伴樂樂的弟弟或妹妹，也希望迎請一位有利益眾生心願的修行人來入胎。

好幾次和上師見面時，上師也都談起我們現在是在家修行的瑜伽士，有責任延續我們的血脈傳承——意思是，我們的法教除了學生弟子之外，也有能傳承法教、利益眾生的子女。於是，我們很認眞地開始準備，希望能生出一位乘願再來的小菩薩。

第二章

生二胎的願心，及備孕期的神奇旅程

誰會來我家？

在宇宙無數的輪迴中，
有無數的靈魂在等待投胎。
誰將會與我相遇，
成為我的孩子？

在這個充滿苦的娑婆世界中，
有多少的靈魂漂浮遊蕩，
誰將會與我相遇，
成為我的孩子？

有好人有壞人，
有善人也有惡人，
無緣不聚，無債不來。

誰將會成為我的孩子？

有帝王將相、達官貴人，
有元凶巨惡、販夫走卒，
俗稱今生的緣，就是前世債，
願不要與世俗的惡緣相守一生。

有詩人、作家、畫家、企業家、演員……
有警察、工人、教授、農民、白領……
娑婆世界，人生很少有圓滿，
願不要與世俗的緣分萍水相逢。

也有天子仙人、妖怪精靈……
乃至還有魔王羅剎、修羅餓鬼……
緣起緣滅，緣聚緣散，
願不要與造業的惡緣相聚一生。

也有得道高僧、普通和尚……
還有龍天護法、高僧菩薩……
修百世方可同舟渡，修千世方能共相遇。
願我能接應來乘願再來的菩薩寶寶。

1　孩子隨父母的能量而來

想要生出好寶寶，能量相應是關鍵

爲了再生一個像樂樂這樣的好寶寶，我和宇廷根據前幾年調整身心能量狀態的經驗，歸納出三個要繼續努力的方向。

一、**發願**：繼續發大願，學習菩薩的平等慈悲心和自覺覺他的願心。

二、**行願**：繼續行菩薩行，推動利益眾生的事業。

三、**修法**：繼續禪修和修法，練習各種轉心和調心的方法。

對各種修行的主題，宇廷總是會告訴我一般人可能的想法或誤解，然後我們會談談用什麼方法解釋才能讓人理解，總會有很多有意思的討論。

像是中國俗語說的：「兒女是債，討債還債，無債不來！」看看周圍朋友的孩子，好像討債的比還債的多，也就是說，讓父母擔心、煩惱、耗費心血錢財的孩子，好像比孝順父母，帶給父母安心、快樂、福報財富的多很多。其實，大部分人可能都不知道還有第三種選擇：孩子並不是只有討債和還債這兩種，還有一種是乘願再來利益眾生的特殊孩子，而且是有方法迎請這種修行人來投胎的。

主動迎請修行人或菩薩入胎這件事，重點其實是要和菩薩孩子的**能量相應**，與一般人想的只是求神拜佛不一樣。有句古語說：「龍生龍，鳳生鳳，老鼠的兒子會打洞。」其實就是在談能量相應，**什麼樣能量的父母，多半就會有什麼能量的孩子**。所以，想要生一個能夠利益眾生的孩子，自己也得利益眾生，或至少要發願，且有能力把孩子培養成利益眾生的人，否則修行人是不會來投胎的。修行人投胎是爲了完成利益眾生的使命，如果父母既不修行，也不想利益眾生、不會培養這樣的孩子，那就會耽擱他，他不會來投胎的。

我們也聊過，生個好孩子只是成功的第一步，往後的教育更爲重要。如果已經有了孩子，就沒有必要去猜想到底是善緣或惡緣、是來討債或來還債的，重點應該放在盡力把孩子養好、教育好。如果是來還債的，當然很幸運，但即使是來討債的，也是一件好事，因爲可以藉機把你們之間累生的債還了，還可以透過教育，把惡緣轉成善緣。

不過，對想要孩子但還沒有懷孕的人來說，如果在孩子入胎前就能多了解這方面的知識，多做些行善積德的好事，清淨自己身心的能量，增加生出好寶寶的機率，不是很好嗎？

如果想更進一步生出菩薩寶寶，夫妻決定共同修行，發大願、行菩薩行、禪修和修法，也會是一個更美好而圓滿的人生。

什麼樣能量的父母，會生出什麼樣的孩子

我和宇廷有很多這方面的討論，在這裡也和大家分享。

先分享我們藏區的故事吧。佛法從印度傳到西藏一千兩百多年來，算起來出現了上百萬位修行成就的人，其中有一些是普通人在一生中修行成就的，但更多的是修行人投胎回來，繼續修行利益眾生，有清楚傳記流傳到今天的，就有好幾萬人。

我們歸納了一下，發現大修行人乘願再來，主要會選擇四種家庭：

第一種家庭是父母或其中一位是大修行人。他們投胎到這樣的家庭中，很小就能學習到修行，甚至是很深的法門和禪修，長大後又可以延續家族的修行血脈傳承。在傳記中，我們看到藏區大修行人的孩子幾乎百分之百都是很好的修行人，長大後都利益了很多人。當然，除了是轉世修行者投胎之外，父母對他們的教育也是他們能修行

成就、利益眾生的重要原因。

第二種家庭是父母修行很普通，但其中一位是很虔誠的佛教徒，天天持咒修法，總是在積德行善。轉世的修行人很喜歡投胎到這樣的家庭，因為當他被寺院認證之後，父母會很高興地讓寺院把他帶回去，不會阻礙他修行或利益眾生的人生道路。在傳記故事中，這類案例是最多的。

第三種家庭也是父母修行很普通，但家庭很有力量，能夠弘揚佛法、利益眾生，像是國王、大貴族或大商家的家庭。修行人投胎來，能接觸到佛法修行，又有發展佛行事業的好基礎。不過，這類家庭一般家大業力也重，有時教育不完善，就會妨礙修行。修行人投入這種家庭，延續心願的風險很高，所以這類故事比前兩類少很多。

第四種家庭是有上述力量，但完全沒有佛法。這樣的家庭由於風險特別高，連大菩薩回來也有可能會不小心迷失，例如投胎到古代朝廷當王子，但遇不到佛法，或沒當上皇帝而被鬥死了，達不到原來設定的利益眾生目的。這種情形最稀有。

除此之外，我們倒是沒看過大菩薩投胎到父母都是惡人或壞人、也不學佛的家庭中的故事。我想可能是因為能量不相應，也可能是孩子長大後利益眾生的成功率太低，沒被人記錄下來吧。

2 發願迎請能利益眾生的孩子

願心有不可思議的力量

首先談談發大願。我從小就知道願心是很有力量的，想要達到什麼目標，一定要先發願，才有清楚的方向和動力。不過，爲了自身私利而發的心願，一般不大會成功；而爲了別人或眾生所發的心願，時常會出現很多神奇的因緣，幫助我們完成。

我自己的習慣是每天早上在佛堂做功課時都會先發願。發願也是有步驟、有講究的：不是求神明保佑自己想要的事發生，而是要先發願成爲一個自覺覺他的人，也就是爲了幫助別人離苦得樂，而發願自己一定要修行證悟；再來，是祈願國家昌盛、世界和平、眾生離苦得樂等等。每個修法之前的發願大同小異。

簡單來說，發願其實就是學習做個菩薩的開始。菩薩的願力能夠利益眾生，幫眾生離苦得樂。只有發菩薩的心願，才能慢慢和菩薩的能量相應，才可能迎請到一個小菩薩。

很多人修法不成功，是因爲不知道修法成功的關鍵。成功的關鍵，是要和菩薩的願力相應——簡單來說，想要解除衆生病苦，修藥師佛才會身體好起來，或是能夠幫人治病；想要爲了利益衆生而生起智慧，修文殊菩薩才會增長智慧；想要以財富幫助衆生，而不是自己想要發財，修財神法才會得到財富。

在這裡我也分享一個發願之後，發生在我身上的神奇故事吧。

佛菩薩安排的婚姻

二〇〇一年，我到西藏參加一個盛大的歌舞晚會演出。那時雖然我的企業做得很大，演唱事業也正在走紅，可是找不到生命的答案，內心非常地苦。此外，我也到了該結婚的年紀，卻對結婚生子毫無興趣，只想走弘法利生的道路，但我的上師又不讓我出家。

於是，我去大昭寺佛像面前，很眞誠地祈請指引。這是西藏最尊貴的佛像，是當年文成公主嫁到西藏時帶來的，據說是由佛陀親自加持開光。在我們藏人心中，這是一尊有求必應的佛像。

我在佛陀前泣不成聲，淚如雨下，覺得佛陀知道我的心。我祈求佛陀讓我走上弘法利生的道路，如果我該結婚，也希望是一位和我有共同心願的菩提伴侶。結果，當晚一個很特別的夢境顯現了我的未來；沒過幾天，夢境中的事情眞的發生了。

我夢到自己走進沒有院落的一排大房子，路上還鋪著紅地毯，空中有個聲音說是在迎接我。我踩著地毯走進屋子，裡面沒有人，但是相當富麗堂皇。那個聲音告訴我，這是一個高官的家。我走了出來，看見門口有一張長條桌，上面放著一個紅色的包裹。聲音又告訴我，這是我的嫁妝。包裹用細帶子捆起來，帶子末梢有兩個法輪，我正想揭開法輪、打開包裹，又聽到那個聲音說，這是漢族的嫁妝。我一聽就嚇了一跳，接著就醒來了。

當時是清晨四點左右，我們藏人是很相信夢的，尤其是黎明時分的夢。

我感覺夢中的事情一定會發生。當時我和姊妹們是來參加政府舉辦的「西藏和平解放五十週年」晚會，來的都是中央的大官，我也許想太多了，做了這個夢之後，我連續三個晚上都不敢到餐廳和他們一起用餐，深怕夢中的事情會發生。

幾天之後，什麼也沒有發生，我才略略安下心來。表演結束後，我回到蘭州看我的上師。上師正好問起我個人的規畫，我就把心裡的顧慮告訴他，結果上師說：「很短一段時間以後，妳會遇到一個人。」然後就給了我一個護身符。

果不其然，七天之後，夢境裡的事情就發生了。那時我帶了我們企業的高管去參訪一間慈善學校，也邀請那學校的團隊到我們西藏的藥廠來參觀。一週的參訪快結束時，這家慈善學校的負責人打電話給我，說有要事找我談談。我去飯店找他，只談了幾句話，他竟直截了當地問我能否嫁給他。我覺得這實在是太突然了！

我表現得很平靜，沒說任何話就離開了，但心裡有個感覺，我不能拒絕這個人。之後沒多久，又得到大寶法王的確認，於是我就答應嫁給他。那個人，就是宇廷。

現在回想，當時我求的是一起修行、利益眾生，加上我祈請的心非常強烈、非常眞誠，又非常專注，所以願心就實現了。

聖地的發願和夢境

二〇一六年初，我隨我和宇廷的上師仁珍千寶仁波切（我們一般稱他爲千寶上師）去尼泊爾參加夏扎法王圓寂四十九天的法會。法會之後，我去了尼泊爾最神聖的地方——寶大佛塔。寶大佛塔被認爲是一個隨心滿願的如意寶塔，在塔前發的願都能夠實現。對我而言，這不是傳說，因爲我自己和許多朋友以前在這裡發的願都實現了。像是二〇〇一年第一次和宇廷見面之後，我和一群企業家一起訪問尼泊爾，那次我專門去寶大佛塔前祈願：「如果宇廷眞的是一個和我心願相同、將來一起修行利益眾生的人，就請佛菩薩加持，讓我們在一起；如果不是，就不要讓我們在一起。」祈願完不到幾個月，我們就順利結婚了。

這次，我在寶大佛塔前點了幾千盞象徵覺悟智慧的光明燈，祈願自己和眾生都能修行成就、離苦得樂，也祈願迎請一位能夠利益眾生的佛子來入胎。

關於寶大佛塔為什麼這麼靈驗、這麼受佛教徒重視，也是源自一個實踐利他願心的故事。

很久很久以前，在釋迦牟尼佛之前的迦葉佛時代，尼泊爾寶大那一帶有一對養雞為生的老夫妻，生了四個兒子。丈夫早逝，老太太很辛勤地把兒子撫養成人。

她非常善良，雖然窮，但有一個巨大的心願：她想建一座大佛塔，讓人們透過繞塔，與佛結緣，累積功德。但是，這位老太太非常窮苦，連一塊小小的地也沒有。

怎麼辦呢？她決定直接去找國王要地。這得需要多大的勇氣啊！但是，在不懈的努力下，她還真的見到了國王。她對國王說她要蓋座佛塔，國王看了看，認為她最多有能力蓋個幾尺高的小塔，就對她說：「給妳一張牛皮那麼大的地吧。」

沒想到，老太太到了國王指定的地方，用她的智慧把牛皮分割成很細很細的線，連成一根三、四百公尺長的細牛皮線，用來圈了一塊很大的地。國王知道後，也就同意了。然後，她就帶著四個兒子展開建築大佛塔的工程。

大佛塔還沒有建成，老太太就往生了。四個兒子遵循母親的遺願，繼續完成了佛塔，並且在大佛塔開光時，分別發了大願。

長子祈願：「願我轉生在北方冰封的蠻夷國度，成爲偉大的國王，建立永垂世間的佛陀教法。」

次子祈願：「願我兄長在蠻夷國度建立佛教時，我轉生爲證悟的比丘，建立佛教僧團。」

三子祈願：「當兩位兄長在蠻夷國度建立佛教時，願我從蓮花出生，超越生死，成爲法力無上的瑜伽士，護持我兄長建立的佛教，征服惡毒的食人土著，調伏所有的天神、鬼怪、魔王。」

幼子祈願：「三位兄長一位建立教法，一位鞏固教法，一位保護教法，願我轉生成爲協助他們事業的大臣。」

後來，四個兒子的願望都實現了。

祈願轉生爲雪域國王的長子，轉生爲西藏最偉大的國王——赤松德贊法王。

祈願轉生爲出家方丈的次子，轉生爲西藏僧團的建立者——靜命菩薩。

祈願轉生爲大瑜伽士的三子，轉生爲西藏佛教的開創者——蓮花生大士。

祈願轉生爲虔誠大臣的幼子，轉生爲赤松德贊的大宰相——雅龍王。

寶大佛塔自建成以來，匯集了千千萬萬人繞塔時的善念，形成巨大的能量磁場，成了全世界修行人聚集、修法、發願的聖地。

參加完寶大佛塔法會的那個晚上，我就做了一個非常奇特而深刻的夢。我夢到一隻巨大的老虎被拴在一棵古老的大樹上，周遭圍著鐵柵欄，大家都很怕牠，但是我完全不怕，還走過去打開柵欄的門，把老虎放了出來。突然間，老虎變成一個小嬰兒，我把嬰兒抱在懷裡，之後就醒來了，再也睡不著。我起來打坐，感覺整個房間裡充滿夏扎法王的能量，把我帶到一種不可思議的覺醒狀態。我維持在這個禪境裡很久，心中似乎有了一個答案。

血脈傳承和傳宗接代的不同

千寶上師對我說，在家修行人延續血脈傳承也是很重要的。法教由弟子繼承，稱爲師徒傳承；由孩子繼承，則稱爲血脈傳承。最圓滿的，是兩者兼具，能夠利益更多衆生。

延續血脈傳承和一般的傳宗接代是不同的概念，關鍵在於目的不同。傳宗接代是爲了自己的家庭，血脈傳承是爲了衆生，透過子女，將一些特殊的修行方法完整地保留下來，傳給後世的有緣人。

千餘年來，西藏各大教派的許多法門都是這樣傳承下來的。在不外傳的密法中，還有教導如何迎請菩薩入胎的法門，而這些法門的核心，都是父母要發菩薩願、行菩薩行。

當然，過去的西藏也有不少大修行人出生在很普通的家庭，甚至是很窮苦的牧民家中。他們會這麼投胎，是因爲古代寺院有很完善的活佛教育體系，當活佛在很小的時候被認出來之後，就由寺院接走，負責養育、培育、教育。藏族的父母會完全放手，不會過問或干涉孩子的未來。因爲有這樣的教育體系，大修行人也會選擇投胎到這種不會對他過度執著、不會干擾或阻礙他修行的簡單家庭中，以延續他利益衆生的心願。

而在現代社會，大多數父母對孩子的教育都有很多自己的想法，孩子該怎麼培養、怎麼教、未來該做什麼等等。除非父母本身發了菩薩大願，而且在行菩薩行，否則很難吸引菩薩或大修行人入胎。

受到求子故事的鼓勵

沒有想要孩子的時候，我們很少關注發願求子的故事；但是當我們決定求子之後，發現古代和近代都有很多父母去朝聖祈願、行善佈施、持咒修法，而生出好孩子。

西藏就有一個很著名的求子成功的美麗故事。

十一世紀時，有一對夫妻是藏王赤松德贊的王后和伊喜措嘉佛母家族的後裔。他們結婚多年，但一直生不出孩子。爲了得到子嗣，夫妻倆前去尼泊爾聖地祈願求子，在聖地和寺院發願、供養、繞塔、大禮拜。

經過一段虔誠的修行，有一天晚上，妻子夢見東方有太陽光芒照耀十方，然後融入自己懷中；接著，光芒再次遍布，照亮無邊的宇宙，特別是自己的家鄉。而丈夫也夢到，東方現喜淨土有一道白色的光芒進入妻子的胎中。

第二天早上，夫妻倆討論彼此的夢兆，心中無比歡喜。丈夫說：「我們必定會生出一個特別神聖的孩子，所以，妳應該更加小心呀！」

當天，他倆在佛塔前請求加持，舉行了盛大的薈供，虔誠發願後，便返回家鄉。沒多久，妻子果然懷孕了，兩人歡喜無比。後來生下一個女孩，就是西藏著名的女成就者——阿企佛母。她從淨土投生人間，選擇了一對爲了利益衆生而發願的夫妻做父母。

阿企佛母是修行達到了菩薩位階的大成就者，她的孫子創立了西藏著名的直貢噶舉派，後人成爲西藏政教合一的領袖，僧衆曾經達到十八萬人。她圓寂以後，發願成爲佛教的大護法，也就是我每天都修的「阿企護法」。阿企護法也是我們家族和家鄉寺院的主要護法，我從小到大，每次面臨生命重要抉擇的時候，她都會騎著藍色的馬，出現在我的夢境或禪觀之中。

在藏族社會裡，從古至今，這種求子生出了大修行人的案例比比皆是。像是西藏幾千位大修行人的傳記中，大部分都提到父母在生他們之前，於寺院聖地發願祈請，回家認眞持咒修法，並且做了很吉祥、很特殊、顯示預言的夢。我們發現大成就者幾乎都出生在如此的家庭中。

有趣的是，我發現漢地也有不少這樣的故事，像是至聖先師孔子就是父母祈請來的。他父親的原配生了九個女兒，妾生了一個腿部殘障的兒子，而七十二歲時，他又娶了一個妻子。這個年輕的妻子就是孔子的母親，她爲生出一個健全的兒子，到尼丘神山禱告祈願三年，才生出孔子來，所以孔子名丘，字仲尼。

另外，近代禪宗泰斗虛雲老和尙，也是父母發願行願以後入胎的。他的傳記中記載：「吾父母年逾四十，憂無後。母赴城外觀音寺祈子，見寺宇殘破，及東關橋梁失修，發願興建。父母同夢一長鬚著青袍者，頂觀音跨虎而來，躍臥榻上。驚起互告，遂有娠。」虛雲老和尙一生度人無數，在一九五九年，才以一百二十歲圓寂。

我和宇廷看到這些故事，會很興奮地聊很久，兩人都很受鼓舞，覺得充滿希望。

3 行願路上的奇遇

發願以後，還須行願

我們都知道，如果只是發願，不管多眞誠，都是不夠的。發了願之後必須去行願，也就是要活在自己的願心中，以行動落實。

因此，我和宇廷更加努力投入將修行現代化、科學化、生活化的願心之中。宇廷說了好幾次：「只有當我們的法教和佛行事業開展了，才有值得修行人投胎來延續的東西。如果只是想到自己的修行、自己的家庭，乘願再來的菩薩肯定不會來的。」

近年來經濟不景氣，競爭越來越激烈，工作和生活的壓力越來越大，加上網路資訊和消費廣告的疲勞轟炸，人心更是散亂浮躁，現代人的煩惱自然也越來越重。也因此，我和宇廷感覺責任更重，全身心地投入所發的願心之中，希望能幫助人快速靜心、降伏煩惱，並將禪修運用於每天的生活和工作中，達到生活工作自在、家庭事業圓滿的目的。

我們兩人的生活越來越忙碌，但在行願過程中，也多了很多神奇的經歷。

不丹朝聖之旅讓身心充電

想要好孩子，時常讓自己處在好的能量場中是非常重要的。能量清淨的地方有助於調理身心，**讓自己安靜、清淨，更有機會迎請到好的孩子。**

我和宇廷從二〇一五到二〇一七年，連續三年都帶學員到佛國不丹朝聖。不丹是目前地球上能量最神聖和純淨的地方之一，到處都是聖地。聖地有無數佛菩薩、成就者加持，有無數修行者在這裡禪修和祈願，因此能量磁場特別強大。不丹有好幾個特殊的聖地，即使是從來沒有修過的人，到了那裡，心都會馬上靜下來，妄想煩惱戛然而止，身心都像充了電一樣，想待著不走。

像是不丹最著名的虎穴寺，是所有朝聖者和遊客非去不可的地方。這裡是當年蓮師騎著老虎來降魔的地方，具備非常大的特殊加持力，有一種連普通人去都感受得到的能量場。寺院建在懸崖峭壁上，據說是空行母（成就的女菩薩）修成的，看起來眞的不是人類能夠做到的。從山下到寺院，走路快的人要兩、三個小時，慢的人要五、六個小時。

二〇一六年我們到虎穴寺，一起發願、祈請、獻供、禪修。我自己除了發願幫助眾生離苦得樂，也發願能夠生出一位利益眾生的小菩薩。當天晚上，我夢到自己進入不可思議的憤怒蓮師壇城，完全不是人間的景象，壇城周圍全是難以逼視的雄雄烈焰，凶猛的護法能量場，保護著正法的修行人。

在清淨的能量場中努力迎請孩子

那次的朝聖之旅，我一直處於很清淨的能量場中，晚上出現很多吉祥的夢境，覺得好像是孩子要來了的預兆。

決定生二胎的一年來，只要趕上排卵日，不管宇廷多累，我都會拉著他做人。剛好這次朝聖行程結束、團員都離開的那一天，日子又到了。雖然我們一路帶學生，連續八、九天下來，兩人又忙又累，但我還是不放過宇廷，一早就拉著他做人，希望不要錯過機會。

想到有機會在聖地懷上孩子，宇廷也只好勉強從命。

爲了帶專業團隊多拍一些戶外教學的影片，我們多留了兩天。拍外景其實是很辛苦的，爲了拍到更美的畫面，我們聽導遊的建議，前往一座位在很遠的山頂上的寺院。寺院周圍都是茂密的原始森林，上山的土路很陡峭，有的地方簡直需要爬上去。宇廷累得幾乎走不動了，我只好半拖著他往上爬。

一路上，我們穿過巨大無比、奇形怪狀的各種樹木，這些樹一株株都好像是活的一樣，感覺有很多山神、妖怪、精靈住在樹林裡。路上又遇到毛毛細雨，我們只好穿著悶熱的雨衣往上爬。因爲潮濕加勞累，可憐的宇廷回到臺灣就病倒了，全身發燒、出濕疹，半個多月才好起來。

但是，我仍然沒有懷上！

行願路上巧遇過去生的親人

那次的不丹之行，當地導遊臨時決定安排我們去不丹東部的一座寺院吃午餐，說那裡的活佛唐仁波切是不丹皇室和民間都特別尊敬、很有神通法力的大活佛。

我們的車隊剛到山上，晴朗的藍天突然烏雲密布，一下車就是傾盆大雨，雷電交加。在大雨中，人高馬大、身材魁梧、面容慈祥的唐仁波切親自率領全寺喇嘛，在雨中撐著傘迎接我們。

我和唐仁波切一見面，兩人都覺得特別親切。他直截了當對我說：「我有一種感覺，遇到妳，我此生的佛行事業才能夠發展起來。」那天，仁波切直接又親切溫暖的感覺，感染了在場的所有人。

離開不丹後，唐仁波切一直和我保持著密切連繫，說他和我之間一定有非常特別的因緣。於是，他在禪定中觀察，又詳細追問我的身世、傳承、閉關實修等狀況。應他的要求，我整理了自己不對外公開的法脈傳承、修法經歷，也把多位上師對我的預言及自己的閉關筆記給了他。他看了以後，非常激動地透過微信留言給我：「怪不得我一見到妳，就對妳有非常大的信心！我也在禪定中直觀，我和妳在蓮師的時代曾經是親兄妹，並曾經一起周遊西藏，大力弘揚蓮師的法教。」

二〇一七年，我再次帶領學生到不丹朝聖。我們去之前，唐仁波切說要舉行一個認兄妹的儀式，我就答應了。儀式前一天，我請宇廷先去現場看看有什麼需要幫忙的。

宇廷一看之下，大吃一驚，原來唐仁波切特別向不丹的皇太后借用了虎穴寺山腳下的皇家園林，選在隆重的憤怒蓮師法會三天期間，要以最傳統、最隆重的儀式與我結爲兄妹。他還爲我準備了全套華麗的空行母裝，和他的夫人一起坐在他旁邊稍低一階的法座上，一起參與修法。

不丹的面積比臺灣大一點點，但人口稀少，全國只有七十多萬人，而這次的法會坐得密密麻麻的，來了好幾千人。宇廷說，以比例來講，在中國大陸這可是三、四百萬人的大法會了。

法會上，仁波切除了正式宣布我們過去生的兄妹關係，還特別說希望我將來以他妹妹的身分，到不丹弘法利生，用現代的方法利益不丹的民衆。最後，仁波切請我下法座，和他一起加持前來的信衆。

我對仁波切的用心十分感動，這也是大活佛們的行事風格，每件事一定要做周全、做到位、做圓滿。他是一位非常傳統和低調的修行人，一直到回臺灣的前一天，我們才意外發現，原本我們以爲來參加法會的全是老百姓，但事實上，不丹的平民並沒有閒暇參加時間這麼長的法會，來的大多是達官貴人、皇親國戚。

我眞沒想到，我這位哥哥原來是不丹地位極高的大活佛。

4 修法清淨身心，提升能量

除了發願和行願，還要修法

想要迎請一位乘願再來的好孩子，除了發願和行願，修法也是非常重要的一環，是我每天必修的功課。

什麼是修法呢？很多人把修法想得太玄妙、太宗教化了。其實「修」就是「練習」，「法」就是「方法」，修法就是練習方法。

也因此，**修法並不是一個佛教儀式，而是練習轉變我們心性的方法**。簡單來說，修法有三方面的目的：第一，調整自己的心境；第二，「修」和「行」合一，把修法融入生活、家庭、工作中；第三，在自身和家庭中創造清淨和強大的正能量場。這三個目的對想要生出小菩薩的媽媽來說，更爲重要。

修法目的一：調整自己的心境

對初學者來說，修法是每天專門空出一些時間來念誦法本；但修行多年後你體會到，修法眞正的目的不是個宗教儀式，而是調整自己的心境。

所謂調整心境，從比較淺的角度來說，是轉變心境；深一點，是降伏煩惱；再深一點，則是開發心中全然的慈悲與智慧。

如果修法修了很久，心情沒有變好、煩惱沒有減少、慈悲和智慧沒有增加，那可能是修法有問題。用正確的方法練習，最開始人會變得心情平和、安定、快樂；接著，心情會不受小事干擾，有很強的抗壓力，同理心會增加，也自然而然地會換位思考；持續練習，慈悲和智慧會增長，能自在地處理家庭和工作中各種複雜的事情，乃至進入各種禪境，突破對自我和外境的執著。

根據所修的方法不同，還會有一些更針對性的變化。像是修文殊菩薩的法會使智慧增長，包括處理世間事情的智慧和體悟空性的智慧；修觀音菩薩的法會使人慈悲增加，包括對人更溫暖、推己及人、升起平等的慈悲心等。

修法目的二：「修」「行」合一，把修法融入生活、家庭、工作中

當學會了正確的方法，一切行爲都是修行；也就是說，一切行爲都是調整心境的機會。從一早睜開眼、起床、刷牙、走路、坐車，到上班、用餐、開會、討論、下班，乃至做家務、休閒、娛樂……這些時候都是修行的好時機。

習慣了這樣的修法，修法才會變得很實用，能讓我們生活工作自在、家庭事業圓滿，乃至體悟到心性的實相。

如果修法對生活沒好處，就很不容易堅持。很多人不懂這一點，想透過修法得到特殊的境界，期待神奇的結果。對他們來說，修法會變成忙碌生活中多出來的一件事，越修越急，越修越無趣，越修越煩惱。

修法不是要硬拗出一個好的人生結果，而是要融入每天的日常生活，使人生更加鮮活、清晰，使自己更加安定、快樂、無懼。這是我每天的功課，也是我和宇廷教學的重點：透過認識覺和覺察禪修，達到生活工作自在；透過認識和降伏煩惱，達到家庭事業圓滿；最後透過深入知見和閉關，體悟到心性的實相。

修法目的三：在自身和家庭中，創造清淨和強大的正能量場

我在美國那幾年，接觸了不少西方的修行者和科學家，和他們有很多這方面的交流。簡單來說，現代人都知道物質是由能量組成的，而心念和思想也是一種能量。當一個人在很專注的狀態下，可以將心念的能量注入物質，乃至影響細胞的生長，因而影響植物和動物。這方面的實驗已經有很多了。

聖地的能量超過任何城市中的豪華宅院，所以只要有機會，我每年都會帶學員去

聖地朝聖。但是，我們不可能天天去聖地，更不可能住在聖地生孩子，因此就要學會在家中和自身裡面創造清淨的正能量場。

怎麼做呢？首先，當然是自己的修法。透過持續練習調心的方法，使自身和家庭具有清淨和強大的正能量場。

其次，有時自己的力量不夠，或者修法不夠穩定，也可祈請和藉助大修行人的力量。一位有禪定力的證悟者，他清淨與增強正能量場的力量能抵過成千上萬的一般人；此外，寺院中持戒清淨的僧衆，也能以一抵百。也因此，我和宇廷一直長期供養一些修行特別好的寺院，爲我們及學員定期修法。

但請人修法一定要有智慧，不要盲從迷信。有些人基於單純的宗教情操，隨便找個出名或香火旺盛的寺廟修法，其實這是沒什麼大用的。當我們親身開始修法，轉化了自己的心境時，便能感受到不同的寺院、修不同法門時的不同力量。有些人修法的力量非常強大，有些則像是看了場古裝戲，對我們的身心沒什麼幫助。

除了請對人修法，自己的動機也很重要。有些人只是想多賺些功德，也有些人只是想圖個吉祥、買個心安。以這樣的心態請寺院或修行人修法是很令人遺憾的，因爲修法有科學上能量層面的意義。

這些年來，我們和十幾座有正法傳承、戒律清淨、修法有力量的寺院早就結下了很深的善緣，因此當我們想要迎請小菩薩來的時候，能請到這些寺院不間斷地幫我們和孩子修法，在我們自身和家庭周圍建立一頂保護孩子的強大正能量保護傘。

重要的是自己平時的修法

除了請寺院修法，更重要的，當然是自己的修法。

二〇一七年九月，為了孩子的事，我專門做了一次特別的禪修。在禪觀中，我接收到這樣的訊息：的確有成就者要來投胎，但我的身心需要更清淨，必須吃素一段時間，還要增加修持金剛薩埵的法門，和持誦一百萬遍的金剛薩埵心咒。

那時我想，不管我接收到的訊息有多少準確度，我們生生世世都有意和無意地造過很多惡業，所以透過這個緣起，專修一段金剛薩埵，好好消消業力，也是非常好的事。

二〇一七年底，我和宇廷結束了帶領將近一個月的密集閉關禪修課程。我希望在新的一年裡，透過吃素和修法，讓自己的身心更清淨，可以更平靜、無懼地圓滿修行和佛行事業，接引新的寶寶來。

二〇一八年一月一日，我坐在家裡的佛堂，很正式地寫下自己的新年心願：

一、繼續吃素。
二、完成一百萬遍金剛薩埵心咒的修持。
三、多抽出一些獨修的時間，完成其他修法功課。
四、經常保持覺，升起出離心，增長菩提心。
五、多關注和陪伴樂樂成長，生出一個和樂樂一起利益眾生的小寶寶。
六、對宇廷溫柔體貼，愛情圓滿。
七、幫助宇廷身體健康，打開脈結。
八、孝順公婆，家庭圓滿。
九、創作更多利益眾生的音樂和舞蹈。
十、照顧和幫助團隊在世間法和出世間法上有所成就。
十一、帶領精進修行的學員進入實修之門，共同利益眾生。
十二、開始建設現代在家人的修行基地，並盡可能讓更多人參與。

5 決定嘗試人工受孕

年紀和忙碌的生活增加受孕的難度

其實，在二〇一七年九月那一次禪觀之前，我心裡就有不小的壓力了。眼看著樂樂已經五歲了，我也快五十歲了，我怕再拖下去，樂樂和下一個孩子的年齡差距會太大，我的年紀更是不能再等了。

二〇一五年決定給樂樂生個伴的時候，她兩歲半，我已經四十八歲了。雖然我不停地發願、行願、修法、做功德、教學利益眾生，但那年正趕上宇廷要拿臺灣護照，需要常住在臺灣坐移民監，而他沒有臺灣護照時，我自然也不能常住臺灣，所以兩人總是聚少離多。加上我們又需要飛來飛去到各地教學，總是很忙、很辛苦，所以那一年我們的備孕沒有成功。

二〇一六年我們還是很忙，但只要有機會，我們依舊很努力地「做人」。不管宇廷願不願意，只要是排卵日，我就拉他按時做人，而當宇廷把做人當成工作時，通常積極性就大有問題，我自己也是。但不管怎麼樣，我都會調整自己的情緒，先到佛堂修法，然後布置好臥室的氣氛，洗澡、點蠟燭、放音樂……但是又一年下來，還是沒能懷上孩子。

我又逼著宇廷鍛鍊身體，要他每天練覺之舞，清淨氣脈。我覺得要讓好孩子來投胎，我們自己的能量，也就是壇城一定要清淨，但由於我們的事情不能停下來，每個月都來回大陸教學，也沒有時間好好調養身體，一直都沒有懷上。

於是，九月的禪觀之後，我就想到了：可以做試管嬰兒。

我們諮詢了醫生，發現沒有想像中複雜：先吃藥清理子宮，然後注射排卵針，一段時間以後再根據排卵期，把集中的卵子取出來凍存在實驗室；接著取出丈夫的精子，在實驗室中將精子和卵子配對，然後根據我的月經週期，把發育最好的受精卵移植到我的子宮裡。

我們覺得，如果一樣可以迎請到乘願再來的修行人，人工受孕會是一個保險又有效的方法。

對人工受孕的疑惑

人工受孕是體外受精，從醫學上來講，可以選擇讓最健康的精子和卵子結合。我們修行人也很重視精子和卵子的品質，因爲這兩個小小的細胞，是帶著父母完整能量訊息的。不過同時，我們更重視心識的入胎，想要確認修行人入胎會不會受到人工受孕的影響。關於這一點，我們自己也不是很有把握，於是就去問千寶上師。

上師告訴我們：「以你們兩人的修行和心願來說，人工受孕和自然受孕的結果會是一樣的，但自己也要繼續努力修行，還要請上師和寺院繼續爲你們修法。」

一般來說，心識的投胎是跟隨父母和周圍環境的能量而來的，在醫院裡完成受精是會受到些影響，但由於我們這些年來的修行基礎，如果繼續自修並請寺院修法，不該來入胎的人是進不來的。

不過，雖然我非常堅定地想再要一個孩子，我還是問上師：「我快五十歲了，如果再要孩子，身體會不會出問題？」

上師其實也是一位很有能力的藏醫，他看著我，非常肯定地說：「妳的身體完全沒有問題。」他非常鼓勵我們再生一個孩子，說這樣讓樂樂的人生有個自己的兄弟姊妹，對她會非常好。

同時，上師也很肯定地說：「你們是修行人，延續修行人的血脈傳承也非常重要。帶來利益衆生、護持佛法的孩子，幫助這個世界，是很重要的事。」

有了上師的鼓勵，我們就決定以人工方法來要孩子，這樣更快速，也比較能確定時間。接下來，我就一邊飛來飛去教學，一邊展開各種檢查和療程。結果也發現，因爲我一直堅持禪修和修法，身體素質非常好，沒有任何問題。

我的身體在央金歌舞法中再生

其實，我年輕的時候身體是很不好的。記得初中時，我連球鞋都不能穿，一穿球鞋肚子就會脹氣脹得厲害；天氣冷的時候，我的肚子會脹到幾乎不能上課，而且月經不正常，量少、色黑，標準的宮寒症狀。放假時，姊姊把我從鄉下接到她蘭州的婆家，專門找中醫爲我調理，每天還用艾草熏我的小腹，之後月經才比輕正常，但仍然體寒多病。

我覺得我的病來自小時候藏區生活條件太差。記得上小學時，學校離家很遠，也不提供開水給孩子喝，我們一群小孩只好去喝學校後山流下來的冰冷泉水，每天就只吃糌粑、喝冰水。現在想起來，女孩長期喝冰水身體能好嗎？十歲左右，我時常胃痛得不能吃東西，鄉下也沒有什麼好的醫院，吃的藥基本上也都不管用。後來，阿媽帶我去看了一位離我們家很遠很遠的民間醫生，吃了他的藥，胃病才好。

週末和假期，還有放學以後，不管冰天雪地、不管天陰下雨，我都會幫阿爸去山裡放羊。下雨時沒有雨衣，只披著羊毛蓑衣躲在樹下避雨；下雪時，就站在雪中瑟瑟發抖。現在想起來，還眞可怕。所以我直到三十多歲身體都很不好，體寒宮寒的問題一直很嚴重，經營企業時都是靠毅力硬撐著。

直到後來開始修行，身體才慢慢好轉，特別是二〇〇八年在美國科羅拉多州聖山閉關以後，體寒宮寒的問題才完全消失。那三個月中，我得到度母的啓示，悟到一套透過歌舞打開和運用身體氣脈的禪修方法，也就是我後來推廣的央金歌舞法，包括覺之音、覺之誦、覺之舞三個部分。

那時，我每天在無人的山中跳覺之舞，氣脈堵塞的地方全部自然打開了；接著拙火升起，身體裡所有從小到大累積的疾病都痊癒了，連過去內心莫名的憂傷煩惱也全部消除。我不但變健康，也變得比實際年齡年輕很多，可以說是央金歌舞法再生了一個全新的我。

央金是藏文的音譯，意思是妙音，也就是文殊菩薩的佛母，代表女性的智慧。央金歌舞法源自西藏氣脈明點和大圓滿法門，是一套完整的證悟方法。

古老文明中就有透過心靈唱誦和自性舞蹈的修行方法，只是古代沒有錄音機、錄影機，只能靠師徒口耳相傳。經過上千年的戰亂，這些方法基本上失傳了，我是在科羅拉多州閉關時才接續到這些傳承。然後，我把其中對現代人最有幫助、不必保密的部分，整合成央金歌舞法。

在這幾年的教學過程中，我發現這是一套可以很快速地幫助現代人靜下來、打開氣脈、降伏煩惱，乃至進入禪定、開啓智慧、體悟實相的方法。

這套方法由淺入深。針對一般學員，我只教導初階部分，有人覺得像是透過一場心靈歌唱與跳舞，身心舒暢，離開了一些煩惱。這部分市面上也有些人抄襲，發展成各式各樣所謂的禪舞。至於想深入的學員，我會教導中階部分，能夠震鬆和開啓氣脈，減少對自我的執著，降伏煩惱痛苦。

發了菩提心的學員，我才能帶他們深入禪定，學習融合了甚深密法的央金歌舞法。這倒不是藏私，也不是賣關子，而是我曾承諾遵守誓言，不能對不適合的人透露甚深密法。這主要是因爲當一個人還有很大的自我執著、很強烈的貪嗔痴的時候，學了太深的方法反而對他有害，甚至他會一知半解地傳播出去，在不知不覺中又害了別人。

二〇一七年我們去不丹時，在和唐仁波切認兄妹的典禮上，他特別希望我讓與會的不丹民衆體驗一下央金歌舞法。於是，我唱了兩首佛歌，然後帶著學員獻上覺之舞。那天播放的是我最新的音樂，結合了佛經咒語、藏族哲言情歌，以及嘻哈、節奏藍調和流行音樂的風格。受到這種創新的舞曲節奏和覺性舞蹈的感染，圍觀的喇嘛和民眾也加入覺之舞的行列。雖然有語言、文化、背景的差異，但在覺性的歌舞之中，我們超越一切阻隔，在藍天白雲下達到天人合一的境界。

結束之後，仁波切特別開示說：「堪卓．央金*的歌曲和舞蹈，其實不是一般的歌舞，而是空行母的佛樂和佛舞，是能讓大家破除我執、體悟空性的舞蹈。你們跳舞時，要觀想本尊，以虔誠恭敬之心去跳。比如跳綠度母舞蹈時，要觀想自己是綠度母，這樣你們當下就會得到綠度母的加持！」

第二天，仁波切又特意針對央金歌舞法開示：「我仔細觀察了每個人在聽音樂和舞蹈時的狀態，大家都脫落了我執，完全進入一種自性、空性的狀態。這是非常珍貴的修行方法，這不光是我自己的感受而已，我也特意問了身邊的喇嘛和咕嚕咕咧女眾修行團體的成員，問他們對這些佛樂和舞蹈有什麼感覺，所有人都說，雖然堪卓．央金的舞蹈沒有編排，看起來比較隨意，但在這樣的佛樂和舞蹈中，感覺從累生累世的執著中暫停下來了，忘掉了三世的全部煩惱。這些覺受都是完全自然流露的，把自己

＊「堪卓」是藏文「空行母」的意思。

帶到了一個沒有過去和未來的時刻裡。」

於是，仁波切對央金歌舞法做了三點開示：

覺之音，是聽即解脫的音樂，聽到的當下，即種下了成佛的因。

覺之誦，是消除煩惱的唱誦，在佛樂的唱誦中，能開啓氣脈、降伏煩惱。

覺之舞，是破除我執的舞蹈，能在佛舞中破除對自我的執著，進入自性的狀態。

最後，仁波切又說：「在《大圓滿法》的論述中有記載，當年蓮花生大士離開西藏時，伊喜措嘉佛母曾請教蓮師，在未來末法時代要如何弘揚蓮師的法教？蓮師回答說：『在未來末法時代，應該把我傳下來的各種咒語和祈請文變成悅耳動聽的音樂，用唱誦和歌舞來利益衆生。』我今天親眼看到堪卓．央金教導的，就是蓮師預言中的意伏藏法。現在這個末法時代，也是空行母的時代，今天看到空行母根據衆生的根器，用特殊的方法度化衆生，這是非常殊勝的！」

唐仁波切給我的求子法門

二〇一八年的新年非常溫馨，因爲我邀請了哥哥唐仁波切和他兒子來臺灣，和我們一同過年。我和宇廷全程陪伴，有機會更深入和仁波切交流，向他介紹我們的教學，也有時間向他請法。

唐仁波切來以前，我就和他談到了我想迎請佛子入胎，他了解以後告訴我，他自己也是在家的瑜伽士，孩子也都是修法來的，其中幾個被認出來是轉世活佛，很小就展現出過人的慈悲心和對修行的嚮往。

他又提到他有一個特別的求子法門——大隨求佛母法——非常有力量，很多不能生孩子的信眾在他傳了這個法之後，都生了孩子。這個消息在不丹慢慢傳開，很多求子的人，從老百姓到達官貴人、皇親國戚都來請他灌頂傳法，修持大隨求佛母法。

「大隨求」就是「隨一切眾生所求如願」的意思，是一個證悟的法門，也是專門幫助求子和護子的特殊法門。

他說這次把大隨求佛母的傳承傳授給我，也授權我可以傳授給有緣的學生，未來我可以用此法幫助很多女性圓滿生兒育女的心願。

除了修法，還是需要實際「做人」

在學習大隨求佛母法的過程中，我聽到一個有趣的故事。

唐仁波切在不丹的一座小寺院裡設立了一個大隨求佛母的壇城，很多不丹的信眾都去那裡求子，聽說非常靈驗，有個臺灣的女佛教徒連續去了好幾年。

有一天，這位女信徒去找仁波切，問他：「聽說您的大隨求佛母壇城求子是很靈驗的，我來不丹很多次了，怎麼這麼多年都沒有懷上孩子呀？」

仁波切就問這位女士是怎麼求、怎麼修行的，結果聽起來她很虔誠，修行也挺努力。

交談了一陣子，仁波切突然想到一個可能性，就問她：「妳有結婚嗎？」

「沒有結婚。」她說。

「那妳有男朋友嗎？」仁波切又問。

「沒有。」

「那妳有男性伴侶嗎？」

「也沒有。」

這時，仁波切知道她的問題所在了，忍著笑告訴她：「生孩子還是需要男人，妳自己一個人是完成不了的。」

這位女士以爲只要求大隨求佛母，就能像聖母瑪利亞一樣，不用經過「做人」就可以懷孕。所以，仁波切特別提醒我，以後我爲學員傳授這個法時，還是要講清楚，懷孕還是需要男人的。

聽了這個故事，我們都笑得人仰馬翻，的確有不少人學佛會落入迷信或幻想裡。

遇到懷孕的好緣起

傳法之後，唐仁波切答應幫我在家裡的佛堂設立一個大隨求佛母的壇城。根據儀軌，修大隨求佛母的法需要準備非常多物品。

和仁波切一起去幾個商場前，我拜託他幫我卜個卦，看放兩個胚胎好不好。仁波切很溫和地答應了我。那天，我們在商場待了一整天，最後從高樓層準備坐電梯下樓時，電梯一打開，就看見裡面有一對老夫妻用推車推著一對雙胞胎。大家都很驚訝，覺得這是非常好的緣起。到了樓下，電梯門一開，又有一對夫妻用推車推著一對雙胞胎，等著進來。

我們一群人你看我、我看你，都忍不住笑了。唐仁波切很開心地說：「我不用卜卦了，根據今天的緣起，已經有答案了！」

二〇一八年二月十日是醫生決定移植胚胎的日子，也正好是空行母的吉祥日。一早，唐仁波切就在佛堂為我修法。而移植之前，醫生還問我：「妳確定要放兩個嗎？」我很堅決地說：「是的，我要放兩個。」

關於移植幾個胚胎，醫生只是給建議，最後還是會尊重父母的決定。就這樣，兩個神奇的受精卵被放到我的子宮裡了。他們倆會發展成什麼樣子，我沒有辦法預知，只是感覺兩個生命進入我的子宮，和我的生命連成了一體。

那時我還不知道，原來一個充滿精彩故事的歷險旅程，才剛剛開始。

第三章

懷孕初期的颱風

能量相應

宇宙有無限的能量層次，
有天堂層，有地獄層，
我將會與什麼樣的能量相遇？

宇宙有無限的能量層次，
有修羅層，有人類層，
我將會與什麼樣的能量相遇？

宇宙有無限的能量層次，
有動物層，有餓鬼層，
我將會與什麼樣的能量相遇？

宇宙有無限的能量層次，

願我不要與六道輪迴的眾生相遇，
願不要捆綁在討債還債的遊戲裡。

宇宙有無限的能量層次，
願我與乘願再來的菩薩相遇，
承載他們利益眾生的心願。

宇宙有無限的能量層次，
我透過發菩薩的大願，
來迎請菩薩寶寶的能量與我相遇。

宇宙有無限的能量層次，
我透過行菩薩的願力，
來迎請菩薩寶寶的能量與我相遇。

宇宙有無限的能量層次，

我透過自身實際的修行，
來迎請菩薩寶寶的能量與我相遇。

宇宙有無限的能量層次，
我透過清淨淨化自身的能量，
來迎請菩薩寶寶的能量與我相遇。

宇宙有無限的能量層次，
我透過建立強大的保護能量傘，
來迎請菩薩寶寶的能量與我相遇。

1 第一場颱風：大成就前的大考驗

移植受精卵後依舊不得閒

我很早就知道，即使是大活佛來人間，也會受到眾生業力和環境的影響，也會有不成功的、流產的、早夭的、十幾歲就過世的……因此，不論什麼人來投胎，作爲媽媽的責任都是盡力照顧好自己的身心，認眞對待懷孕期間的每個環節，讓胎兒健康發展，不能有些吉兆就聽天由命或放逸了，以爲一切都OK了。

受精卵移植以後，醫生叮囑我回去一定要好好靜養，但臨近年關，家裡的事特別多，這一年更是特別忙碌。一方面我在家裡繼續招待唐仁波切父子，一直到大年初三，一共兩個多星期；另一方面又在準備新一年的佛行事業計畫。爲了方便學員利用假期學習，大年初三開始，我們要在家裡帶一次連續七天的閉關禪修課程，緊接著又是一次五十多人的內部團隊閉關，外加新年度的策略規畫工作會議，這些都需要花費很多心力和體力準備。加上每天要帶樂樂，講故事給她聽、陪她睡覺，我幾乎每天都是從早上一睜眼，就一直忙到晚上十一、二點才睡。

這也讓我想起崗頂法王第一次來家裡時，宇廷對法王說：「法王您辛苦了。很多人想被認證爲活佛，其實活佛的生活是很辛苦的。或許騙子活佛可以過得不錯，但眞的活佛都很辛苦。您要多保重啊！」法王笑笑地回答：「是啊！很多人羨慕我們，以爲修行人的生活很輕鬆、很愜意，但事實上，法王是一個每天從早忙到晚、一年三百六十五天無休假的苦活，而且是一個永遠沒有退休日的工作！」

口頭上發發願要利益衆生不難，眞做起來是挺不容易的。

移植後的第四天剛好是情人節，也是二〇一八年除夕的前一天，我去鄰近的醫院檢查黃體素夠不夠，如果不夠，受精卵就無法在子宮裡著床，需要立刻吃藥，否則就懷不上了。但是，我們和那家醫院不熟，他們說要過完年才能拿到結果，怎麼講也沒辦法加快。我只好緊急趕去臺北熟悉的醫院檢查，當天加急才拿到結果。還好，黃體素的指數是達標的，我才鬆了一口氣。

大年初三，春節的閉關開始了，我中間又抽空去檢查，這次倒是有很好的消息：受精卵在子宮裡著床了。我和宇廷都很開心，努力兩年多，第一步終於成功了。但是由於在帶領閉關，稍微開心一下，我們的心又完全投入教學裡了。

閉關完，好幾位學員告訴我，許多做試管嬰兒的媽媽在胚胎移植以後就臥床休息，等確定懷孕了才敢正常活動。還有很多媽媽更緊張，備孕時就辭掉工作，在家休養進補。她們說我五十歲了，做試管移植前後還跑來跑去，忙個不停，很不可思議，都勸我多休息，小心危險。

我聽她們這麼說，心裡也是有些擔心，覺得不能輕忽多休息這件事。雖然如此，但職責所在，我仍然忙忙碌碌地繼續工作。沒多久，各種考驗就來了。

痛而不苦的大病

以前我們就聽說帶人修行需要承擔他人的業力，這幾年親身經驗了，還眞是如此。

那段時間正是大陸A型流感的流行期，幾位學員來參加春節閉關課程時，把感冒病毒帶來了。他們相繼發燒，宇廷被傳染了。

那時正逢新年伊始，我們必須確認二〇一八年在臺灣的教學場地，需要去陽明山考察，但宇廷病得太嚴重，完全去不了，只好由我帶著團隊上山。有些團隊成員知道我懷孕了，都很關心，勸我不要去，倒是我一直跟他們說，沒事沒事，放鬆一點，我可以的。不過，看到大家這麼緊張、這麼照顧我，我心裡還是非常感動。

結果剛走到半路，我就收到訊息。宇廷說他開始發高燒，燒到三十九度多，還有一個學員也燒得很嚴重，正在醫院打退燒針。

又過了一會兒，幼稚園也打電話給我，說樂樂發高燒，請我把她帶回家。但我在陽明山，一下子回不去，只好趕緊打電話給保姆，請她去幼稚園接樂樂，然後直接去醫院檢查，並囑咐她，樂樂可能是感染了大陸的A型流感，請醫生仔細檢查一下。

回到家後，保姆告訴我，醫生說樂樂只是輕微感冒，不是A型流感，吃普通的感冒藥就可以了。當時樂樂在家裡玩，精神也不錯，我就沒有再帶她去做什麼檢查，只是陪著她玩。

不過，宇廷感冒得太嚴重，我害怕被傳染，就跟他分房睡，搬到臥室隔壁的小護法殿，睡在地上的藏墊上。但是，病魔還是見縫插針地找到我。那天晚上我聽一個學員的建議，吸了一點預防感冒的精油，結果反而突然感覺嗓子不舒服、刺刺的，不對勁，於是趕緊休息，希望第二天一切就能好轉。但早上起來，感覺全身都很痠痛，一直咳嗽，肺部劇烈疼痛。

雖然只是剛剛確定懷孕，但醫學上算起來是第五週，是胎兒形成的關鍵時期。宇廷很擔心我感冒對胎兒的影響，從隔壁房間透過微信傳來不少資料：「……大多數藥物都可經胎盤進入胎兒體內，有些會對胎兒造成損害，導致胎兒畸形……孕早期感冒後，能不用藥物就盡量不用，必須用藥時，在醫生指導下，權衡利弊，慎重用藥……

感冒對這時期的胎兒影響很大，尤其是流行病毒引起的感冒，可能造成胎兒先天性心臟病、唇裂、腦積水等……高熱和代謝紊亂產生的毒素可能會刺激子宮收縮，造成流產……體溫超過三十九度，長時間有可能使胎兒畸形……感冒拖延不治，也會影響胎兒的發育……」

聽起來好嚴重，很可怕，還好我一直保持在「覺」的狀態，要不然一定會被嚇到，變得很緊張，反而會影響到胎兒。

過了半小時，他又傳來：「剛才幫妳打電話問了中山醫院的院長，他說不能吃藥，只能大大地休息，最理想是多睡覺、多躺著。記得要喝一大堆水，一直喝一直喝，就不會燒起來。」由於不能吃藥，我只好完全依靠自己的抵抗力了。

沒幾分鐘，他又傳來資料：「建議妳趕快閉關修一下憤怒蓮師金剛鎧甲法。妳先看看我整理的簡介：憤怒蓮師金剛鎧甲是寧瑪教派的岩藏極密法，可以遣除末法時期的一切怪病，消除修法中的一切外內密障礙違緣……過去在藏區，要求此法，必須供養相當數量的黃金，以表示自己對此法的尊重，以及想要修習此法的強烈意願……多年前SARS流行時，兩岸死亡人數甚多，冠狀病毒無藥可醫，傳染幾乎失控，因此晉美彭措法王慈悲將此密咒公開，普傳於世。當時非常多人都發心念誦，不久SARS疫情就無故消失……法王曾多次開示，如果受法者發菩提心，遵守三昧耶戒，對上師三寶有無比虔誠，先持十萬遍，以後每日一百零八遍，當具足信心地持誦三百四十萬遍後，必能獲得金剛鎧甲殊勝功德。」

我想起二〇〇三年SARS肆虐時期，自己也修過這個特殊的密法，而這次爲了剛懷上的孩子，我決定馬上閉關。

其實，所有的修法都是爲了轉變我們自己的心，有些方法透過轉變我們的心，還可以轉變我們的能量磁場，進而修復細胞，乃至恢復一些器官的功能，讓身體變得健康。憤怒蓮師金剛鎧甲法，就是這樣一個特別的方法。

憤怒，不是指生氣，而是指帶著強烈、威猛的能量。

蓮師，也不是指把佛法從印度帶到西藏那個人而已。蓮師是蓮花生大士的簡稱，蓮花代表出淤泥而不染，大士則是指修行成就的人，蓮花生大士在這裡就代表我們的修行。雖然身在這個混亂的世界，但我們的心要能夠出淤泥而不染。

金剛，在印度梵文中是Vajra，即鑽石的意思，用來比喻堅固、不可摧毀。什麼是堅固不可摧毀的呢？任何物質都終有一天會消散，只是幾秒鐘和幾千億年的不同而已，但我們的心，我們的覺性，是無形無相的，沒有任何東西能夠摧毀它。所以在這裡，金剛是指我們本來就具有的覺性。

鎧甲，就是指有了「覺」，就如同披上堅不可摧的鎧甲。

所以，憤怒蓮師金剛鎧甲法就是指我們以很強烈威猛的能量，披上證悟覺性的盔甲，就能夠出淤泥而不染，遣除一切怪病，消除任何障礙。

那一整天，我都在修憤怒蓮師金剛鎧甲法。我在修法的禪定中經驗到一些景象：由於業力的緣故，未來眾生會遭遇很大的逆境，沒有準備好如何面對的眾生，在逆境面前會很茫然而痛苦。

我在禪定中自然升起強烈的菩提心，帶著肚子裡的寶寶一起發願，希望未來能夠共同幫助苦難的眾生。我不停地跟寶寶溝通：「你是來利益眾生的，娑婆世界就是這麼苦，你現在跟著媽媽一起承擔眾生的苦。不要怕，媽媽一直在你身邊！」

在這樣的願力加持下，我的心反而變得非常強大，修法時完全感覺不到身體的病痛；即使出定了，也是痛而不苦。雖然身體會痛，但心裡很安定，沒有煩惱痛苦。我想起我的上師不只一次談到，修法最重要的就是願力，只有當我們利益眾生的心願和佛菩薩本尊的願力相應時，修法才有效果，才會得到真正的加持。修持每個法的目的，都是透過一次次的練習，轉變我們的內心，來達到離開煩惱痛苦的目的。

這是我一生中第一次染上這麼嚴重的流感，晚上劇烈咳嗽，難以入睡，呼吸都很困難。睡前，我又修了一段時間的金剛鎧甲，做了淨除障礙的煙供儀式，然後用我母親教我們治感冒的發汗方法入睡。半夜，我開始嘔吐，吐得非常厲害，但吐完之後感覺身體輕鬆很多，呼吸也沒有那麼困難了，直到快天亮才睡安穩。

隔天早上醒來，我覺得自己像重生了一樣。雖然還在感冒，但身體機能都慢慢恢復了。

可是，樂樂的病情加重了。上午，她突然發高燒到四十度，這次宇廷和保姆趕緊送她去我們熟悉的中山醫院，去找樂樂常看的兒科醫生。醫生檢查後馬上讓她輸液、吃退燒藥，觀察了一天。到了晚上，醫院建議讓她繼續住院觀察，但我覺得醫院的能量不好，還是決定把她接回家。

樂樂回家一看到我就說：「媽媽，晚上您陪我睡好不好？」我當然答應了，但又害怕感冒病毒交叉傳染，只好戴著口罩陪她睡。我把大隨求佛母的法照放在她的房間，用心呵護她，也一直祈請和念咒給她。看著樂樂純真可愛的睡顏，我開始為她修自他交換法，這是一個透過呼吸，吸入眾生黑業、呼出光明給眾生的特殊方法。我希望樂樂所有的痛苦都能由我承擔。一整夜，我都在播放我念誦的大隨求佛母心咒，陪伴著她。這一晚，樂樂沒有繼續發燒，睡得還不錯，我也安心了一點。

隔天早上樂樂起床後，精神不錯，開始自己玩，而我因為整夜照顧她，病情又加重了。但是，看到樂樂好起來，我的心裡充滿安慰，感覺什麼都能承擔。只要看著自己的孩子平安喜樂，有多少苦都願意自己承擔，我想天下母親的心大概都是如此吧！

接下來幾天，我依然沒有吃藥，主要透過修法和祈請，幫助自己穩定和恢復健康。每天，我都固定修法四、五個小時，迴向給肚子裡的寶寶、迴向給宇廷和我的樂樂及家人，也迴向給所有學員和眾生，雖然有時身體還是很難受，但心一直很放鬆、安定。慢慢地，我的病就一天一天好起來了。

驚喜！我懷了雙胞胎！

感冒好了，我第一次產檢的日子也到了，婆婆帶我去中山醫院檢查。為了怕公公婆婆擔心，我之前一直沒告訴婆婆我放了兩個胚胎，直到這次產檢，我才在等待檢查的空隙跟她說這件事。婆婆一下子變得很緊張：「啊，妳放了兩個呀？」

我慢慢向她解釋，安慰她說：「媽媽請您放心，我們已經請教過上師，上師說放兩個沒有問題，我的身體也很好，不會有問題的。」

我還告訴她那天請唐仁波切卜卦的小故事，說我們原本想請仁波切卜卦，結果還沒開始卜，就遇到了兩對雙胞胎，唐仁波切便笑著對我們說答案已經出來了。就這樣聊著聊著，我的產檢號碼也到了。

婆婆陪著我走進院長陳福民醫師的診室，陳院長和她是老朋友了，一看到她就說恭喜。我按照常規做了子宮抹片，然後開始做超音波檢查。突然間，院長說：「喔！是雙胞胎喔！胎心跳動都很正常。」我和婆婆都哇地一聲非常興奮。

院長一再恭喜婆婆，問她有多少孫子了。婆婆先伸出雙手，然後又比出一個勝利的「V」型，開心地笑著說：「我現在有一打孫子了！」我們都哈哈大笑。

不過，婆婆對我懷雙胞胎還是有些擔心，一直追問院長：「央金身體還好嗎？她年紀不小了，會不會有問題？懷雙胞胎是不是會很辛苦？是不是要剖腹產？」

院長要她放心，說大家一起多注意，應該沒問題的。雙胞胎有很大機率需要剖腹產，因爲通常兩個孩子的其中一個胎位會不正，第一個自然生出來後，第二個往往會有些危險。

院長說他年紀大了，已經不親自接生，不過他會介紹一位有經驗的年輕醫生給我們。他在一張小紙條上蓋了自己的姓名章，告訴我們下次拿著他的推薦條去找醫生，婆婆這才放心一些，笑得很開心。

回家路上，我把超音波照出來的雙胞胎照片發給宇廷，他也樂壞了！還一直邀功，不停地說：「妳看吧，我一直說要放兩個是百分之百正確的吧！」剛好那一天是我們拿結婚證書十六年的紀念日，兩人聊起當年還共同發願說誰要出家另外一個不得阻攔，都覺得很好笑，現在看來誰也不會去出家了。

回家告訴樂樂，她也好開心，在家裡每過一會兒就跑來摸摸我的肚子，一直跟我說：「媽媽，我要有弟弟妹妹了！」

2 第二場颱風：雙胞胎變成了三胞胎

非常開心變成了非常擔心

兩星期後，第二次產檢，也在中山醫院，由陳院長推薦的翁榮聰醫師檢查。我早早就在網上掛了號，是第一號，早上十點就開始了。

我提前告訴婆婆我就診的時間，她非常關心我，一定要陪我去醫院，發了很長的訊息給我：「我會陪妳去，沒問題。懷雙胞胎會很辛苦，要好好照顧自己的身體，瘦肉如雞肉、魚，加上蔬菜水果要多吃，每天吃一個白煮蛋加點黑胡椒粉和少許鹽巴，很好吃的，還可以加點薑黃粉……米飯和麵類盡量少吃，甜點偶爾吃點……體重要問醫生可以重多少公斤，以前懷一個小孩九個月不要超過十公斤！妳現在先稱一下體重做紀錄。」婆婆總是像對自己女兒一樣地關心我。

一到醫院，就看到婆婆已經在大廳等我了。我們一起進入診室，翁醫師非常熱情，沒等我拿出院長的條子，他就說：「老爹（大家對院長的稱呼）已經告訴我了！」翁醫師親自為我做超音波檢查。他一邊看，一邊解釋給我和婆婆聽。

看著看著，他突然說：「喔！妳懷的是三胞胎喲！一個受精卵是獨立的，另一個是同卵雙胞胎！」

聽到這個消息，我和婆婆互看了一眼，都有點懵——應該說是傻了。

我有些不知所措，心情又驚又喜，很難描述。婆婆則變得非常擔心，她覺得雙胞胎對我而言已經很費勁了，還來個三胞胎，她實在放心不下，憂大於喜，不停地問醫生有沒有風險。

翁醫師這時也變得有些嚴肅，不停強調三胞胎的風險確實很高，加上我又是高齡產婦，風險可能更高。

我詢問會有什麼風險，醫生告訴我，媽媽的身體負擔會很大，很容易有高血壓、糖尿病、大出血、心臟病，另外孩子的安全也會遭受威脅等等。翁醫師建議我選擇減胎，這樣剩下的孩子也許會發育得更好，母親的負擔也會小一些，不會那麼辛苦。

聽到醫生這麼說，我也感受到了壓力。但在那個當下，我的直覺告訴我，我不會選擇減胎的。

婆婆越聽越緊張，實在擔心我到後期會非常辛苦，一直要我聽醫生的話。醫生也不停提到各種風險，尤其是三胞胎一定會早產，而且通常會早產很多，這是最大的風險。

「孩子幾個月生下來能活?」我馬上問他。

「按照現在的醫療條件,五、六個月就可以存活,但健康會受到影響。」醫生說。

我沒有再說什麼,檢查結束後就和婆婆一起走出診室,很明顯感覺到婆婆心情沉重。

路上,婆婆握著我的手對我說:「央金啊,不是能生出活著的孩子就好啊!而是要孩子和妳都健健康康的,要不然妳身體垮了,孩子也不健康,妳不是苦一輩子嗎?」

看著婆婆擔心的臉,我完全能理解她的心,但我的內心告訴我,我怎麼忍心拿掉一個孩子呢?爲了不讓婆婆太焦慮,我沒有在她面前表態。

宇廷當時在大陸教學,不能接電話,於是我透過微信訊息告訴他:「今天竟然檢查出來雙胞胎變成了三胞胎,一個是獨立的,兩個是同卵雙胞胎,心跳都很正常。但是醫生說,三胞胎很危險,容易早產,母親也容易有高血壓等等。媽媽非常擔心,醫生建議減胎,選擇兩個,放棄一個。我還沒有決定,再發展一段時間再說吧,也是神奇的因緣!」

宇廷大概在上課,四十分鐘後才回覆:「看來很多很多人想做妳的小孩喔!昨天上課的時候我才剛對學生們說起，看著妳帶樂樂的過程，眞的覺得能做妳的孩子實在太幸福了！

「人生實在太奇妙了，看起來我們很快會變成兩個兒子、兩個女兒了！不過，妳的身體受不受得了？孩子是否可以正常？如果可以，三胞胎當然更好，也是精彩的故事。但是妳會不會太辛苦？以現在的科技，我印象中如果早產也是可以存活的……還是請上師和唐仁波切都算一下比較保險。」

我馬上將這個情形透過訊息告訴千寶上師，不到一小時就接到了上師的回覆：「恭喜！恭喜！恭喜！來得不易，這是很歡喜的事情。卦象有小過，意思是會有問題，但不影響生命。這我雖然不能說，多聽聽醫生的建議，如果妳的身體、胎兒都沒有問題，就應該留下，建議過一段時間再觀察、決定。我會祝福！」

宇廷看了馬上問我，什麼叫作「這我雖然不能說」？我說，我的理解是指修行人不能說要人去殺生（墮胎）的。

我和宇廷修行多年，知道卜卦並不是金口直斷的算命，未來是自己走出來的，而非完全固定，只是一個大略的可能性。我們藏族卜卦的目的，是希望多一個找出問題、解決問題的方法。有了上師的卜卦，我們稍微安心了一點，但唐仁波切的反應，卻讓我們更加擔心了。

關心則亂的唐仁波切

我回到家，第一時間就把這個神奇的消息告訴唐仁波切。我發給他寶寶的超音波照片，向他報喜，同時也告訴他醫生的建議，希望他能夠卜卦算一下，幫我看看到底有多少風險，以及我們應該怎麼規避這些風險，獲得好的結果。

出乎我意料的是，我親愛的哥哥知道這個消息以後，竟然和婆婆一樣，馬上變得非常擔心。他透過微信留了許多言，不停地跟我說，其實我這個年紀能再生一個孩子就很好了，我之前跟他說懷了雙胞胎，他就開始擔心了，但是怕影響我的心情，就沒有跟我講；今天知道我懷了三胞胎，他內心實在充滿憂慮，很怕我會辛苦，很怕我有危險，所以他堅決支持醫生的意見。作爲修行人，他不會直接跟我說要我減胎，但他在留言裡一遍遍囑咐我，一定要聽醫生的，一定要聽醫生的。聽他的聲音，我感覺他的眼淚都快要掉下來了。

不過即使這樣，我還是一再跟仁波切說，請他務必幫忙卜個卦，看看卦象上面有什麼風險和障礙、要如何處理。仁波切拗不過我，只好去卜卦。還好他說從卦象上看來，沒什麼大問題，一切都是正面的，但他依然希望我不要只看卦象的結果，一定要多聽聽醫生的建議。

俗語說：「關心則亂。」還眞是如此，這也是爲什麼仁波切們一般不算自己的事情，當卜卦摻雜了對自我的執著，算出來就不一定準了。市面上很多爲了金錢算命的人，時常越來越不準，也是這個原因。

很多人以爲大修行人沒有喜怒哀樂，其實不是如此的。修行並不是把自己變成冷血的石頭，沒有情緒，而是不執著於情緒，有點像看電影，雖然知道不是眞的，但還是會隨電影情節而開心、生氣、傷心、煩惱；然而，看完電影，過了就過了，不會幾天之後還在爲劇情痛苦。修行人對人生也是如此，知道人生如夢如幻，在夢中大做佛事，但夢終究只是一場夢。

有趣的是，唐仁波切還特地囑咐我，他傳授給我的大隨求佛母的法，裡面總共要修五尊度母，每一尊度母都有不同的功能：一尊是沒有孩子求孩子的，一尊是保佑生男孩的，一尊是祈求有更多孩子，還有兩尊則是孩子來了保護孩子的。仁波切說他覺得他和他的寺院，以及我自己，都修了很多大隨求佛母的法了。他囑咐我從現在開始，除了專修、多修最後兩尊保護孩子的度母以外，對其他幾尊度母感恩就可以了，感恩她們送來了孩子，但她們的法就不要修了，不然他擔心我這樣修下去，不只要生三胞胎，也許還會來更多孩子。

爲了說明這個道理，仁波切講了一個例子。他說，這就像我們剛開始利益衆生時，會發願希望幫助很多人。因爲我們有這個願心，自己也一直很努力幫助衆生，慢慢地就會有很多很多弟子追隨；但是當弟子太多時，自己的精力就顧不上了，很難照顧得過來，自己也會覺得非常累，反而希望弟子少一點。他一直要我多聽醫生的意見。

我這個年紀懷了三個孩子，把唐仁波切這位傳統的修行人嚇壞了。他完全陷入哥哥的感情裡，那種對我的關心充滿了自家人的憂慮。其實這個時候他的意見已經不精準了，摻雜了很多親人的憂慮情緒，但是爲了安慰他，不讓他過分擔心，我跟他說我一定會多聽醫生的意見。

修法穩定自己的心，創造強大清淨的能量保護傘

我和宇廷不太放心，隔天就約見上師，想當面請教我這次懷三胞胎還有些什麼要注意的事、有沒有什麼是他在短訊中不方便談的。

上師在臺中，每次去見他，我都覺得無比開心，而上師每次也都會給我們倆留出很多時間，還會準備豐盛的餐飲邀請我們和他一起用餐，照顧得十分周到。

我請教上師：「這次風險有多大？我的生命會有危險嗎？我應該做些什麼來減少障礙？」

上師很溫和地笑著對我說：「危險倒沒有，但會有小過。」

我又請教：「小過是什麼意思？」

上師說：「可能會早產，孩子的健康也許會受到一點影響。」

宇廷在一旁說：「只要大人安全，孩子的健康只能靠自己的福報了。現在的醫療條件很好，早產的孩子可以在保溫箱裡待一段時間再出來，也就沒有問題了。」

上師又很溫暖地笑著告訴我們，他自己就是早產兒。那時藏區的條件不好，他就是靠自己的福報存活下來的，雖然肺部和胃都比較小，但他依然活下來了，到現在還是很健康。

聽到上師這麼說，我和宇廷都覺得安心了很多。我也才了解爲什麼上回和上師去西藏朝聖，走到蓮師預言中的第一禪修聖山雅隆水晶洞時，他一直很喘。我當時覺得很奇怪，上師身體很健康，不胖不瘦，精神又很好，爲什麼這麼喘？原來是出生時早產，肺部沒有發育好。

我又問，那這個小過該如何度過？上師說：「妳要自己修白度母的法，也要請各大寺院爲妳和孩子多修白度母法，最好每家寺院都修一億遍以上的白度母心咒。」上師說他會安排一些寺院幫我修法，我自己也要多連絡一些寺院修白度母的法。還有，最重要的是，上師要我專門修一次嚴格的白度母閉關，這樣就不會有障礙了。

上師又說了一個有趣又有些悲哀的故事：在他閉關的尼泊爾幽莫山區，有一位還俗的尼師婚後懷了孕，肚子很大很大，但山裡沒有任何現代檢測設備，她個子又很高大，大家也不覺得有什麼奇怪。她的丈夫是很單純的山區牧民，生產當天，丈夫也在場。很快地，第一個孩子出來了，他們很開心；接著，第二個出來了，他們有點意外；然後有第三個，他們傻了；到了第四個，丈夫以爲是妻子著了魔，引來了妖怪，才會生這麼多，結果當場就瘋了，再也沒有好起來，一直到現在仍然是瘋的。我們聽了不知道該說什麼，有點好笑，但又好可憐。上師說，山裡的人沒有什麼現代知識，眞的很可憐。

和上師相處很幸福，時間過得特別快，轉眼四個小時過去，我們要離開了。臨走時，上師握住我和宇廷的手叮囑：「保持心情快樂平和很重要！」

這次和上師的會面給了我更多無懼的信心，打消我心中的一些不安，也讓我知道了解決障礙的方法：透過修持白度母，讓自己穩定、慈悲、無懼，這樣才能面對即將到來的身心考驗，避免過度早產，影響胎兒的安全。

我內心也知道，懷著孩子的是我，不論多少活佛、多少寺院爲我修法，最重要的還是我自心的穩定。**媽媽的心穩定，孩子才可能穩定。**

在為我和孩子修法的寺院中，多吉扎寺的教主仁增欽摩法王講得最直白。當我祈請法王為我加持的時候，他說他會祈請三寶加持我和孩子，寺院也會幫我修法，但是，「一切都是心性的化現，最重要的還是妳自己的心，妳對佛法僧三寶穩定的信心」，其他一切都只是助緣。

權威醫生也建議減胎

除了修法穩定我的心，生活中的實際問題還是得靠自己去解決。唐仁波切關心過度，上師也沒說要不要減胎，但兩位都說一定要聽醫生的，並沒有結論，怎麼辦呢？決定還是得我自己做。

更麻煩的是，中山醫院是最好的婦產科之一，但是沒有接生三胞胎的完整設備，翁醫師也沒有接生三胞胎的經驗，我們得盡快找到有經驗且有意願接生三胞胎的醫院和醫生。我和宇廷還是不想減胎，於是四處打聽，才了解到很多醫生都不大願意接生多胞胎，因為風險高，成功了沒什麼，失敗了有責任，所以醫生都會希望我們減胎，我們必須找到有能力又有緣的醫生和醫院才行。宇廷透過種種關係，連絡了好幾位和榮總、新光、長庚、振興等大醫院有密切關係的朋友，但因緣總是陰錯陽差，朋友不是出國了，就是病了，或者連絡不上。

我的妯娌——宇廷三弟的太太程思聆是個穩重又溫暖的人，知道我懷了三胞胎以後，非常關心我，特別透過朋友詢問，得知臺大婦產科的主任李建南醫師對高齡產婦和多胞胎非常有經驗，希望我能去問問他的意見。宇廷立刻上網查詢，發現李主任可以說是權威中的權威，是全臺灣設備最先進的醫院中、最有接生多胞胎經驗的婦產科醫師。但聆聆並沒有李主任的直接連絡方式，透過她朋友介紹，我們自己掛了號去排隊。

雖然上師和幾位法王都給了我很多加持和祝福，婆婆還是非常為我擔心，這次又堅持陪我去看醫生。有她在，我感覺就像親媽媽在身邊一樣，安全又溫暖。臺大婦產科診間門口密密麻麻的都是人，一個空位也沒有，我和婆婆只好在廊道中站著。婆婆怕我累，讓我盡量靠著牆站，她自己則走來走去。

等了兩個多小時，終於見到李建南主任。他大概五十多歲，瘦瘦的，中等個子，臉上的兩道眉毛往上提，看起來很有個性。他講話非常乾脆，做事也很俐落，身邊帶著三、四個助理。

了解我的情況後，他直接問：「這三個孩子妳都要生嗎？」

我說：「是的，我都要生。」

他看了看我，說道：「妳個頭這麼小，又是高齡，妳知道三胞胎有多少風險嗎？妳的未來有很大的颱風在等著，妳要準備衝過去嗎？我建議妳還是減胎吧！」

婆婆馬上詢問：「那什麼時候進行比較好？你們這裡減胎嗎？」

醫生說：「十二到十六週左右比較好。」

這時我已經懷孕十週了，所以醫生直接遞給我一張名片，告訴我：「沒多少時間了，妳要抓緊。推薦妳去找這位醫生減胎。」

「你們醫院做減胎嗎？」婆婆追問。

「我們是阿彌陀佛，不做減胎的事情。」李主任答道。

「我也是阿彌陀佛啊！我也不想減胎！」我說。

「妳要知道，犧牲掉一個，是爲了救其他兩個兄弟姊妹呀！」

聽到李主任這麼果斷地建議我減胎，我感受到相當大的壓力，心裡很不舒服。

坐在外面等著拿藥時，婆婆說：「同卵雙胞胎都是同性別的。」但看到我一言不發，沒有表情，她就沒有繼續說下去了。我想她一定也能體會我當時的心情！

我們默默地坐了一小會兒，然後婆婆又握著我的手說：「當然，我知道，這是非常難做的決定。」

是啊，都是我的孩子，我怎麼下得了這個決心呀！

多胞胎的故事給我鼓勵和信心

那天夜裡，我和宇廷心裡有事，都睡得不太踏實。半夢半醒中，我感覺到房間很冷，宇廷被凍得不停打噴嚏。我起來去上洗手間，發現臥室的門是打開的，走到客廳一看，發現客廳的窗戶也打開了，而外面狂風暴雨，雨水把地板都浸濕了。

爲了預防感冒，我穿上厚衣服、戴上口罩，才去把窗戶一一關起來，又拿著拖把清潔地板。

忙完看看時間，已經快四點，我也沒有睡意了，就洗漱一下，收拾好，去護法殿修法。修法時感覺自己狀態還可以，但修完以後，身體就變得非常沉重、非常累。我開始不停打噴嚏，頭很昏沉，於是我知道自己受寒了，就去臥床休息。

我平時總是忙個不停，忙工作、忙孩子、忙家事，總是在做事，懷孕了也照舊如此。確定懷了三胞胎以後，天天與家人溝通、找醫院、請教上師、請教唐仁波切、請教法王等等，反而比平時更忙，所以我已經很久都沒有躺在床上好好休息了。

那天一停下來休息，或許是身體很疲倦的緣故，我的思緒也有些飄蕩。我想到婆婆的憂慮，想到唐仁波切的擔心，想到李主任一見面就直接要我減胎。在心底，我知道自己不想放棄任何一個孩子，爲了讓孩子健康、安全地來到這個世界，我願意承受身體的各種辛苦。但李主任說如果不減胎，可能會讓孩子受到傷害，這句話像一塊大石般壓在我的心上。我忘不了他對我說「犧牲掉一個，是爲了救其他兩個兄弟姊妹」的樣子。

我的壓力很大，不知道怎麼辦才好，心處在一種擔憂、無法做決定的狀態，有種隱隱約約的不安。在這種狀態下，我總是去禪修。在禪修的過程中，我的心又慢慢平靜下來，信心也慢慢撿回來了，又覺得能克服面前的困難。

於是，我開始上網蒐集多胞胎的資訊，想多了解這方面的知識和他人的經驗。這才知道，大多數多胞胎都是提前透過手術取出來，放在保溫箱裡發育一段時間再帶回家。現代醫學非常發達，只要不是太早產，多胞胎的存活機率還是很高的。

也有不少低度開發地區的媽媽生育多胞胎的故事。她們沒有好的醫療條件，也沒有錢，有時住院、養孩子的錢都要靠大家捐助，但那顆母親的心依然支撐著她們跨越重重阻礙，生下了孩子。

還有體操明星桑蘭。她下肢癱瘓，生活都不能自理，還是冒著生命危險懷了孩子。母愛讓她戰勝重重困難，最後生育了一個健康的孩子。我看了非常感動，深深體會到母愛的偉大。

多胞胎的媽媽發現自己懷了這麼多寶寶時，一開始都非常吃驚，然後醫院都會用一套套標準話術，講述各式各樣的風險，建議減胎，讓這些媽媽感受到極大的壓力。但是，很多媽媽在自己的安全和孩子的生命之間，都選擇了孩子，並且爲了孩子，在懷孕後期忍受各種身體不適的煎熬。她們都經歷了一段神奇的旅程，旅程中有苦有樂，甚至有很多未知的危險，但最後還是有奇蹟出現。母愛支撐著她們，一個不漏地把寶寶帶到這個世界上！

學員杭杭也發了一篇文章給我，是一個侏儒症媽媽生三胞胎的故事。那個媽媽才九十八公分高，懷了三胞胎，冒著失去生命的危險，拚盡全力生下三個孩子。看完那篇文章後，我非常驚訝，也非常感動。她的精神顛覆了醫學界的所有觀念，也給了我很大的力量。偉大的母親用愛戰勝了一切恐懼！

杭杭是個樂天派，天生沒什麼恐懼。每次我去產檢，被醫生嚇了一頓之後，她都會給我很多正面力量。**有時候，身邊有個總是給你正面意見的人是很重要的**。杭杭還告訴我，其實她自己就是早產兒，七個月就出生了，她的女兒蟲蟲也是，所以她的經驗對我而言很有說服力。她告訴了我很多早產兒的相關知識。

這些故事和知識給了我很大的鼓勵和信心。看到許多條件不太好的媽媽都能克服重重阻礙，生下健康的孩子，然後想到我有佛法、有修行、有上師三寶的加持、有那麼多人的關心和幫助，還有這麼先進的醫療條件，我想，我也一定可以做到！

在我們四處詢問醫生意見、查資料、請教唐仁波切和上師的過程裡，樂樂完全不知道大人有這些擔心。她全然沉浸在馬上要有弟弟妹妹的喜悅中，每天都摸摸我的肚子，跟弟弟妹妹打招呼，還唱歌跳舞給他們聽，一直跟他們說要乖、要快快長大。樂樂好希望這三個孩子中至少有一個是妹妹，那樣就有人可以跟她一起穿美美的裙子，一起玩娃娃，一起扮家家酒了。

看著我的樂樂，體會著肚子裡三個孩子的成長，我感覺自己沒有理由拿掉任何一個孩子。我要拚盡全力保護我的孩子，生下他們，然後養大。如果放棄其中任何一個，我一輩子都沒法對自己交代。但是，我心裡並非沒有憂慮和恐懼，我也不是有什麼超凡的能力，可以預知自己能克服接下來會遇到的障礙，迎來好的結果。我只是有一顆母親的心，然後這顆心告訴我，不能放棄我的孩子！

摸著自己的肚子，我感受到三個神奇的小生命正在成長。我想，不管前面有多少危險，我都要繼續往前走下去！

3　第三場颱風：生育多胞胎的風險

減胎壓力持續如潮水般湧來

雖然有了更大的信心，但來自周圍的壓力卻越來越大。自從懷了三胞胎，我就成了家人的焦點，連宇廷已經出家的弟弟堪布丹傑都在關心我。他讀臺大ＥＭＢＡ時，有很多同學是醫生，婆婆就讓他幫我連絡。

在臺大李主任建議我減胎的第二天，大概晚上十點多，婆婆突然打電話來，說堪布弟弟介紹了兩位婦產科專家，希望我們能去聽聽他們的意見。第二天一早八點，我約好了兩位專家，立即向公公婆婆回報。婆婆說，她會陪我一起去；下午兩點，婆婆和宇廷就陪著我，準時到了第一位醫生的門診。

那位陳醫師約五十多歲，非常客氣、斯文。他首先詢問了我的基本情況，然後做了超音波檢查。他說，根據超音波檢查結果來看，三個孩子都很正常，但我這個年紀生三胞胎，風險太大了，多胞胎媽媽有可能出現妊娠糖尿病、高血壓、血栓靜脈炎等很多問題。

陳醫師講了一個他自己病人的案例：有位三十八歲的媽媽也是懷了三胞胎，當時他建議減胎，但這個媽媽想把孩子都生下來。他看她個子比較高大，年紀也比較輕，就沒有強烈反對。但是這個媽媽生育後，心臟出了很嚴重的問題，幾年後必須換心。這件事情讓陳醫師心裡很愧疚，如果他當時強烈建議病人減胎，這件事可能就不會發生。

至於早產帶來的問題，他說的跟之前的李醫師差不多：生得越早，問題越多。可能出現腦部、肺部、消化系統發展不良，以及抵抗力很弱的問題；如果是極低體重的早產兒，還可能有腦性麻痺、智障、視障、聽障，會需要長期復健或照顧。

這時，宇廷可能是被太多的負面故事弄得不耐煩了，突然直接說：「請問您有什麼統計數據嗎？我不想聽個案了，我想看看實際的數據。我想知道，三胞胎母親死亡或出大問題的百分比有多少？都是哪些原因造成的？可以如何避免？孩子死亡或出大問題的百分比有多少？又是哪些原因造成的？如何避免？」

陳醫師脾氣很好，只說他沒有詳細的數據，又說只要媽媽能堅持久一點，堅持到三十二週以後，孩子的健康基本上就不會有什麼問題了。三胞胎出生後，醫院一般會把他們放在保溫箱裡照顧一段時間，確定沒有問題了才出院。只要不是太早產，臺灣現在的醫學完全可以支援孩子正常發育。

宇廷就說：「聽起來是不要太早產就OK，那我們就不考慮減胎了，全部都生下來。您有什麼降低風險、保護母子健康的好建議嗎？」

陳醫師是個內心非常柔軟、非常有同理心的人，我們看得出他實際上還是很想多說幾句，建議我們減胎，不過他也能感受到我們不想拿掉任何一個孩子的心。所以，他只是對宇廷笑笑，說可以早一點安胎，也就是最後幾個月住院，這樣比較安全，然後就沒再繼續說下去了。

到我們要離開的時候，他其實還沒有放棄，非常客氣地把我們送到電梯口，一邊笑，一邊委婉地說：「哎呀，我辜負了介紹你們來的醫生的期望。他很希望我能說服你們減胎，這樣大人和孩子都可以少些風險，更安全一些。」

我和宇廷看了看對方，知道我們心裡很堅定地要生下三個孩子，於是很有禮貌地謝謝醫生，然後就離開了。

聽了陳醫師分析大人可能有的危險，婆婆又非常擔心了。在去第二家診所的途中，婆婆一直對我說，人不能太固執，不要堅持到最後把我的生命和健康都搭進去了。婆婆跟我分析，我是家裡的主心骨，如果我有任何危險，或者有一些嚴重的後遺症，一家人該怎麼辦？四個孩子又怎麼辦？誰來照顧他們、關心他們？此外，這三個孩子中如果任何一個的健康有問題，對他也是非常不公平的，全家人都要很辛苦地去照顧他，會牽涉到很多問題，不是我們想的那麼簡單！

我感受到婆婆的擔憂和焦慮，基本上就不多講話。她說話，我就點頭，既不表示不減胎，也不表示減胎，順著她的意思，說我們還是多聽取專家的意見。我用這樣的方式安慰婆婆，希望能讓她安心一點。

宇廷就比較直接、堅持一點，沒有拐彎抹角，直接跟婆婆說我們還是要生下三個孩子。不過我看得出來，醫生的話讓宇廷也有些擔心和緊張，還在路上時，他就開始用手機查詢三胞胎的相關醫學報告了。宇廷是個很理智、很有邏輯的人，他說聽成功或失敗的個案沒什麼意義，浪費時間，要看到科學統計的百分比才重要。

接著，我們到了另外一個醫生的診所。這位林醫師和剛剛的陳醫師是同學，之前他們已經通過電話，林醫師已經了解我的基本情況了。

林醫師也非常專業，說了很多英文術語、名詞。他看了陳醫師做的超音波檢查，說從檢查結果來看，孩子都很正常，但他也覺得減胎會更安全，能讓母親和孩子都更健康。至於要減掉哪一個，他說減胎的醫生也是他們的老師，會現場決定，哪一個最方便就減哪一個，有可能是單獨的那一個，也可能是把雙胞胎拿掉。我們聽得毛骨悚然。

爲了讓我不要有心理壓力，林醫師還從醫學角度解釋，說十八週以前孩子都是沒有意識的，只是身體有反射動作而已，還不算眞正的胎兒。打了減胎針，他就會被吸收了，所以算不上墮胎。

不過，深入禪修的人都知道，精子和卵子結合時，投胎的意識體就進來了，其實減胎就是墮胎。醫學只能從肉體的運作機制來解釋，但了解輪迴或已經深入禪修的人都知道，「減胎不是墮胎」這個觀點是錯誤的。

林醫師繼續說明大人可能承擔的許多風險。他說，六個月以後，多胞胎的母親就會非常辛苦了，因爲三個孩子越來越大，母親的肚子會盛不下。尤其是生產之前的一、兩個月，因爲肚子太大，媽媽基本上無法睡覺，只能坐在床上，但即使坐一會兒也會覺得很有壓迫感。然後，胃壁會被壓到，不能吃東西，肺也會受壓迫，呼吸會變得非常困難。除此之外，還有很大的機率會出現高血壓、糖尿病，這不僅影響到母體的健康，也會影響胎兒的狀態，並增加生育時的風險。

聽完兩位醫生的意見，婆婆更加擔心了。她很堅決地希望我能減胎，對我說：「央金，妳就像我自己的女兒一樣，生三個孩子，妳擔的風險太大了！」不過，婆婆不是那種一定要我們遵照她決定的人，她一直非常尊重我們，所有的擔心都是在爲我考慮。我感受到她那顆爲了孩子無微不至的心，完全能理解她的心情。

不能只信占卜，也不想只聽西醫

隔天一早，我還在被窩裡，就看到宇廷已坐在床上盯著電腦，在查找關於三胞胎的研究資料了。他給我看了減胎的相關資訊。

減胎手術主要有兩種。第一種是「經子宮頸吸引術」，在腹部超音波的指引下，從陰道經由子宮頸管，將一根導管伸入子宮腔內，吸出胚胎。

第二種是「經腹部減胎術」，由腹部超音波指引，將細長的針經由腹部到達子宮腔內，對準要減掉的胚胎注入藥物，使其心跳停止。

宇廷說他看得一身冷汗，帶點情緒地說：「一種是吸死，一種是插死，想了就恐怖，殺了我我也不用這種方法殺自己的小孩！」

他心情不大好，越說越嚴重：「醫生說減胎是由負責的醫生臨場決定，哪個好減就減哪一個，好像我們的孩子任人宰殺一樣，可能殺了單胞胎的女兒，也可能殺了雙胞胎兒子，開什麼玩笑？而且，我們現在大概知道其中兩個是誰了，三個都是大修行人，減胎等於殺了個菩薩；如果不小心流產，等於殺了三個菩薩，這個業力太恐怖了吧！」

宇廷最關心的，是懷三胞胎風險到底有多高。他查到正常懷孕平均週數是三十八到四十週，雙胞胎是三十六週，三胞胎是三十三週。但他也看到一則比較嚇人的資訊：「就周產期的胎兒死亡率而言，雙胞胎爲單胞胎的三到六倍，三胞胎則躍升爲五到十五倍。」這就很可怕了。

宇廷不服氣，說不可能這麼高。於是，他又找了一大堆英文資料，有美國的、英國的，還有韓國、義大利、挪威，甚至巴西、伊朗的研究報告，然後一點一點翻譯給我聽。

慢慢地，隨著科學知識增多，我們的心情倒是輕鬆了一些，反而更有了不減胎的信心。

我們發現，懷三胞胎對孩子的主要風險在於早產。如果是超級早產，孩子的死亡率的確很高；假如在二十四到二十六週之間出生，也會比較危險；但只要能撐到三十二週以上，孩子的安全就一定沒有問題了。宇廷還分析，三胞胎的高死亡率主要發生在十幾年前，或是在一些比較不發達的國家中設備條件不怎麼好的醫院裡；近十年在發達國家，三胞胎的死亡率雖然仍比普通嬰兒高幾倍，但還是非常低，遠小於百分之一。接著，他還查了嬰兒死亡率的定義，原來大多是指出生後一年內的死亡率，而不是出生後在醫院時的死亡率。也因此，嬰兒死亡率還包括因帶回家後環境不好、照顧不周、營養不良等原因導致的死亡，而這些都是我們可以避免的風險。

宇廷又查了更多臺灣的資料，發現近年來臺灣醫學科技進步極大，在臺大這種一流的醫療學府生產，都不必撐到三十二週，只要超過二十八週，嬰兒出生時超過一．五公斤，基本都能健康存活。臨產前一段時間，醫生就會注射促進小孩肺泡發育的藥，即使早產，嬰兒的肺部發育也不會有問題。

我們繼續花兩、三個小時看了很多資料和醫學報告。幾天來聽到五位醫生說了那麼多風險，又看到婆婆那麼緊張，我是有些不安和焦慮的，但看了這些科學報告，負面的感覺減少了很多。我越來越堅定把三個孩子全部生下來的想法。

身為修行人，我們知道不能只相信卜卦，但也不願意只聽幾位醫生的看法。除了相信三寶、認眞修法之外，也需要了解科學知識，才能做出全面性的清楚決定。

我想，懷孕早期和中期我可以多注意飲食和休息，懷孕晚期身體的痛和不舒服我都可以承受，而高血壓、糖尿病之類的，我應該可以透過禪修避免；至於醫生提到的後期幾個月的痛苦，像是負擔太重，基本上不能躺著睡，只能坐著睡覺，以及被壓迫到胃痛、吃不下東西，甚至很難呼吸，這些我想我也能靠祈請和禪修來超越、度過。只要我能撐到三十二週以後再生產，孩子的健康就完全沒有問題了。

我決定衝進生育三胞胎的颱風裡

對「減胎」這件事的感受，生過孩子跟沒生育過是完全不同的。沒生過孩子的女人還可以欺騙自己說，減掉的只是一個小小的受精卵，沒有生命；但養育過孩子之後，我們都知道，那就是一個小生命，生下來之後很快就會長大，從皺巴巴的小嬰兒，長成白白胖胖的娃娃，會哭、會笑、會鬧，很快就會滿地爬、到處走，會開心地伸出手，對著我們叫「媽媽」。

減胎其實就是墮胎，只是換了個名詞，而墮胎就是殺生。不懂得因果不表示不會有業力，更何況是殺了自己的孩子，這是我們決定不減胎的主要原因。

由於這兩年來的禪觀和夢境，我們都知道來入胎的大概是誰了，加上新學到的科學知識，我們決定哪怕承擔再大的風險，也要把這三個孩子帶來人間。下定決心以後，兩人每天討論的主要是如何修法布建保護的能量磁場，還有如何不讓公公婆婆擔心、如何說服醫生等現實層面的事情。

那段時間，我總是早上四點半起來修法，每天最少修兩、三個小時。修法的時候，我都帶著肚子裡的三個寶寶一起修，讓他們從小就聽聞佛法，感覺非常特別。每天一早的修法總是讓我身心愉悅，身體的氣脈很通，心很清明，完全沒有感受到懷孕的疲勞。我每天都經驗到佛法的殊勝，心裡升起很多感恩心。

在這樣的狀態裡，我更有信心了，覺得即使懷著三個小孩、身體變得很重，透過禪修，我也有辦法讓自己舒服一點，最起碼可以避免醫生說的那些恐怖的後遺症。我內在升起很強烈的信心，覺得自己不需要拿掉任何一個孩子。

醫生能接受不減胎的決定嗎？

二〇一八年四月二十日對我們全家人來說都是很關鍵的一天，那天下午要去臺大醫院產檢，要和李主任溝通我不減胎的決定。家人都很擔心萬一他不接受怎麼辦，他的態度會是怎麼樣，我們心裡都沒有把握。

我仍舊是早上四點半起床，洗漱完畢後，就去佛堂上香、點燈、做煙供，開始修法，前後修了三個小時，身心非常清明。修完法，我量了一下體重，是五十五・九公斤，比懷孕前重了將近六公斤。

因爲是關鍵的日子，公公和婆婆都決定陪我去。兩位老人家眞是非常溫暖，知道我和宇廷決定不減胎後，他們忍下心中的擔憂，非常尊重我們的決定，也一直盡力照顧我們。他們的支持，是我和宇廷最有力量的後盾。

下午快兩點時，公公順路來接我。出門前，我到佛堂的護法殿，在大隨求佛母的壇城和護法供桌前點燈、上香，祈請佛母保佑我產檢順利，希望今天跟李主任的一切溝通都很愉快，希望他能接受我不減胎的決定。

臺大醫院實在太大了，我和婆婆來過一次，這次還是迷路了，找了一陣子才走到婦產科，把號碼遞了進去。輪到我時，公公婆婆陪我一起走進診間。李主任一看到公公，認出他是誰，就一直笑。他的態度非常好，一直笑著跟我講話，但還是堅持認爲三胞胎風險很高，主要是怕早產；如果早產，孩子會有很多狀況。他說因爲他見多了多胞胎出狀況，膽子沒有以前那麼大了，反而是一些沒有經驗的醫生可能會初生之犢不畏虎。不過他說，如果我們決定不減胎，他也接受，只是提醒我們一定要多加小心注意。

聽到李主任接受我們的決定，全家人懸著的心才放了下來。

接著，我就開始做超音波檢查。負責的女醫師態度也非常好，檢查得很詳細。她說現在十二週了，三個孩子的大小和其他一切指標都很正常。

臨走前李主任說：「看來妳準備要衝過颱風了，要多保重喔！」我笑著點了點頭。

只懷樂樂一個人的時候，到了第三個月我還是很輕鬆，但這次懷了三個就大大不一樣了。我的身體變得很重，走路變得遲緩，腰變很粗，平常的胸罩都戴不下了，肚子更是明顯地凸了出來，達到上次懷孕六個月左右的大小，除了很大的休閒褲，所有的褲子都穿不上去了。而且，由於肚子裡的空間變小，吃一點東西胃就覺得很脹，我開始感覺自己真的是個孕婦了。

4 爲孩子創造清淨的能量磁場

心念的重要

李主任接受我們不減胎的決定之後，大家都鬆了一口氣。我向千寶上師報告這個消息，上師告訴我應該盡快到臺中的寺院閉關七天，專修爲了健康長壽的白度母法。

當家庭、生活、健康或事業有任何障礙時，我們藏族會請仁波切幫忙卜卦，決定需要修哪些法。有的法是自己修，有的是委託寺院喇嘛修，而修完了法，通常沒多久就能逢凶化吉、障礙消除。我們都覺得這是理所當然的，是生命中很自然的一部分。

修法的目的之一，是用自己的心念創造身心穩定而清淨的能量場；至於修法背後的科學原理，我是直到嫁來臺灣以後才了解的。我的公公陳履安先生在一九八七年擔任國科會主委時，曾經進行很多次實驗，證明人的心念能夠影響細胞和物質。

當時的實驗是將三組同樣的菌種（大腸桿菌），在相同的溫度、濕度、養分下，以不同的心念培養。

第一組只是單純地養著，不對它們做什麼，作爲對比用。

第二組用「惡念」培養。每天罵它們、羞辱它們，對著培養皿說：「你們這種低等生物，愚蠢、醜陋、噁心，不如去死吧……」

第三組則用「善念」培養。每天給它們愛心、溫暖，對它們說好話，像是：「好寶寶，你們也是可愛的生命，希望你們好好活著，健康長大……」

實驗數據出來後，發現以「惡念」培養的菌群，不只生長慢，很多連細胞膜都破裂了；而被「善念」照顧的菌群，成長速度比平常的快百倍，甚至千倍。

這其實只是重複了前蘇聯和歐洲都做過的實驗。大腸桿菌實驗成功後，公公又請人重複實驗多次，用不同菌種實驗，也得到相同的答案，顯示心念的確能直接發揮物理作用，從而影響細胞的生長。

實驗也發現，念力的強弱和動念的人有兩方面的直接關係。第一是此人的定力：有禪定訓練的人，念力強度很高；如果人很散漫，或是一面看電視聊天，一面發出心念，則沒有什麼作用。第二是此人的用心程度：如果很關心、很重視、很用心，則念力強度很高；若是漫不經心，則沒什麼作用。

此外，這種念力也會受到環境的能量場和接受者心態影響。古代藏地能量清淨，人心純樸，對修法很有信心，所以很有力量、有效果；而現代社會快速變化、空氣汙染、能量混濁、人心浮躁、疑心很重，修法需要加倍努力才會有效果。

這種念力，傳統上被稱爲「加持力」。在藏地，一般沒有修行的老百姓是依靠寺院活佛和喇嘛修法的念力得到加持；而有修行的人則都知道，自己修法也同樣重要，甚至更重要。

閉關修法，為身心充電

對認眞修行的弟子，千寶上師的要求比較嚴格。閉關有嚴格的修法和作息時間，最少早上兩座、下午兩座法，每座至少要兩個小時，每天一共修法八小時以上。我每天早上四點半起床，洗漱完，五點就上座正式開始修法，晚上九點修完最後一座法；如果達不到每天規定的持咒數量，就需要多修一、兩個小時。

上師要我除了每天修滿四座儀軌以外，還要在七天內持誦滿十八萬遍的白度母短咒和一萬遍長咒，並沒有因爲我懷孕而降低對我功課數量的要求。

雖然我過去有獨自一人在深山裡閉關好幾個月的經驗，可是這次我身懷六甲，已經三個月了，走路比較辛苦，穿很寬大的衣服也掩蓋不住隆起來的大肚子。但是，上師交代的功課，我沒有任何猶豫就全部接受了。

臺中四月的天氣已經很熱了，我懷著身孕更覺得身體很熱，但開風扇，風會直接吹到身體上，也很不舒服。此外，由於道場在一個十字路口旁邊，若是打開窗戶，車子的聲音總是很吵。

寺院的飯菜非常簡單，有點偏生冷，我吃了後覺得胃寒，肚子有些脹氣，很不適應。但是，當我想到西藏有無數在簡陋山洞裡閉關的修行人，馬上覺得自己能在寺院裡閉關還是很幸福的。這裡的條件已經不錯了，有單獨的房間，有人照顧，每天能洗澡，我心裡馬上升起了感恩心。

第一天晚上睡到半夜，被蚊子吵醒。有兩、三隻蚊子一直在干擾我，在我耳朵邊上嗡嗡嗡，咬得我滿手滿腳都是包。我只好用裙子把臉蓋起來，但蚊子的聲音還是一直響個不停。

第二天，我集中精神，繼續修法。打了無數個嗝，腹脹就消失了，全身也暖起來了，最後身心達到一種非常通透、舒服的狀態。我經驗到，原來白度母法的初階就有治病、療癒身體的效果。

第三天，我在佛菩薩的加持下，意識自然靜止，進入無念、清明、超越二元對立的狀態。密法真的需要閉關實修，要達到一定的修持量，才會從量變轉爲質變。閉關才三天，身心就有這樣的體驗，讓我深深體會到密法的殊勝，也更領會了上師要我閉關的意義。

第五天下午，當我修完觀想，在最後的保任階段，心達到一種清明空寂的狀態，覺知到一切，但完全不沾染。此外，又經驗到能所合一，沒有自他之分，自己和外境融爲一體。連每一口呼吸都充滿感恩之心，眞正的大自在。

在這樣的狀態下，我開始迴向。

首先迴向給肚子裡的三個寶寶：「願你們健康地成長，滿月生下來。」

再迴向給自己的父母：「願您們在淨土好好修行。」

迴向給公公婆婆：「願二位健康長壽，修正法，得解脫。」

再迴向給宇廷和樂樂：「願宇廷健康長壽、修行成就；願樂樂健康快樂地長大，將來能利益衆生。」

最後迴向給團隊成員、學員衆生：「願我覺性科學事業的團隊健康長壽，修正法，修行成就；願我們的學員健康長壽，修正法，修行成就；願我生生世世的所有冤親債主能修行正法，解脫輪迴之苦；願所有的衆生修行正法，解脫輪迴之苦；願自己的上師法體安康，法輪常轉！願傳承祖師們法體安康，法輪常轉！願各位高僧大德法體安康，法輪常轉！願世界和平！」

接下來幾天，我更認眞地做功課，不過因爲懷孕，我修法的速度比平時慢一些。我怕無法完成功課，加修了不少時間，每天都修十一、二個小時。

我懷著三個寶寶，身體很重，坐久了，下肢壓迫感很強，腿腳都略有腫脹，屁股當然更疼。不過，由於一直在禪修，我的心是清明、平和的，身體的疼痛並沒有讓我產生煩惱。覺得不舒服，我就起來稍微走一走，然後繼續拚功課，像大考馬上要來臨一樣，每天從早上四點半，拚到晚上十點多才休息。

我肚子裡的寶寶倒是格外地乖，好像知道媽媽在爲他們拚一樣，一點也沒給我增添什麼麻煩。我想，可能三個寶寶本來就是修行人，所以很習慣這幾天我一天到晚誦經吧！

到了第八天，我圓滿了所有的功課，並獲得上師的允許出關了。一大早九點，公公就來接我。他其實已經八十二歲了，但宇廷那時在大陸教學，沒辦法來接我，公公不放心我一個人回家，所以特別親自來接。他眞的是一個很細膩和溫暖的人。

我就這樣在閉關中度過了懷孕的第十三週。這次閉關讓我在一個獨立空間中斷掉世界上所有其他的事情，集中做了一段時間的功課，有很多特別的經驗和收穫。在這七天裡，除了吃飯、睡覺，我每天醒著的時間基本上都在修法。在這種和法界緊密連接的狀態裡，身體的累和不舒服慢慢消失了，心不散亂，完全在法上，感覺每天都像在充電一樣，身心變得清明、寧靜、開闊。

我深深體會到，修行就像練習樂器，需要經常練，而且必須集中練一段時間，才會熟悉這項樂器。要想成爲音樂家，一生都要練習，每天都不能停，熟能生巧，量變到質變，才能達到揮灑自如、出神入化的境界。

很感恩千寶上師讓我透過這次的短期密集閉關訓練，熟悉了白度母法，體會到白度母法的精髓。

放鬆地踏上一段充滿愛的旅程

我一直希望我懷孕的經驗能對學生的修行有所幫助，所以出關後第二天，我正式對外宣布我懷三胞胎的消息。

大家好：

今天要告訴大家一件喜事：我懷了三胞胎。剛開始檢查出來是雙胞胎，但是八週以後產檢，發現變成三胞胎了，其中一個是同卵雙胞胎，現在已經十三週，寶寶都很健康。

我的身體狀況非常好，能吃能睡，還能工作。各大寺院都在幫我修法，我也在上師的寺院閉了七天白度母的關，昨天才出關……為了安全和順利生產，我將花更多時間在禪修和修法上，這樣對孩子、對我自己都好……我現在每天晚上九點就準備睡了，早上四點半起床，五點修法和禪修，九點以後再處理工作和家務事。

現在，宇廷老師承擔了全部的教學工作，團隊也提供很好的協助，教學非常成功和圓滿，我非常放心，也非常謝謝大家的承擔。

第四章

懷孕中期滿滿的愛

神聖母親

神聖母親啊，
我懷著無限純淨之心，
呼喚您的名字，
地球萬物由您而生。

神聖母親啊，
我懷著虔誠恭敬的心，
祈禱您的名字，
春去春來一生又一生。

神聖母親啊，
我懷著謙卑的心，
惦記您的名字，

多少的輪迴周而復始。

神聖母親啊，
我懷著慚愧之心向您懺悔，
多少次貪婪的掠奪，
您還在默默地承受。

神聖母親啊，
我懷著感恩之心向您致敬，
多少次受傷的心靈，
您還在輕輕地撫慰。

神聖母親啊，
您是我心中的度母。
您無私地養育著地球，
您在默默地加持著我們。

神聖母親啊，
您是我心中的菩薩。
您慈悲地承載著人類，
您靜靜地等待著我們醒來。

1 透過修法進行胎教

和「三寶」一起修法，經歷神奇的旅程

接下來的兩個多月是孕中期，我每天的日子很單純，就四件事：胎教、帶樂樂、帶學生、建立能量保護傘。這是一段充滿愛的旅程。

早上一起來，我就開始修法，當作胎教，讓自己和胎兒都充滿能量，也保持在一種放鬆、安定、清明、無懼的狀態裡。其他時間我就照顧樂樂、教導學生，還有與各寺院連絡，建立強大的能量保護傘。

我希望三個寶寶在我修法的能量中成長，從他們還沒入胎開始，我就每天修法，從來沒有間斷過。我能感受到我的修法和禪修是對他們最好的胎教，每當我開始修法，肚子裡的寶寶聽到我搖鈴和敲鼓的聲音，也會輕輕動起來，這是他們最熟悉的聲音。

這時，我就會用手輕輕地撫摸肚子，告訴他們：「媽媽正在修法，你們也跟著媽媽一起修喲！」我感覺他們是知道的，這三個神奇的寶寶陪伴著我經歷了一趟神奇的旅程。

從我的夢境和禪觀看來，這三個孩子應該都是乘願再來的修行人。每次我修法時，他們就很激動，會在我肚子裡做出反應，但從來不會讓我有任何身體不舒服的感覺。我一邊修法，一邊拍拍他們，而每次修完法，也首先迴向給他們，希望他們可以健康足月地生下來。這三個寶寶一直在接受這樣的意念，在我肚子裡就非常乖，沒有給我找任何麻煩。

修法的目的是調整身心能量

這次懷孕，我每天修法的時間比上一次長，法門也比較深。除了蓮花生大士的相應法之外，我最主要是修持大隨求佛母、白度母，還有一個非常特殊且有力量的氣脈明點法門。

在這裡，我也想從另一個角度談一談什麼是修法。修法，就是練習調心的方法，簡單來說有兩個主要目的。

第一個目的是**調心**。像演奏一門樂器一樣，修法也需要日常不間斷地練習，才會熟能生巧。懷孕之前兩、三年我一直比較忙，每天修法的時間大多不到一小時，反而這次懷孕讓我有機會可以天天修三到四個小時，對修法的體驗更加深入了。

每部修法都有共同和不同的調心功能，但都需要很純熟以後，效果才會顯現出來。先談談修法的共同效果吧！

初階會體驗到輕安，心很放鬆、平靜、穩定、安住。

深一點，會感覺到自心清澈寧靜、雜念和妄想自然停止，心境明朗如無雲晴空。

再深一點，會感覺全身每一處無不輕鬆而喜悅，各種貪著都自然脫落。

然後，會經驗到一切外境都是心性的幻化。

最後，體悟到顯空不二、覺空不二、明空不二、樂空不二等境界。

至於不同的功能，就要看修的法而定了。簡單來說：

白度母法，有健康長壽的功能；

綠度母法，有成就佛行事業的功能；

蓮師相應法，有證悟無染覺性、即身成就的功能；

妙音天女法，有開發文化藝術和智慧的功能；

大隨求佛母法，有隨心滿願的功能，尤其是生兒育女的心願；

金剛薩埵法，有消除惡業的功能；

黃財神的法，有增長福德財富的功能；

普巴金剛法，有掃除修行障礙的功能；
憤怒蓮師法，有降伏內外魔障的功能。
這樣的法門非常多，多到數百種、數千種。一個人一生不可能全部都修，尤其是在家修行人，所以最好是選擇一到兩種法，一生不間斷地修持。

修法的第二個目的，則是**建立自身內外的正能量場**。現代人都知道，和細胞一樣，我們的思想、念頭也是一種能量，當我們的心很專注、很寬廣、很穩定、很平和時，就能在身體內部和外部創造很好的能量場。就像音樂家將樂器練熟了才能演奏出悅耳動聽的曲子一樣，當我們修法練到極度純熟，各種利益自他的功能和強而有力的好能量場就會自然顯現出來。

不過，除了熟練之外，更重要的是升起菩提心。自覺覺他之心是所有功能的基礎，如果升起了和所修之法相同的利益眾生的眞實菩提願心，我們就能在自身內部和周圍建立一個穩定、慈悲、智慧、富足、有力量的能量磁場，而且這個能量場是可以被感覺到的，不是心裡想出來的虛幻狀態。

2 養兒育女是最好的禪修

媽媽如果總是帶著情緒，親子關係容易出問題

閉完關，我已經懷孕十四週了，身體一天比一天重，一天比一天費勁了。懷三胞胎和懷樂樂一個人真的很不一樣，稍微走走路就很喘，白天躺下來也睡不著，但晚上又非常累。

雖然醫生再三囑咐我要在家裡休息養胎，盡量不要工作，但樂樂又有點發燒和流鼻涕了，一直需要照顧，我產檢那天還變得很嚴重，需要住院治療。不過，遇到這些突如其來的事情，我通常都能沒有煩惱、沒有焦慮地一件件處理。我經常想起我的上師們一直到很老了，甚至拖著病痛的身體，還是每天忙忙碌碌，不停地在利益眾生，處理寺院的日常事務，承擔寺院喇嘛們的一切費用。他們就是當下處理一件件事情，沒有煩惱或負面情緒。

所以，不是說修行人的生活就沒有瑣事纏繞，他們的小事、雜事照樣很多，不比一般人少，但重要的是修行人**不煩、沒有恐懼，只是在當下一件件地處理事情，這就**

是生活中的禪修。

媽媽們每天做家務、帶孩子，遇到的都是非常瑣碎的事，這時就特別需要耐性，特別要有當下覺知的禪修能力，否則就會被家務瑣事和孩子的狀況淹沒，成了瑣事和孩子的奴隸，內心越來越煩躁。有些人每天都很抓狂，就是因爲內心沒有方法，只是用責任心撐著，搞久了就會情緒很大。

一個媽媽如果總是帶著情緒，親子關係就很容易出問題，夫妻關係也是；但如果把每天的生活瑣事和修行結合在一起，所有煩人的事都會變成最好的禪修機會。

古代到現在的藏區，一直有許多身分很普通的媽媽修行成就，能夠預知死期，做好臨終的準備，在禪定中圓寂，甚至化成虹光身*。她們都是非常平凡的家庭主婦，但是學會了在生活中保持「覺」的禪修訣竅，最後修行成就了。

所以，**家是女人的道場，養兒育女是最好的禪修！**

一段充滿愛的日子

我的肚子雖然已經很大了，但因爲一直在禪修，體力不錯，很有精神，三個寶寶也很健康。醫生囑咐我要好好靜養，所以我大部分時間都在家裡。

樂樂出生後這幾年，我一直飛來飛去，到各地教學，她三歲後我們才在臺灣有了自己的家。但我仍然經常出差，一個月去大陸教學兩次，每次五、六天，免不了時常和樂樂分開；即使在家，也是訪客不斷，或者忙著處理家庭瑣事或教學上的工作。

所以這段在家養胎的日子，反倒成了我和樂樂近年來相處最久的一段時間，讓我每天都有很多時間陪伴她。每天早上起來，看著樂樂在我旁邊睡著，有時還帶著夢中甜甜的微笑，此外又感受到身體裡的三個寶寶，這種做母親的幸福感，很難用言語表達。

清晨修完法，從佛堂出來，看著自己整潔又美麗的家，縷縷陽光灑在地上，植物蓬勃生長，遠處的青山清晰可見；有時下完雨，家裡的落地窗前會出現彩虹，還可以看到對面山間雲霧繚繞。面對這麼美好的環境，我的心裡自然也滿懷感恩。

這是一段充滿了愛的日子。

＊所謂虹光身，是指圓寂以後身體慢慢縮小，最後連毛髮、指甲全都化成一道虹光。

溫暖又幸福的母親節

二〇一八年母親節的前一晚，我和樂樂睡，因爲天氣熱了，宇廷想要吹空調，但我不能吹，他怕我感冒，就主動搬到樂樂房間去睡了。我半夜起來上完洗手間，完全沒有了睡意，打開手機一看，還不到三點。

我安靜地坐在黑暗裡，看著女兒睡在旁邊，聽到她微微的打呼聲，想到肚子裡的三個寶寶，心中充滿喜悅、感恩、圓滿的感覺！

我靜靜地坐了一會兒，就去佛堂開始修法。點燈、供香、禮佛、煙供之後，我修了白度母法、妙音天女法、大隨求佛母法、普巴金剛法……一共三個多小時。因爲起得太早，剛開始修的時候還有一點昏沉，但修到後面，心變得非常清明，身體好像充滿了能量，完全感覺不到自己是個沉重的孕婦。

修法快結束時，我突然發現樂樂把頭探進了佛堂，看著我，很調皮地笑著。我也衝她一笑，她笑得更開心了，一下子就跑到我身邊來抱著我。我這才看到她穿著灰姑娘的公主裙，戴著皇冠，編著兩條很漂亮的辮子，非常美麗。我知道她打扮得這樣漂亮，是爲了祝福我母親節快樂！

樂樂是個非常靦腆的女孩，心裡有很多感情，卻不太好意思表達出來。她經常會抱著我，悄悄在我耳邊跟我說話。

吃早餐時，保姆安珠突然拿出她買的母親節蛋糕給我，她是一個非常溫暖而賢慧的人。接著，樂樂撲到我懷裡，抱著我，親了親我的臉頰，貼著我耳朵說：「媽媽，祝妳母親節快樂！」我感覺自己的心都要融化了。

雖然只是在家吃個簡單的早餐，但安珠的用心、樂樂的祝福，讓我覺得好溫暖、好開心。

那個母親節的白天有點忙，到了傍晚，我的身體就有點支持不住了，血液循環不好，腿和腳腫了起來，腳底板也痛得很，痛到有點站不住。吃了晚飯，因爲胃被胎兒擠壓，全身都覺得很脹。我正在想，現在才第四個月，已經這麼不舒服了，醫生說再過兩個月眞正的颱風才會來，到時可眞不好過。

不過，樂樂馬上給了我一個驚喜。

她一放學回到家就跑過來，手裡拿了一個蛋糕，說是她自己做的。我一看，確實是她做的，蛋糕盒上面還寫著「陳明樂」。她抱著我，把蛋糕送給我，嘴又貼在我耳邊，悄悄地說：「媽媽，母親節快樂！」

看到樂樂做的這麼可愛的小蛋糕，聽到她這麼溫柔的聲音，我也忘了身體的不舒服。她正要打開蛋糕和我一起吃的時候，我提醒她說：「樂樂，妳要洗手呀。」她就很乖地把小手洗乾淨，然後打開蛋糕盒，拿了兩個小勺子，說第一勺一定要讓我吃，我吃了以後她再吃。吃了第一口，我覺得蛋糕好甜！樂樂還不停地催我：「媽媽，再吃！媽媽，再吃！」我覺得好溫暖、好幸福。

母親的言傳身教，是我育兒的精神財富

幸福的日子時常把我帶回過去，想起我的阿媽，想起阿媽帶我的許多溫暖畫面，以及她艱辛地把我們帶大，並且把生活中用心做事、帶著覺的修行方法，透過言傳身教，在日常家務的做法中傳授給我。

生樂樂的時候，我是個新手媽媽，在育兒上也會遇到一些不知如何處理的事，但我一有什麼問題就會想起阿媽，想到她會怎麼做。阿媽的和平、無懼和慈悲，總會給我很多力量和信心。

小時候，藏區的生活條件很辛苦，女人要生孩子、做家務、種地、放牧等，我的阿媽永遠在忙，總有做不完的家事。我家的物質條件不是很好，經濟上很困難，但我記得家裡的氣氛總是很平和，從來沒有看過阿爸和阿媽吵架，因為阿媽有顆強大、溫

暖的心，有堅定的信仰。那時，阿媽也是村裡阿姨們的好姊妹和好家長，什麼人都會來找她幫忙，而她永遠安定、慈悲，對村裡的每個人都伸出雙手給予幫助。

現在回想起阿媽的生命狀態，我才明白，阿媽是一位超越自己的苦、超越對別人的怨恨，心懷慈悲、活在佛法裡的母親。

小時候，阿媽要去擠羊奶，我就經常幫阿媽抓羊。羊跑得快，阿媽穿著藏裝很累贅，不方便，總是要我幫忙抓。我那時大概八、九歲吧，很機靈，總能一下子就抓到羊，然後爬到羊身上。我很瘦，羊又很著急，就背著我滿羊圈跑。整個場景大概太滑稽了吧，總惹得阿媽笑得趴在地上起不來，這個畫面到現在還清楚地記在我心裡。

很小的時候，阿媽就帶著我在佛堂上香、供水、點燈，每天傍晚在佛堂裡清洗供水碗、佛燈，也是我的工作。

阿媽還經常要我整理屋子，掃炕、掃地、擦桌子。我記得有一次我在家裡打掃，一心想著趕快做完讓阿媽檢查，結果阿媽一看就說：「哎呀，這個地妳掃了沒有啊？」

我說我掃了呀，阿媽說：「妳沒有用心。」

我覺得乾淨的，在阿媽眼裡卻是沒有用心。她總是告訴我要「用心」做事，是不是「用心」，別人能感受到的。今天的我才知道，阿媽當年教我的就是心在當下、保持覺做事的修行方法。

我也想起阿媽教我的很多規矩。比方說，一個人不管富有或貧窮，家裡一定要保持乾淨，這樣菩薩才會來；有客人來，要遠遠地去路上迎接，客人來了則要端茶、端飯，這些如「弟子規」的道理融在生活中。很多事情她都透過言傳身教傳授給我，所以我在教育自己的孩子面臨一些困難時，想想阿媽怎麼做，總會有答案。

在那麼貧困的環境裡，阿媽總是笑聲不斷，經常講故事、唱歌給我們聽。阿媽的家族以前是甘肅藏區華瑞區域最大的地主之一，家裡有私塾，我的舅舅都在家讀書，所以她聽了很多有趣的故事。牛郎織女、孫悟空、薛仁貴征西，還有佛經裡的故事，都是她講給我聽的。

我還記得下雨時，阿媽在我們身邊，坐在炕上做女紅，我則躺在她腿上，聽她講故事。那時我們家沒錢買書，阿媽也不認識什麼字，但她有一肚子的好故事。我好喜歡聽阿媽講故事啊！一個故事從小聽了幾十遍，所以現在一到雨天，我時常就會想起阿媽講故事的溫暖畫面。

唱歌也是阿媽教我的。那時我們有那麼多現實問題要面對，但阿媽永遠慈悲、強大，從來沒有恐懼感，不管面對什麼，心裡都不覺得苦。阿媽有個口頭禪：「苦也是過一天，樂也是過一天，為什麼不開心地過一天呢？苦都是人想出來的。」阿媽豁達的胸懷、正面的思維，總是帶給全家人溫暖和希望。

她以身作則的言傳身教，是我面對生活和育兒時的精神財富。

阿媽留給我的是：對生活的無懼、對人的寬容、對事情的豁達、對佛法僧三寶的信心，以及對孩子無條件的愛。

母親的愛就像空氣，是每個孩子必需的

我心裡的佛法修行種子，也是阿媽爲我埋下的。

小時候，家裡有個房間特別布置成佛堂。阿媽教我早上四點半起來獻供，教我做各種供佛的儀式，教我怎麼洗八供的碗、晚上如何撤供，也告訴我供佛時不能胡思亂想、在佛堂裡不能放屁等規矩。

她從我很小的時候就教我修皈依、持誦觀音祈請文、六字大明咒和綠度母心咒，還有祈請我們家鄉寺院及家族的護法——阿企拉姆。五十年來，在我遇到人生重大決定時，阿企護法時常會出現在我夢中，預示我的決策。

阿媽眞心認定佛菩薩能護佑我度過一切危難、穿越所有恐懼，她的這種信心也傳遞給了我。

小時候，阿爸放羊時常常會喝酒，羊就丟了。丟了以後，我只好去深山裡找羊。

我家的後山是一大片一望無際的松樹林，天黑了，樹林裡一片漆黑，晚上走在裡面會有很多奇怪的聲音，山裡還有狼，很可怕。但是，不去找羊又不行，否則整群羊可能就丟在山裡找不到了，也是很危險。

阿媽知道很多家族留下來的自然醫術和生活中的驅邪法術，比如說，我去找羊時，她會把剪刀的刀刃綁起來，放在門頂。我也不知道那是什麼意思，但阿媽說這象徵把狼的嘴巴綁起來了，可以保護我不會遇到狼。

她還教我綠度母心咒，對我說：「只要想著綠度母，並且念她的心咒，她一定會保護妳，妳就不會遇到危險，也不會害怕了。」

走失的羊群裡有山羊，牠們很調皮，喜歡爬到很高的山頂。山上有各種石頭和帶刺的植物，有時要穿過好幾座山才能找到所有的羊。天黑以後什麼都看不到，我只能靠羊脖子上的鈴鐺發出的聲音來找。

那時最讓我害怕的，是我們家鄉有個十八歲的男孩在林子裡上吊死了。每次要經過他上吊的那棵樹時，我都會非常恐懼，感覺全身的汗毛都豎起來了。然而，就是在這樣的情況下，我反而體會到一種不可動搖的「覺」的力量，讓我超越一切恐懼，進入高度的覺知中，順利地找到羊、帶回家。

小孩子很清淨，山裡也很清淨，七、八歲的孩子獨自走在林中，風的聲音、各種自然界的聲音都聽得到，我甚至會聽到應該是各種精靈的聲音。

但那時，我覺得阿媽是一切，她講的話我完全相信。她說綠度母會保護我，我就對綠度母特別有信心。所以，我一直念綠度母的心咒：「嗡 達咧 度達咧 度咧 梭哈。」綠度母成爲我在黑暗中唯一的依靠，不管發生什麼，我相信綠度母一定會保護我、加持我。於是，我就超越了所有恐懼，把羊群趕了回來。

我阿爸比較傳統，覺得女孩子不必有很高的學歷，讀了初中就很好了，但阿媽特別支持我讀書、求學。村裡的阿姨都不讓女孩子上學，還跟我阿媽說：「妳自己這麼辛苦，還要讓女兒上學，爲什麼啊？女兒們是別人家的啊。」阿媽總是回答：「我從小看到弟弟們念書，就很想念書，但在重男輕女的傳統下，女人不能念書。那個時代生爲女人的我已經夠苦了，而現在我的女兒有機會念書，哪怕我再苦再累，也一定要讓她們念書。我希望我的女兒們不要走我的路。」

之後，阿媽也鼓勵我按自己的想法做事，鼓勵我探索人生。而我最終走上修行的路，也是阿媽在支持我。我時常告訴阿媽：「我很想出家修行。」阿媽說：「太好了，妳出家修行，我就去照顧妳。」

阿媽是生育我、養育我的母親，阿媽是陪伴我、傾聽我心聲的知己，阿媽是教導我、點化我的恩師！小時候有一次，我們上學的時候阿媽回娘家了，我和姊姊回家後就是覺得不對勁，卻又說不出來。家裡冷冷的、空空的，不知道哪裡不對。我們進進出出好多次，才發現原來是阿媽不在家。我想，阿媽的愛就像空氣一樣，是每個孩子必需的。在家裡，她總是在忙，你感覺不到她的存在，但如果沒有她，整個家的氣氛都不一樣，好像陽光沒有了、空氣沒有了，所有人也都沒了方向。

我阿媽身上永遠有一種非常光明、很有信心、沒有恐懼的感覺。很多人都說母親教育孩子要以身作則、言傳身教，我阿媽眞的做到了。

所以我在帶樂樂時，也總是盡可能先讓自己穩定。**媽媽穩定**、**沒有恐懼**，**孩子才能安寧**、**快樂**。我帶樂樂沒有什麼特別的規矩，只是回憶起我阿媽，盡量用我的愛滿足孩子，從來不在家裡製造緊張、壓抑的感覺，總是讓自己處在放鬆、歡喜的狀態，讓孩子感受到一個敞開懷抱、穩定和溫暖地支持著她的媽媽。

我希望我的孩子感受到我阿媽讓我感受到的力量，希望她永遠記得：媽媽是無條件愛著她的人，不管她遇到什麼挫折，媽媽都在後面支持她。

讓孩子開心接受即將到來的弟弟妹妹

在懷孕的過程中，我一直很注意樂樂的心情，主動讓她參與其中，開心地接受弟弟妹妹的到來。

我剛懷孕時就告訴樂樂，媽媽肚子裡有小寶寶了！

從懷孕八週開始，每次產檢我都給樂樂看寶寶的超音波照片，還讓她看網路上的圖片，跟她說小寶寶每一週是長什麼樣子。

我記得跟她形容弟弟妹妹只有櫻桃那麼大時，樂樂就很好奇地一直看，然後說：「我的弟弟妹妹才這麼大呀！」

過了幾週，我又告訴她：「弟弟妹妹長得像草莓一樣大了！」「弟弟妹妹像蘋果一樣大了！」「哇，長出小手手、小腳腳了！」

樂樂一直參與其中，知道弟弟妹妹在長大，她也特別開心，滿心歡喜地期待他們的到來。

剛開始，樂樂其實不太能接受弟弟，她想要妹妹。

我就逗她：「妳爲什麼不要弟弟呢？」

她說：「弟弟太吵了！」

我想改變她不喜歡弟弟的觀念，就跟她說：「哇，樂樂，妳有兩個弟弟啦！」

樂樂還是說不要，「我要兩個妹妹！」

我告訴她：「兩個弟弟多好，妳在前面走，後面跟著妹妹，然後妳們左邊一個弟弟，右邊一個弟弟，都在幫妳提包包、保護妳啊。」

樂樂就很認眞地想，這樣好像也很拉風、很好玩呢！慢慢地，她也就接受自己馬上會有弟弟了。

有一次，我帶樂樂出去的時候，她特別挑了六套寶寶餐具，有碗、有叉子，回家就拿出來開始分：「這套是爸爸的顏色，這套是媽媽的顏色，這套是樂樂的顏色，這是妹妹的顏色，這是兩個弟弟的顏色！」

樂樂有個玩具廚房，她每天都會玩做飯的遊戲，做披薩呀、湯呀。做好之後，她就把餐具端到我的肚子上，說要給弟弟妹妹吃飯，還模仿弟弟妹妹，一問一答：「這個好吃嗎？」「好吃。」「那你們還要吃什麼呀？」玩得很開心。

玩的時候她也經常說，這個玩具要留給妹妹，那個要留給弟弟。

樂樂愛畫畫，知道有三個弟弟妹妹要來了，她現在畫一家人時，永遠有爺爺、奶奶、爸爸、媽媽、她和三個弟弟妹妹，一共八個人。她畫的總是彩色的全家福，色彩斑斕像彩虹一樣，我感受到她的內心充滿期盼，有一種溫暖、自然的能量。

懷孕中期時，我第一次帶樂樂陪著我去產檢。這是我和婆婆商量的，讓她跟弟弟妹妹正式見個面。

可惜，宇廷還沒有參與過一次產檢。這也不能怪他，我每次產檢的時間都正好和他教學的時間衝突，他總是在大陸。不過，想到樂樂和婆婆都陪著我，我心裡就很滿足、很開心了！

醫生告訴我們，同卵雙胞胎是男生，單胞胎是女生，孩子一切正常。做超音波檢查時，寶寶們正好在動來動去。看到三個弟弟妹妹，樂樂開心極了，把小手放在我的肚子上，感受寶寶們的胎動。她還用小耳朵去聽，笑得好可愛地跟我說：「媽媽，弟弟妹妹剛剛跟我說話，他們嘟了一下。」

那次我在產檢床上躺了一個半小時，檢查得非常仔細，從上到下、從左到右、從外到裡，三個寶寶的每一根手指頭、每一個腳趾頭都要數。現在的醫學眞是發達，看得清清楚楚的，樂樂更是看得目不轉睛，非常興奮地說：「哇，兩個弟弟勾著小手手，在玩剪刀石頭布耶！」

媽媽要帶著覺，陪伴孩子走出情緒

有一天，樂樂趴在地毯上看剛買的兒童繪本。她非常喜歡看書，雖然還不認得幾個字，但是看著繪本中的圖畫，會有很多自己的想像。她這回看著看著，就拿出畫畫的工具，對照著繪本畫起圖來。

這時，我的一個學生來到她旁邊，跟她聊天。我也陪著坐在她身旁。

學生逗她說：「樂樂，妳知道紅色和白色配在一起是什麼顏色嗎？」

樂樂很認眞、很肯定地看著那個阿姨說：「是粉紅色。」

學生說了一句：「應該不是吧？」

問題就出在這句「應該不是吧」，因爲樂樂馬上就受不了，再次強調：「眞的是粉紅色！」

學生沒有覺察到自己否定了樂樂的眞實經驗，還是沒有「覺」地一直在逗她玩兒。

樂樂開始著急了，一直說：「眞的是粉紅色，我自己配過！我是把紅色顏料和白色放在一起，是粉紅色！」

那個學生因爲不在當下，還是沒有覺察到樂樂的情緒，仍然繼續逗她。而樂樂已經進入很認眞的狀態，因爲這是她的親身經驗，又認眞說給大人聽了，卻沒有被接受，所以情緒越來越激動，快要掉眼淚了，立刻就要去找顏料，證明給阿姨看。

我知道她想證明，就讓她去拿顏料和紙。她把白色和紅色顏料調在一起，果然是粉紅色。我對樂樂說：「媽媽本來就相信妳！」

她很開心，也沒有一定要去阿姨面前證明她是對的。**母親相信和肯定孩子是非常重要的。**

之後，她把顏料一一倒在調色盤上，在紙上畫來畫去。我知道她最近非常喜歡用紅橙黃綠藍靛紫的七彩顏色畫畫，看著她在紙上畫了一條紅色的線，然後換了一張紙，又畫了一條紅色線，換了很多張紙。我不知道她想畫什麼，也沒有干涉，只是安靜地陪著她。

畫著畫著，樂樂一個不小心，把洗水彩筆的水打翻了，水流到桌子底下的木地板上。

我輕輕推了她一下，小聲對她說：「我們趕快去拿抹布把地板擦乾淨，好不好？」

她沒有動，不理我，繼續畫畫。如果是平時，她一定會自己拿布來擦，所以我知道是她剛才粉紅色被否定的情緒還積壓在那裡，便也沒堅持。我去廚房拿了抹布和拖把，一邊擦地，一邊對她說：「樂樂，請妳拿抹布把地板擦乾淨再畫，好嗎？」

剛才那個學生看到水打翻了，馬上過來幫忙擦地。這時，樂樂突然對著她大吼了一聲，很明顯是在發洩剛才的情緒。我把她叫到身邊，問她：「媽媽是不是跟妳說過，這樣大聲跟人講話很沒禮貌？」

她看著我點點頭。

我又對她說：「對長輩這樣大吼，就更不禮貌了。」她又點點頭，但已經開始哭了，哭得很傷心。我對她伸出手，她就趴在我懷裡哭。

我問她爲什麼這樣，是不是太累了要休息，她答道：「我根本不累。我不要休息，我要畫畫。」

我說：「好吧，那妳把眼淚擦乾，好好畫畫。畫完之後，媽媽帶妳去休息，講今天買的書裡的老鼠家族的故事給妳聽，好不好？」

她點頭說「好」，就又開始畫畫了。但一開始畫，她又哭了。

於是我對她說：「樂樂，妳停下來，告訴媽媽妳爲什麼哭。」

她抽抽噎噎地說：「我想畫彩虹，但是一直畫不出來。」

我馬上打開手機搜尋，找出一張彩虹的圖，放在她面前，告訴她：「彩虹是這個樣子的，妳可以照著畫呀。」她就開始自己畫了。

我故意出去一下，結果又聽到樂樂在哭。我走進來問她：「樂樂，妳怎麼啦？」「彩虹的顏色不夠，我就是畫不出這個彩虹。」她邊哭邊說。

我一看，原來是水彩顏料裡沒有她想要的紫色。她這次特別認眞，非要這個顏色不可。她這個行爲有點反常，所以我知道她的情緒還沒有釋放完，便幫她找來紫色的畫筆。

找到畫筆後，我對樂樂說：「我們乾脆用畫筆來畫彩虹好不好？」她答應了，卻不知道怎麼在畫紙上開始畫彩虹的第一道弧線。我幫她畫好第一條弧線，剩下的讓她自己畫。她非常順利地把一道道彩虹畫好，不再哭了，畫得非常開心。

我一直鼓勵她，幫助她從情緒的困境裡走出來。我告訴她「媽媽跟妳一起畫」，但我只會在她畫歪或顏色塗得不順時，才會稍微幫她一下，其他時候都放手讓她自己畫。

她越畫越平靜，也開心了起來，我就告訴她：「妳知道爲什麼畫不出彩虹嗎？因爲彩虹是彩色的，彩色是很開心的，而妳剛才不開心，總是在哭，所以畫不出彩虹。」樂樂似乎聽懂我告訴她的感覺。

畫完以後，我對她說：「妳看，因爲妳很開心了，彩虹就很容易畫出來了，不是嗎？」

她說：「是呀，媽媽，我畫出來了！」還迫不及待地拿著畫好的彩虹去給我的學生看，說：「阿姨阿姨妳們看，這是媽媽跟我一起畫好的彩虹！」

我感受到，那一刻她完全走出剛才的情緒，開心起來了，也有了信心！

媽媽的穩定和溫暖，是幫助孩子最重要的工具

從這件事情中我經驗到，父母要有耐心地幫助孩子走出情緒，不要輕易誤會孩子，不要輕易下結論。如果武斷地說這孩子就是性格不好、在瞎鬧，或者說孩子就是太累了才會發脾氣，那麼，雖然過一段時間孩子的情緒也會過去，但很容易累積一些誤會的情緒，甚至會造成孩子內心的小陰影。所以，父母在發現孩子陷入各種情緒時，心一定要安靜、穩定、在當下，多去覺察孩子情緒背後的原因，站在孩子的角度就很容易理解他，幫助他從困境中走出來，給他信心和鼓勵。

從更深一層來看，我懷孕之後，樂樂變得更敏感，特別在乎媽媽的認可和陪伴。當她被人否定時，其實是觸碰到她心裡那個「我沒被認可」的恐懼，情緒就爆發出來了。

如果我那時武斷地說：「樂樂妳就是在瞎鬧！妳怎麼這麼不懂事？媽媽懷孕了妳還這麼鬧！」或者逼她跟大人道歉，之後也不陪著她畫彩虹，很隨便地就忽視了她的

這個情緒，她可能就對調顏色、對畫彩虹，甚至對自己都產生了自卑感，留下不好的經驗。這樣對孩子很不好。

而現在，她知道媽媽在她有情緒時會陪伴、接納她，並留下一個與媽媽一起畫彩虹的快樂記憶，心中就不會有不好的回憶，甚至是陰影。

我一直覺得，帶孩子就是最好的禪修。我帶樂樂其實沒有什麼特別的規矩，只是**盡可能在當下覺察她的情緒和需要，順著她的情緒慢慢疏導，盡可能用我的愛來滿足她**。有些媽媽可能覺得這樣太慣著孩子了，但其實如果用很嚴厲的話語和手段對待孩子，甚至帶著情緒吼孩子，當孩子太小時，未必懂得我們這麼做是爲什麼，反而會感受到很大的壓力，情緒上很容易反彈，也容易喪失對父母的信任。

當然，這並不表示媽媽沒有原則，而是**在堅持原則時，態度一定要非常溫和而堅定**，然後在孩子情緒過去以後再和他講道理，讓孩子清楚知道，媽媽訂的規矩是不能逾越的。

孩子亂的時候，媽媽不亂；孩子有情緒的時候，媽媽不要有情緒。多傾聽孩子的內心、了解孩子的情緒，帶著覺，媽媽的穩定和溫暖就是幫助孩子最重要的工具。

當下帶著鮮活的心，才能走入孩子的童話世界

懷孕滿六個月時，我的身體越來越重，呼吸越來越困難，晚上經常睡不好，有時會有好幾個晚上徹夜未眠，早上起來也感覺下腹往下墜，只能透過修法緩解身體的不適。

有一天，我吃完早餐，半躺在沙發上休息。

樂樂拿著拼圖跑到我身邊，希望我和她一起拼。我雖然很累，卻完全沒有辦法拒絕她，因爲我知道樂樂非常希望這段時間我能多陪她一點。孩子的心很敏感，雖然她非常接受、也非常期待弟弟妹妹的到來，但她有一種孩子的本能反應，好像知道以後她就沒有那麼多和媽媽單獨在一起的時間了，所以這些日子她一直非常渴望我多愛她一點、多陪她一點。

但是，我的身體實在太重了，只能躺在沙發上，中間放張小桌子，陪她一起玩。

樂樂眞的很會拼圖，眼睛很亮，小手也很巧。而我玩拼圖的時候永遠笨笨傻傻的，總是找不到另一塊。

樂樂就不停地說：「媽媽是個小笨笨。」

我說：「是呀，媽媽小時候沒有玩過這種拼圖，所以笨笨的呀！」

她說：「爸爸是個聰聰，他很聰明；樂樂自己是個剛剛，因爲剛剛好！不過，爸爸這兩天也變成笨笨了，因爲他前幾天把拼圖裡的某個東西拼錯了，還是我改正過來的呢。」

我知道宇廷有時喜歡裝傻，給孩子勝利的信心，於是告訴她：「爸爸是個聰聰，樂樂也是個聰聰！妳看，樂樂帶著媽媽，媽媽也進步很多呢！」樂樂聽完，對我甜甜地笑了。

我們就這樣你一句我一句，玩得非常愉快。樂樂很高興，突然開始唱歌。自性音樂一首一首從她嘴裡蹦出來，她唱得嗚哩哇啦的，歌詞都聽不清楚，但是她很有天分，音樂的旋律都非常好聽，我忍不住在桌子上幫她打起節拍。就這樣，我們倆開始唱起歌來。

過了一會兒，她覺得唱得不過癮，突然跳到我前面的地毯上，跳起舞了。她自編自導，舞裡還有不少故事情節，完全像在演歌舞劇。她這種全然處於當下的忘我狀態，把我也完全帶進她演出的故事情節裡了。

她越跳越來勁，邊唱邊創作，順手用玩具做了一艘船，從船上走下來；又搭了一座橋，從橋上再到表演的舞臺上。她花了一點時間搭建舞臺，用她的各種動物、玩具把舞臺裝點得豐富而多彩。

樂樂就在自己搭建的舞臺上演戲給我看。她編出一部舞劇，我一直幫她打拍子。她在舞臺上當下創造，用言語表達、用物質呈現，邊打鼓、邊唱、邊跳舞，簡直就是一個表演家。孩子都是天生的藝術家！

我們兩個越玩越開心，她指揮我也上舞臺表演，我只好上去又跳又唱。在這種輕鬆愉悅的狀態下，我的疲乏反而完全消失了，身體也慢慢不再感覺那麼沉重。我們兩個就這樣自編自演，整整玩了一個上午。

我感覺樂樂這個小菩薩是透過這種方式讓我徹底休息，用這樣一個儀式讓我回到無憂無慮的童年生活。我的腦子突然徹底放下工作、放下生活中的雜事，被帶進她的童話世界裡。我的心，回到了鮮活、單純的狀態，身體的每個細胞都在歡唱和舞蹈。

樂樂身上那種沒有堵塞的能量源源不斷地流動，好像洗刷和淨化了我的觀念和執著。在她身上，我發現了不可思議的創造力。

我想，我們作父母的，只要用心陪伴孩子，跟隨孩子的能量，一定會發現孩子的天分。只要我們有一顆鮮活、開放的心，帶著覺，處在當下，就能走進孩子無限的童話世界裡。

此外我也想到，等肚子裡的三個寶寶生出來，將來他們幾個在一起玩耍時，不知道還會創造出多少精彩的遊戲呢！

3 在工作中修行

忙而不煩，工作即練心

懷孕中期除了修法進行胎教和陪伴樂樂，雖說在家養胎，但其實我每天的工作還是排得滿滿的。

我懷孕之後，宇廷承擔了所有的教學工作，每個月飛去大陸一、兩次，每次六、七天，所以家裡大大小小的雜事都需要我來擔負。平時主要是在家照顧樂樂、和保姆一起打掃收拾等，但每個星期我都必須出門兩、三次，處理一些財務上的雜事，一般要忙一個上午，有時午飯都來不及吃。因爲懷三胞胎，我的身體很重，這樣忙碌半天，總會讓我覺得有些累。

平時在家我還經常要接待學生、跟團隊開會，或者回答學生修行方面的問題。我懷孕後，學生兩人一組來家裡照顧我，和我一起生活。每天吃飯時，我會和她們聊聊天，解答她們修行上的困惑，教導她們如何在生活中修行。

我還有兩個微信公衆號，必須定期寫一些原創文章。教學工作也有一些事情需要我親自確認，我們的幾千個學員也會透過微信寫心得給我，問我很多修行和生活上的問題。

此外，我在懷孕前就發心，要把這次從備孕到生育的歷程記下來，寫成一本書，分享給有需要的女性朋友。所以，我每天都要寫日記，也必須定期跟出版社討論寫書的想法和思路。

還有，二〇一七年我做了很多新的音樂，還沒有發表，包括一些結合了佛經、咒語、藏族情歌、嘻哈、說唱、節奏藍調的音樂，所以懷孕期間也在家裡接待了幾位唱片公司的負責人。他們對我的新音樂很有興趣，覺得能把佛經和藏族的音樂寫得超越宗教，而且有國際感，是很有藝術價值和商業價值的，所以來找我討論未來的推廣。

就這樣，每天早上送樂樂上學以後，我就一直忙個不停；樂樂放學回來後，更像小鳥回巢一樣纏著我玩，我總是盡量滿足她、陪著她。

多年的修行使我已經很習慣這種每週七天、從早到晚、隨時都在工作的狀態。雖然要面對的事情又多又雜，但我的心不會緊張，也不會煩，該做什麼就做什麼；很累的時候也不硬撐，就全部放下去休息，不會因爲事情做不完而一直焦慮、擔心，或陷入懊悔、煩惱。今天做不完，明天繼續做。當我的心很鬆弛的時候，不管做什麼事都很順手，也沒有那麼累。

因爲沒有執著，帶著平常心、歡喜心做事，孕期的種種瑣事變成我修行的好機會。

帶學生體驗修法的好處

懷孕以來，很多學生都爲我祝福，大家也都很喜悅。我很希望他們也能開始修法，親自體會修法的好處，於是分享了一些我修白度母的心得，並告訴他們，大家可以一起持白度母的心咒，迴向給一切眾生和我們母子。

爲了讓學生有個正規傳承的修法緣起，我透過微信，把白度母心咒的持誦方法口傳給大家，並藉著這個因緣，成立一個共修群，讓大家共同持誦一百萬遍白度母心咒：

各位同學，大家好！好久不見，我知道大家都很關心我。看到大家的問候，我非常感動。謝謝你們每個人對我的祝福！

我生二胎的動機，一開始是為了給樂樂生一個伴，慢慢轉成想迎請一位小菩薩，最後發展成了三胞胎，經歷了一場生命的考驗，體驗到生命的奇妙。我正在寫一本書，談整個懷孕的過程，以後會與大家分享。

這一路走來，我了解到現在非常多年輕女性對懷孕、生育有許多問題。當我知道自己懷了三胞胎時，也一度陷入對未來的恐懼中。但是，我把所有的困難和恐懼都當成修行的工具，也許上天是要讓我走出一條現代女人的修行之路吧！為了三胞胎的平安，我的上師特別要我做了一次白度母的七日閉關。閉關結束到現在，我沒有間斷地在修持白度母，每天最少修一小時白度母生圓次第儀軌，以及持誦白度母心咒。到現在為止，我已經持咒四十多萬遍了。每天還有一些其他功課，加起來要修持兩個半小時以上。

藉著這樣殊勝吉祥的緣起，我想口傳我修的這個傳承的心咒給大家。這個傳承是來自大圓滿祖師毘瑪拉密扎大師。如果我們每天都能共修，會是一個非常殊勝吉祥的因緣。在這個特殊時期，如果我們的團體能共修一百萬遍白度母心咒，會更加殊勝和圓滿！

持咒的基本心態和注意事項

- 白度母是觀音菩薩的化身，持誦白度母心咒能增長壽命和智慧，常保健康，很適合懷孕時修持。

- 飯前或飯後持咒都可以，但持咒前後都不要吃蒜。最重要是要有虔誠的心！
- 不能抱持很隨便或湊數字的心態，那樣不但沒有功德，也沒有意義。
- 持咒之前最好讓心安靜下來，內心觀想，用虔誠的心祈請白度母化成白色的光融入你自身，然後開始持咒。持完咒，再觀想自身化為虛空，最後再做迴向。

開始時可以發願：

「那摩吽。皈依依處諸三寶，為利眾生修度母（三次）。」

然後開始持咒。

最後迴向：

「此善滿我二資糧，速證度母之果位。一切有情斷二障，願得無死持明果。」

念完之後做迴向，可以迴向給師長、父母、家人、有情眾生。

比上班族還要忙碌的孕婦

大部分現代女性即使懷孕，仍然需要繼續工作，我也不例外。五年前，我和宇廷展開禪修教學，到現在已有幾千名學員，也有一個將近兩百人、很穩定的義工團隊。

懷孕期間，我的學生杭杭剛好來探望我。她說很多學生都希望有機會和我近距離相處，向我學習更深的法教，現在我肚子太大，沒辦法做家務了，不妨讓大陸的學生分批來照顧我，幫忙做飯、做家務，也可以給大家一個和老師生活在一起的機會。

我覺得這個建議非常好。除了上課，學生平時見不到我，這樣做正好可以讓我在上課以外的時間和學生多交流。我的學生有幾千人，但我經常接觸的只有核心義工和團隊成員，其他學生在課堂外很難接觸到我。我一直想透過各種機會多了解學生的狀況，這樣可以直接幫助她們。

我的學生很多是企業家、總經理、高層管理人員，都忙著事業，好久沒做飯了；也有的人家裡有傭人，很久沒有機會這麼認真地給人做飯、掃地、做家務，所以大家剛來的時候，都不知道如何下手。以前她們只看到課堂上的我，一想到要近距離與老師朝夕相處，都有點緊張。我就安慰她們，沒關係，輕鬆一點，只要在生活中保持覺，自然就會慢慢放鬆下來。

臺北那時非常熱，學生照顧我也很不容易。我知道她們之所以想來，除了是想照顧我以外，也是因為心裡有很多苦，想親近我，多問我一些問題，所以每天不管她們把飯做成什麼樣子，我都開開心心地表揚，說飯真好吃；吃飯時，也特別跟她們多聊天。過了幾天，她們慢慢放鬆下來，慢慢找到那種家人一樣的感覺，菜反而燒得越來越好，內心的很多問題也找到了答案。

我的懷孕創造了讓她們長時間和我一起生活的機會。一段時間以後，她們比較深的習性和問題會自然浮現出來，我就能提供針對性的答案和方法，深入解決她們心裡的煩惱和痛苦。

此外，她們也看到生活中眞實的我，打破很多對「上師」的幻想和錯誤概念。有個學生後來跟我說，她之前都覺得老師是仙女，家裡怎麼會有廚房和洗手間？第一次看到我上洗手間，她嚇了一跳，心想：「啊，原來仙女也是要上洗手間的！」看到我下廚，還看食譜，又很意外，心想：「啊，原來老師還會做菜！」

我笑著問她：「那妳以爲我每天在家裡做什麼呢？」她說她以爲我什麼都不做，就是每天美美地坐在那裡唱誦、修法，哪裡想得到其實修行眞的就在生活中。

我告訴她，我就是一個很眞實的普通人，也要面對生活中很多瑣碎的現實問題。我和宇廷會有夫妻間的小矛盾，樂樂會跟我鬧脾氣，我的保姆會請假，我必須自己做很多家事，要給花澆水、拖地掃地、洗衣服、網購、收快遞、繳水電費、買菜……而修行就是這樣，在生活中、在細微處，**無論做什麼事情**、**身在何處心在何處**，**都是在轉心**、**練心**。

我的很多上師也都不是天天坐在高高的法座上講法而已，大部分的時間，他們都東奔西跑，辛苦地在爲寺院募款；即使在寺院裡，也是每天在處理無數雜七雜八的瑣事。修行人不是優優閒閒沒事做，而是沒有焦慮、不被情緒左右，心在當下，該做什麼就做什麼。

我們現在教的一整套禪修方法，是把禪修科學化、現代化、生活化，在生活中練習和運用。我們的法就在生活裡，而透過一起生活，學生們看到一個活生生的、平常的、自在的我，也因此對生活中的修行更有信心了。

我每天都跟學生一起吃飯，一聊就聊很久，雖然花了我很多時間，但非常值得。我透過聊天很自然地引導，了解學生的家庭、工作、生活情形，提供針對性的指導，讓她們的修行得以進步。

在我懷孕期間，一共分批來了十幾位學生。我每天除了修法，白天都在管理團隊、處理財務或雜務、照顧和教育樂樂，以及回答學生透過微信提出的問題。在我家幫忙的日子裡，學生們專注地做事，安靜下來，看到自己的很多習性和問題，打開自己的心，體驗到許多從來沒有過的感覺，每個人都學到很多。大家都說：「雖然我們是來照顧老師的，但是到最後，好像是老師一直在照顧我們。」

4 從內外建立能量保護傘

家裡保持乾淨，內心保持平靜

懷孕時，家裡的磁場能量特別重要。由於胎兒是處在很開放的狀態，任何骯髒、不好的能量，都很容易對他們產生負面影響。除了可以透過修法建立一個正的、善的能量場，家裡的環境一定要保持整齊清潔，盡量不要有藏汙納垢的地方，尤其是孕婦經常出入之處。

宇廷本來就很重視整齊清潔和美感，我懷孕之後，他更是花了不少精力，把家清得乾乾淨淨、漂漂亮亮——客廳布置得整齊而溫馨，臥室裡的衣櫃、床下的灰塵、廁所的櫃子、廚房的油漬，甚至油鹽調料，他都清了個乾淨；書架上的書、抽屜裡的紙筆文件，乃至儲藏室裡的電線雜物，他也放得整整齊齊，還買了好多透明的化妝品收納盒，把我的口紅、粉餅、眉筆、雜物都分類擺得清清楚楚。我看了挺感動的。

除了家裡外部的磁場，媽媽內心的磁場當然更加重要。妳的一個小情緒，對肚子裡的孩子而言就像天搖地動的震撼，妳的憂慮、恐懼、憤怒，都會在孩子的細胞裡種下一股強烈的負能量。不要以為胎兒是一堆什麼都不懂的細胞，妳的一言一行、一舉一動，其實他都知道。妳的善良，會幫助他朝光明面發育；而每次你們夫妻吵架、婆媳不合，則會在他心中烙下陰影。我在美國的時候和不少心理學家交流過，他們透過回溯也發現了這一點：**懷孕期的胎教，會影響孩子一生**。

在這方面，禪修和修法對認識和轉化自己的情緒非常有幫助。不過，希望不要等到懷孕了才臨時抱佛腳，最好在懷孕前就把修行的基本知見和方法學會、練熟。要不然，懷孕之後的各種緊張、不安、恐懼，加上身體不適、荷爾蒙失調，會讓人更容易陷入負面情緒，甚至情緒失控，心裡想要有好脾氣、想安靜下來，但怎麼也做不到。

請記得，內心創造了外境，外境是內心的顯現。**懷孕期一定要特別注意保持內外都有好的、正的、善的能量場**。

修法可以增強能量保護傘

什麼樣能量狀態的父母，就會吸引什麼樣的孩子。如果想要迎來好的孩子，除了父母自身的修行，建立強大的能量保護傘，以護佑孩子入胎、發育、成長、順利出生，也是非常重要的。

怎麼建立呢？我們藏族的做法是除了自己努力修法、持咒之外，還會請修行好的寺院爲我們修法。對自己沒有修行經驗的父母來說，這也是一個比較容易的方法。我懷孕時除了自己修法，也請了很多有修行傳統的寺院爲我們修法，加強能量保護傘。

如同我之前談到的，一位有慈悲心、有禪定功夫的人，他心念的力量能抵過成千上萬個普通人。有些好的寺院有幾十位這樣的修行人，力量當然更不一樣了。

除此之外，最理想的是這個寺院的負責人和修行人對妳非常關心，這會使他們修法的能量更有針對性。這種修法的能量在某些狀態下，甚至連沒什麼禪修經驗的人都可以感受到。

總結來說，請寺院修法有四個基本條件：

一、寺院的修行人持戒嚴謹。

二、有正法傳承。

三、有禪定功夫。

四、眞心關心妳和孩子。

如果能找到具足這四個條件的寺院爲你們修法，會很有力量。現在資訊發達，臺灣的正法寺院也很多，只要認眞花點時間，不難找到好的寺院爲妳和孩子修法，千萬不要隨隨便便找個觀光寺院或沒什麼修行傳統的寺廟修法，那只是圖個安慰而已，沒有什麼作用。

大成就者對我的祝福

我這次懷孕特別幸運，除了千寶上師和唐仁波切兩位大修行人之外，還有現今寧瑪派地位最崇高的法王仁增欽摩為我們修法，建立強大的能量保護傘。仁增欽摩法王是寧瑪派北伏藏傳承的教主*，下轄數百座寺院，也是中國佛教協會的副會長。雖然地位崇高，但八十多歲的法王是一位極為低調、謙虛、慈悲、嚴謹的證悟者。

相處了一年多，法王逐漸對我們個人和教學有了比較深入的認識，有些我和宇廷的學生也去拜見法王。以下是法王有一次給我的學生的三點開示：

第一，佛法的核心目的是為解決眾生的疑惑、煩惱、痛苦，你們的老師做到了這一點。他們透過智慧，運用正法，非常善巧地根據每個學生的習性調整課程，一一解決學生內心的問題，這功德不可思議。你們要時常在內心升起對兩位老師的感恩，這樣你們會收穫很多，得到兩位老師慈悲智慧的加持。

第二，你們今生能夠遇到兩位老師，並且升起信心，也是累生累世累積到的福報和因緣，甚至可能前幾生你們也是師徒關係。今生你們遇到了，把法緣又接上了，這是十分難得的。要時常提醒自己，這一生與兩位老師的緣分非常難得，來之不易，內心要升起這樣的想法，這是非常重要的。

第三，在中國大陸學佛很不容易，原因很多。我知道藏地有一些仁波切和堪布去弘法、做灌頂、放生，也有做一些教授。一般來講，這些弘法的方式是非常好的，但是我聽說對大陸人效果很有限。原因非常簡單，對真正想學習佛法的追隨者來說，內心的煩惱不會因為一次灌頂、放生而解決。如果沒有辦法針對性地解答學生的困惑，他們內心的煩惱、問題得不到解決，那麼修行也不會有很大的收穫。所以你們非常非常難得，有這樣兩位老師懂得你們的習性、問

---

* 伏藏法是指一千兩百年前蓮師為了未來時代的衆生，預先埋藏在岩裡、土裡、河裡、湖裡，乃至二十五大弟子心中的法教。這些適合不同時代的修行理論和方法，由二十五大弟子化身的「伏藏師」在不同時代，根據蓮師的預言書而取出伏藏。其中由三大伏藏王取出的岩藏最多、最完整，分成南岩藏和北岩藏法，各形成了有數百座寺院的修行體系。仁增欽摩法王是北岩藏的教主，是三大伏藏王之一的轉世，一直以修行嚴謹和法力強大聞名於藏區。

題，能夠非常有系統地帶領你們學習，這是非常了不得的。他們用慈悲關懷你們，用智慧善巧解決你們內心的問題，讓你們能夠吸收到佛法最核心、最精華的部分，這是你們人生經歷中極為殊勝的緣分。

之後，法王與我進行了五十分鐘的視訊通話，在其中表達了三點：

第一，你們是真正弘法利生的傳承者，是弘揚佛法的使者。

第二，非常隨喜你們兩位的事業，讚歎功德！特別希望兩位能夠堅定地繼續做下去，這一點非常非常重要，也是我的心願。

第三，我聽了你們學生的報告，很受感動，也會祈請三寶加持你們一家人健康長壽、長久住世，這樣才能利益更多人，繼續完成弘法利生的事業！

每次在視訊中看到法王的狀態，我心裡都很歡喜，因爲我經常祈請法王健康長壽、長久住世。每次聽到法王的開示，內心都非常感動，這麼偉大的法王卻如此平易近人，這麼謙虛低調，又通達了知一切。

第五章

懷孕晚期的通關大冒險

一般要到懷孕晚期，尤其是快生的時候，身體才會有明顯的疼痛和其他強烈的不適。但這次我懷三胞胎，到了第四個月，也就是剛剛進入應該最舒服、最穩定的孕中期，我的腿就腫起來了，每次吃完飯也會感覺到全身都很脹，像是之前懷樂樂七、八個月時的感覺。白天在家裡稍微來回走動，腳踝和腳掌就會腫起來，走路的時候腳底板很痛。

可能是小時候的生活比較苦，我一直是個很能忍的人。不過，我覺得我對疼痛的忍耐力，主要還是來自我的禪修，而禪修的核心，就是保持「覺」。

「覺」也被稱為「心」「頭腦背後那個不動的自己」或「本來的狀態」。在禪修中經驗到「覺」之後，需要在生活中磨練，才會對「覺」越來越熟悉，逐漸變得穩定而寬廣，然後就能遊刃有餘地面對生活中的各種逆境。

每當我身體疼痛時，「覺」就會像另外一個不痛的我，客觀地凌空看著這個疼痛的我。我可以把「覺」從疼痛的我微調到不痛的我，這時，疼痛的感覺就會變輕很多；在某些非常專注而放鬆的狀態裡，甚至可以完全不受疼痛的影響。

我記得懷樂樂時，到最後七、八天，我才覺得身體疼痛，且一直沒有腿腫、腳腫、腳痛的現象；第六個月開始，我每天還特意走路一個小時以上，鍛鍊腿力，儲備自然生產的力量。但這次，到了第六個月的第一個星期，身體就感覺重得不能走長路了；到了第二十二週，身體上的考驗越來越多，對我的禪修是很大的磨練。

之後，我和寶寶的身體每個星期都有很明顯的變化。在這一章，我就和大家分享從懷孕中期後段到進入懷孕晚期，我碰到的一些比較大的考驗和精彩有趣的小故事。

1 抽筋和早產風險來襲

帶著覺放鬆身體，克服抽筋

懷孕中期的最後，也就是第六個月的第三個星期，我的身體就變得非常非常沉重，不能走長路，出門都只能坐輪椅了。

第二十三週的第一天凌晨，我突然雙腿抽筋，從夢中驚醒。我從沒有抽筋這麼痛過，還在半夢半醒間就大聲慘叫，兩條小腿痛得彎起來。我的叫聲把宇廷吵醒了，他一醒，看到我抱著小腿叫喚，馬上爬起來，開始幫我按摩小腿，又搓又揉地弄了很久，症狀慢慢緩解以後，又去幫我倒了杯熱牛奶，說是爲我補補鈣。

我拿手機上網查抽筋的原因，看看會不會是什麼大問題的徵兆。結果還好，可能只是三個不怎麼嚴重的原因。第一個是大家都知道的常識：可能是缺鈣了。我現在身懷三胞胎，缺鈣也是正常的。第二個原因是白天站太久，太累了。這個也有可能，我白天去醫院打了肺泡針，還順便去兩家銀行辦事，花了好幾個小時，的確比較辛苦。第三個原因則可能是吹風受涼了。宇廷怕熱，一直開著風扇，也許我沒有蓋好腿、受涼了，才導致抽筋。

第二天，我特別多攝取一些含鈣的食物，又多吃一顆補鈣的藥。但沒想到，半夜兩點左右，我的小腿又抽筋了。我又痛得從夢中喊叫醒來，小腿已經抽得蜷曲起來了。我這時的肚子已經很大了，雙手搆不到小腿，還好我的叫聲又吵醒了宇廷，他馬上起來幫我按摩，五、六分鐘後症狀就緩解了。

早上醒來後，我覺得我需要多晒晒太陽，用太陽的能量補鈣應該是最自然健康的。這個時期的我已經不大走得動路了，而爲了確保安全，也不應該走太多路，所以我上網買了一部輪椅，希望能坐著輪椅出去晒太陽。

但幾天後，我第三次抽筋，還是痛得從夢中驚醒。這次是我自己處理的，從小腿肚開始慢慢揉，抽筋的地方就鬆開了。但處理完後，我也睡不著了，便忍著小腿的疼痛，一瘸一拐地去了趟洗手間，走路時小腿仍然很痛；又去喝了一大杯熱牛奶，喝了之後精神好了一些，很想去修法，但才半夜兩點多，修法有點太早了。我就在黑暗中躺著，開始練習在黑暗中帶著覺放鬆身體的禪修方法。

我覺得到了懷孕晚期，孕婦要坐著禪修或修法都會比較辛苦，躺著禪修也是個很好的方法。我就**帶著覺，慢慢放鬆全身的每一個部位**。從頭部開始放鬆，然後由頭皮慢慢往下，五官放鬆後，再放鬆肩膀和上半身，接著放鬆下半身，一直到腳。之後，我進入極度放鬆而清明的狀態，身體所有的不舒服都不見了。

這時，我感覺到三個寶寶也醒了，不停地在我肚子裡踢來踢去。我感受著他們的動作，心裡升起一種平和又溫暖的幸福感。

開始難以入睡

這段時間，我每天半夜兩點多會起來上廁所，之後總是很難入睡，我就會去客廳看一會兒書。我們的客廳很大，有很多植物，深夜時分，環境變得格外安靜，看書可以很專注，我覺得這樣也挺好。大概看一、兩個小時，有點想睡了，我就再去睡一覺。

有幾次半夜起來後，我不由自主地打開手機刷新聞，時間也會一下子就過去了。但是我想了想，刷手機的過程中，看到的大多數是垃圾新聞，十條、二十條新聞裡，最多有一條是值得看的，其他大部分是這個或那個名人的故事，不是編來編去，就是重複來重複去。我覺得這樣不行，太浪費時間了，我要改掉這個習慣，就把新聞APP全部從我的手機裡刪掉了。

本來想把手機放在客廳，但又想到萬一有緊急狀況需要找人，沒有手機還是不方便。所以，晚上我會把手機放在床頭櫃上，但會關掉，需要的時候再打開，不讓無謂的內容干擾我。爲了看時間，我買了一個鬧鐘放在床頭。

幾次以後，我就做到了堅持不開手機，一個人靜靜在黑暗中躺在床上，聽著鳥叫蟲鳴，還有樂樂在我旁邊熟睡的鼾聲。這些聲音融在一起，像一首宇宙的交響樂，我感覺自己是這首交響樂裡的一部分。同時，我覺察著自己的呼吸，越來越平和，也感覺到肚子裡的三個寶寶時不時輪流動一下，在媽媽慵懶鬆弛的韻律中慢慢成長茁壯。我覺得我們都是整個宇宙和諧樂章的一部分，共振在一個完美和諧的頻率中。

子宮頸太短的早產風險

懷孕第二十四週，又該產檢了，這次仍然是婆婆陪我一起去。臺大醫院的護士態度非常好，熱情又有耐心，講起話來還很溫柔。李建南主任也很幽默，剛認識他的時候，覺得他心直口快、雷厲風行，但不知道他對病人的態度如何；現在熟悉了，知道他其實是個熱心腸、非常關心病人的醫生，我也越來越喜歡他了。

超音波檢查的時間很長，做得很仔細。三個孩子都發育得很好，尤其是同卵雙胞胎的兒子，一個八〇〇克，另一個七〇〇克，竟然都達到了二十五週的重量；單胞胎女兒六四〇克，也是二十四週的正常大小。李主任時不時進來超音波室看一看，開玩笑說，可能是兩個兒子比較貪吃，所以長得比較快！周圍的護士都稱他老師，感覺得到大家都很尊敬他。

不過，這次檢查也發現有風險：一是女兒的頭朝下了，另外，我的子宮頸變得很短，只剩二公分，而正常長度是在二．五到四．五公分之間。李主任說，子宮頸短就有早產的風險。生單胞胎時，子宮頸短到一．五公分時，一週內一定會生產；而我是三胞胎，可能隨時需要住院。

由於臺北房子太貴，我和宇廷三年前搬到新北市的三峽區，離臺大醫院相當遠。婆婆很擔心一旦發生緊急狀況，會來不及送醫院，就要我盡快搬到他們家去住，離臺大醫院只有十幾分鐘，而且隨時叫得到救護車。

李主任建議我不要出門、不要工作了，一定要在家裡多休息。其實他已經說了好幾個月，但我們的教育事業正在發展階段，因此我和很多職業婦女一樣，每天仍然在工作、仍然在外面跑來跑去。不過，看到這次的產檢結果，我也覺得以後要開始注意，不能再輕忽了。

2 藥物引發失眠，妊娠糖尿病也上身

用禪修克服了失眠

產檢結束回家後，宇廷幫我查了些資料。胎兒滿六個月時，骨骼發育完成，手足會有抓握和驚嚇反射的動作。此外，聽覺也形成了，能聽到母親說話、心跳和腸胃蠕動的聲音，而一些比較強的噪音，比如吸塵器的聲音、大的音響聲、裝修的電鑽聲，則會讓胎兒躁動不安。

不過，這時胎兒的肺臟尚未發育完全，還要再幾個星期，負責交換氣體的肺泡才會發育成熟。如果胎兒在這個時期出生，會有淺淺的呼吸，是有一些存活的機會，但風險非常非常高，所以一定要小心，千萬不能早產。

爲了讓胎兒肺部早點發育，以防早產出來不能呼吸，產檢之後，我開始注射讓孩子肺部發育的肺泡針，以及一種穩定胎盤的黃體素。這幾種藥的副作用都挺強，像是黃體素吃了可能會肚子痛、失眠、腹瀉，也可能會有沮喪、易怒、頭昏等副作用。

我用了藥以後，情緒方面倒是沒怎麼受影響，但身體很不舒服，除了肚子脹，最大的反應是失眠，連續三個晚上徹夜未眠，連呼吸都感覺很困難。還好我一直盡量把這些身體不適當成練習禪修的機會，所以也沒有升起什麼煩惱或恐懼。半夜起來若睡不著，我就靜靜地躺在黑暗中，還作了好幾首詩。

我靜靜地躺在黑暗裡，
一切都安靜下來了。
周圍沒有車子的聲音，
周圍也沒有喧鬧的聲音。

我靜靜地躺在黑暗裡，
沒有散亂，
沒有焦慮，
沒有恐懼。

我靜靜地躺在黑暗裡，
覺知自己的身體，

覺知自己的呼吸，
覺知自己的病痛。

我靜靜地躺在黑暗裡，
覺知周圍的一切，
覺知周圍的聲音，
覺知一切如夢又如幻。

在黑暗中，我沒有開燈，
也沒有看手機浪費時間。
我就靜靜躺在床上，
面對失眠和疼痛。

有一些念頭起來，
我就讓它自然地起來，

又自然地落下。

我慢慢放鬆自己的身體，
安靜地感受自己的呼吸，
安靜地感受肚子裡的三個寶寶，
安靜地感受那種自然的頻率……

幾次，我都在這種自然的頻率裡睡著了，一覺到天亮。

有一次隔天早上七點醒來，頭很痛。我本來想用覺之誦開始禪修，但因爲頭痛，加上身體很重，感覺唱覺之誦能量不夠，我只好又躺下來，全身放鬆，讓自己接受這個痛，融入這個痛裡，慢慢地也就覺得好了很多。再次睡著又醒來時，身體就輕鬆了很多，所有的疼痛也慢慢消失了。

那個星期，雖然身體越來越不舒服，但每當修法進入狀態時，我會完全忘記自己是個孕婦，身體變得輕盈，全身充滿能量；修完法，從坐墊站起來時，我才感覺到，哎呀，我是個孕婦，起身的時候非常辛苦，身體很重，只能慢慢爬著站起來。這個時期，我的呼吸已經比之前短促，誦經的時候也會喘氣了，但即使如此，我每天還是堅持修法兩、三個小時。

在公婆家重溫家人暖暖的愛

檢查出有早產風險以後，公公婆婆天天催我趕快搬去他們家住，很擔心萬一有什麼緊急情況，去醫院會來不及。但是，我仍然忙個不停，天天在開會、帶樂樂，中間還累了一整天，拍攝了一組孕婦照。

大約又拖了兩個多星期，三個寶寶越來越大了，我感覺肚子裡的空間越來越小，胎動的時候甚至感覺到女兒在子宮非常低的地方，所以決定還是早點搬去公公婆婆家比較保險。

公公等不及，請人來陸續搬走不少東西，包括我的躺椅。這張躺椅可以幾乎整個人躺在上面休息，非常舒服，是懷孕以後婆婆特別要我買的。公公覺得我需要多休息，上下床又不方便，所以房間裡應該有一張舒服的躺椅，就打電話來說應該把我這張椅子搬到他們家，還特意提前請人來搬了過去。

公婆家有一間兩、三坪大的小客房，帶著洗手間。他們把這間客房整理出來給我住，還專門在房裡爲我設了一個小佛堂，佛堂正中間放了一尊藥師佛，右邊是長壽佛，左邊是白度母。我床頭的牆上掛了一幅婆婆自己的白度母唐卡，椅子後面則掛了一幅公公的蓮師唐卡。房間雖然很小，但布置得非常莊嚴、溫馨。隔壁原本是婆婆的小書房，她專門把這個房間收拾出來給樂樂和保姆住，裡面清得乾乾淨淨，還準備了幾個可以放零碎東西的小櫃子，窗臺上則擺了很多樂樂的玩具，還有她的故事書，布置得非常溫暖。

我和宇廷對這個小房間有許多特別的感情。二〇一三年我在美國生完樂樂，她四個月大的時候，我們就把她帶去北京。由於霧霾實在太嚴重，住了幾個月，我和宇廷就決定暫時搬回臺灣。那時，公公婆婆就是騰出這間小客房給我們住。我們把床墊放在地上，買了很多塑膠收納箱圍在旁邊，三個人擠在小房間裡，過了一段很溫馨的日子。

那時我還沒有請到保姆，每天自己帶孩子。樂樂實在太可愛了，全家人整天圍著她、看著她，她給公公婆婆增添了很多跟孫兒住在一起的快樂。家裡雖然不那麼寬敞，但那是一段非常溫暖、難忘的日子。現在我又住進這個房間，感受到公公婆婆的照顧，那些美好的記憶又湧上心頭，讓我心裡充滿了家人給我的暖暖的愛。

我得了妊娠糖尿病！

很快就到了第二十六週產檢的日子。同樣是由婆婆陪我，但讓我最開心的是，宇廷終於第一次陪我來接受產檢了！之前的所有產檢他都在大陸教學，到我懷孕快七個月了，才有機會陪我一起。他特意一路幫我推輪椅、背包包，呵護備至，很有一個好丈夫的樣子！婆婆更是考慮得非常細心、周到。她的車比較高，擔心我身子重了，上車不方便，特別帶了個小凳子，讓我踩著上車，說這樣比較安全和舒服。

我們到的時候，李主任已經在門診等我了。他現在和我們很熟了，一看到我們就笑咪咪。檢查下來，三個寶寶都非常健康，體重都符合二十六週的標準，同卵雙胞胎的兩個男寶寶，一個長到一〇〇〇克，一個長到九二〇克；單胞胎的女寶寶八八〇克，略小一點，但也在二十六週的正常範圍之內。孩子的心跳等各方面指標也都非常正常。

比較神奇的是，這次我子宮頸的長度和半個月前相比，不但沒有變短，反而長了一點點，居然從二公分變成了二．一公分！這是非常好的消息。李主任笑著問陪我去的學生：「妳們知道嗎？妳們的老師是不是在偷偷練氣功？」她們說不知道。主任又笑著說：「妳們都不懂，她一定是在偷偷練氣功！」

我想，應該是每天的修法和禪修幫助我保持良好的身體狀況吧。但是，也有一個不很好的消息：我的糖尿病篩檢沒有過關，我得了妊娠糖尿病。

我查了查資料，妊娠糖尿病是指懷孕前沒有糖尿病，懷孕時卻出現高血糖的現象。由於懷孕期間，胎盤會分泌一些荷爾蒙，使血糖升高，若準媽媽體內的胰島素不夠，就會處於高血糖狀態，到了懷孕後半期會更加顯著，就成了妊娠糖尿病。

如果不及時調整過來，妊娠糖尿病會對胎兒的發展不利，最嚴重的是高血糖會影響胎盤的供氧，導致黃疸、畸型、低血糖症、宮內缺氧、呼吸窘迫、巨嬰症，甚至造成胎兒死亡等等，聽起來相當可怕。妊娠糖尿病對孕婦的身體也會有不小的影響，像是羊水過多症、酮酸中毒、難產、妊娠高血壓、水腫、急性腎炎等併發症，生育後發生糖尿病的機率也會比一般人高出很多。而最讓人擔心的，還是妊娠糖尿病會提高早產的機率。

因此，李主任說我們一定要特別重視控制血糖，並馬上介紹我們到一位臺大的營養師那裡接受培訓。於是，我們全家都去見了那位營養師。

營養師一見到我，就詢問我每天的菜單，了解清楚後，她判斷我每天吃的碳水化合物太多了。接著，她開始為我們進行了二十分鐘的培訓，從理論講起，談到食物的屬性、搭配，用了很多英文科學名詞，講得很複雜。那時已經下午了，我非常累，聽到中間幾乎睡著了，但想到控制血糖的重要性，還是硬撐著認眞聽完了。

營養師講完後，笑咪咪地看著我們，宇廷卻一臉迷惑地回頭對我們說：「妳們大家聽懂了嗎？我可是幾乎都沒聽懂，只聽懂了十個餃子相當於一碗米飯的熱量。」

我整個聽下來，對孕期的飲食有了基本概念，才發現，孕期的飲食搭配不是我們平時了解的那一點點知識而已。控制碳水化合物和糖分的攝入，不光是不吃米或麵的問題，某些食物搭在一起就會產生糖化反應，也會導致碳水化合物及糖分攝入過多。這需要食物搭配均衡，並且控制量，而這些一定是需要學習才能了解的。

婆婆倒是說她全聽懂了，而且做了非常詳細的筆記。她以前在美國哥倫比亞大學的研究所讀的是生物細胞學，平時又一直很注意家裡的飲食，也喜歡做菜，所以很了解食材的基本屬性和搭配禁忌。她說：「你們放心，我會照顧好央金的！」我聽了心裡好踏實。

李主任還介紹了一個測血糖的醫師給我。我們買了一部血糖機，這樣就能很方便地每天在家監測血糖了。

晚上回到家，我對照顧我的幾個學生和保姆說我得了妊娠糖尿病，需要調整飲食。她們一下子就緊張起來，壓力非常大。我安慰她們說，沒關係，我會好好調整的，而且婆婆說這兩個月她來輔導，監控我的飲食，大家不要太擔心，她們才稍微放鬆一點。

為了寶寶和自己的健康，之後的一、兩個月，我都很認眞地調整飲食結構。

婆婆不到三天就讓我的血糖恢復正常

婆婆開始指導我的飲食，認認眞眞地用筆記本寫下每天需要買的菜，以及三餐的菜色、搭配，又叮囑照顧我的學生和保姆，每天做菜時有任何問題，隨時可以問她。婆婆非常有自信，認為只要按照她的辦法來吃，我的血糖不會有問題！

當天晚上我就開始不吃米飯和主食了；第二天開始，我們就嚴格執行婆婆決定的菜單，每餐的飯量按照她定的標準來吃，減少到不到平常的一半。還好我這個孕期平時也不覺得餓，所以這樣吃好像也剛剛好，身體反而覺得很輕鬆、舒服。

第三天一早，測血糖的儀器送來了。那天我一共抽了三次血，結果發現血糖值居然都正常了！

婆婆控制我的飲食才兩天半，數字就已經完全正常了，眞是不可思議！透過這幾天的飲食搭配，我的身體又回到正常軌道上了。

血糖值正常後，我發現我的睡眠也變好了許多。那天，我一覺睡到第二天早上七點一刻才醒來，雖然中間去上了兩次洗手間，但回來後又睡著了。我好久都沒有像這樣中途起來還能很快睡著，我想也許是因為飲食健康、身體負擔變小的緣故吧。回想起來，之前我還出現過身體發癢、手背癢、身體發乾的症狀，現在才知道這是妊娠糖尿病的影響。

透過這次糖尿病篩檢，我對食物屬性和飲食健康有了更深的認識和體會。這次懷孕後，我每天都沒有好胃口，但是為了肚子裡的胎兒，我就盡量吃、拚命吃，把飯當藥吃。懷孕四個月時，我已經長了五公斤；六個多月、二十六週產檢時，則已經長了快十五公斤，身體太重、負擔太大了！

女人懷孕後，想到的都是肚子裡寶寶的健康，想給寶寶足夠的營養，絕對不會為了自己的身材而不敢吃。這就是一個女人變成母親的轉化，母親都是這樣無條件地愛著自己的孩子。我這次懷著三胞胎，自己和身邊照顧我的人都認為三個孩子需要大量的營養，所以一定要吃許多食物。我每天都吃得很撐，吃東西成了我重要的任務，我只知道多吃，卻忽略了保持飲食的均衡。

關於哪些食物含糖量高，我和照顧我的團隊之前也沒有基本知識。透過這次經驗我才了解到，少吃含糖量高的食物不僅是少吃澱粉，如米和麵，還包括要控制馬鈴薯、玉米、蓮藕、紅蘿蔔、蜂蜜、麥片、小米粥、餃子、包子、糖分很高的水果攝入等等，但我之前幾乎每餐都不缺這類東西，而且都吃得過量了。如果我不是懷三胞胎、消耗比較大，每天這樣吃一定會變成個大胖子！

很多孕婦懷孕以後，家人都非常關心，往往就容易吃太多，生完都成了大胖子。很多媽媽都沒有這種健康飲食的知識，家裡的保姆也沒有，所以孕婦很容易吃得過多、糖分過高，而影響到自己和寶寶的身體健康，一定要特別注意。

不過，有了妊娠糖尿病也不用過分緊張。請教醫生後我才了解到，孕婦在懷孕期間本來就容易出現血糖高的狀況，如果飲食不注意，很容易就會超標；但只要採取正確的飲食方式，完全可以調整過來。

我想，有了這次的經驗，我以後會更重視飲食健康，也開始有意識地學習科學的膳食搭配。此外，我也決定一定要好好照顧家人，採取健康飲食，這是非常重要的。我以前不是太注重飲食，加上工作忙，保姆做什麼就吃什麼，以後我要向婆婆學習，根據食物特性搭配出健康又好吃的飲食，讓家人和自己吃得更健康、更清淨。

三天調理好妊娠血糖的愛心食譜

第一天

早上七點半	一杯糊糊（一湯匙芝麻糊、一湯匙杏仁粉、一湯匙青稞粉、一湯匙媽媽奶粉）
早上八點	一個雞蛋、一小盤義大利節瓜
中午十二點半	六個秋葵、四片醉雞、若干地瓜葉、五個小餛飩、一碗絲瓜蛤蜊湯
晚上七點	一小塊清蒸鱸魚、一小塊炒鮭魚、芥藍菜、肉絲炒豆乾加一點芹菜、一碗排骨湯（兩塊排骨、一塊玉米、一塊胡蘿蔔）

第二天

早上八點	一個雞蛋、一條小黃瓜（橄欖油和蒜炒）；一杯羊奶裡面加一湯勺青稞粉
中午十二點半	四塊醉雞、一小碗海帶海藻、一碗蒜蓉地瓜葉；橄欖油炒茄子豆乾和彩椒丁；小白菜＋五個餛飩做的湯
下午四點	六塊芭樂、八顆櫻桃、一小碗堅果
晚上七點	洋蔥炒鮭魚、炒雞塊、芥菜、小白菜、一小碗豆腐海帶湯

第三天

早上七點五十五	一個水煮蛋、四分之一條義大利節瓜、一百八十毫升羊奶＋一湯匙青稞粉
早上十點半	測血糖↓75
下午一點	一塊鱸魚、五十克左右的蕎麥麵、一小塊蛋餅、一點綠花椰菜、絲瓜兩個丸子湯
下午三點半	測血糖↓109
下午四點	一小碗藍莓、一小碗堅果
晚上七點	地瓜葉、義大利節瓜、雞塊、番茄洋蔥炒碎牛肉、綠白花椰菜、素高湯煮小白菜
晚上九點半	測血糖↓102

3 意義特殊的五十一歲生日

生日前，眾人圓滿了百萬遍白度母心咒的修法

我們前一個月成立的白度母共修群，由於大家對我的信心，很快就達到了將近兩百人。大家每天都不斷地修持，短短半個月，在二〇一八年八月六日就圓滿了一百萬遍的白度母心咒。這一天正好是藏曆的二十五日，吉祥的空行母日。我們藏族很重視藏曆每個月初十和二十五這兩天，初十是蓮師日，我們會特別感恩蓮師，並修習蓮師的各種法教；二十五是空行母日，這一天，我們會專門修度母的法。

此外，每個月的這兩天，我們也會各做一次薈供，並發願自覺覺他。

薈供是藏傳佛教的特殊party，起源於印度，過去只有富人才做得起；後來蓮師傳入西藏，將它變成一般人也能參與的法會。

「薈」是指聚集三類人。第一是邀請修行者的同修們一起參加；第二是用心念迎請佛菩薩護法聖眾來現場；第三是召集山神、土地、鬼神、六道眾生、冤親債主也來集會。

「供」是指準備豐盛的供品，供養佛菩薩護法聖衆，也佈施給六道衆生、冤親債主，就像一個宇宙超級大家族聚餐一樣，大家歡喜地享用供品。

我們一大早就會在佛前供上淨水、鮮花、燃香、香水、香料、美食、五穀、水果、珍寶等豐盛的供品，然後用心念觀想，也就是透過想像，將物品變化成無窮無盡，供獻給宇宙時空中所有的佛菩薩和證悟者，同時也佈施給神靈、地獄、餓鬼、畜生這些惡道裡的生命，希望他們離苦得樂。

從深一點的層次來說，這些儀式其實都是爲了轉變我們的心態和整體的能量場。透過這種正面的想像，我們提醒自己要感恩、培養慈悲心、擴大願心；而當我們將整個流程化成莊嚴的儀式，我們的心會更容易感動，更容易升起這些正面的心境。

我寫了一封信給白度母共修群：

大家好：

今天是空行母的吉祥日子，不期而遇，大家修法達到了一百萬遍，這也表示一個殊勝緣起的開始！

我們發起白度母共修群才半個多月，現在已經有兩百多人了。我每一天都很認真地看大家的修持紀錄，而我自己每天修完法，也都會迴向給大家。

首先，我恭喜大家在這麼短的時間修了一百多萬遍。雖然我們的目的不是為了數字，但我們可以從量變達到質變。你要想成為專家，就必須時常修持、修持！

古代留下來的修行方法，很強調從量變達到質量。當你慢慢將修持變成習慣，哪一天停下來反而會覺得心裡少了什麼，這就是善法入心的徵兆。就像我們每天吃三餐，少了一頓就會覺得缺了什麼，修持也是這樣。所以，養成修行的習慣非常重要！每天的時間是可以擠出來的，哪怕擠出一點點時間也行，堅持很重要！

當我閉完白度母的關時，上師說：「妳以後要完成很多弘法利生的事業，健康長壽非常重要，希望妳一生都不要間斷地修持這個法。」所以我至今沒有間斷，就算有一、兩天因為要產檢一整天，沒辦法完成一個多小時的儀軌的修持，我也會再補上。

我在這裡再次恭喜大家。跟我一起繼續修白度母吧，把健康和長壽迴向給大家，願我們共證菩提！

意義深遠的生日心願

空行母日那天下午，唐仁波切透過微信傳了長長的訊息給我，告訴我一個好消息：由我發起護持的不丹綠度母大殿，剛好在這個吉祥的日子封頂了。他還傳來幾張大殿上空出現彩虹的吉祥照片。

二○一七年的這個時候，我和學生在不丹參加唐仁波切帶著寺院僧眾和咕嚕咕咧佛母協會成員爲我舉辦的慶生會。在生日會上，我發願支持唐仁波切建設一座綠度母宮殿和一座大佛塔，希望建成後能帶學生來參訪、禪修，甚至閉關。

如今，剛滿一年，在很多學員的護持下，我許下的心願已經圓滿實現了！

這時，學生正好打來電話。他們準備寫一篇關於我生日的文章，要在微信公眾號上發布，問我今年（二○一八年）有什麼生日心願。我想了想，跟他們說，今年我圓滿地懷上三胞胎，現在狀態很好，孩子也很健康，我在自己身上已經沒有任何希求了，倒是有一件事一直掛在心上：我想保護伊喜措嘉佛母的聖湖。

二○一七年十月初，我和宇廷帶著一些學生到西藏朝聖參訪，來到措嘉拉措寺，這是伊喜措嘉佛母出生的地方。佛母出生時，城堡旁的一池小泉湧成一片聖湖，之後在湖邊建了一座阿尼寺院，保留至今，裡面供奉了留有佛母印記的聖物。

據佛母傳記載，伊喜措嘉佛母出生時，她的母后夢見得到了一串珊瑚和海螺谷珠的念珠。血從珊瑚中湧出，乳汁由海螺中湧出，難以估算的人潮蜂擁而至，滿足地飲用，但血、乳仍不枯竭。世間大地流滿這紅、白甘露，並且有人聲稱：「直到此劫終了，甘露也不會枯竭。」當地百姓都知道，這甘露聖泉有八種功德，家裡有人生病，都會來取這甘露服下，只需要一點點，很快就會療癒，是十分珍貴的加持物。

而這樣一眼象徵乳汁的聖泉，實際上暴露在一片空曠之地，用低矮的磚石牆圍起來，圍牆四周都是垃圾。我和學生在離開之前，花了一段時間一起撿垃圾。

看到這麼珍貴的聖泉由於缺乏保護而面臨枯竭，我心中非常難過，當時就發願一定要保護佛母的這一眼聖泉。希望未來有一天，我們有機緣可以幫助這裡重新建設，讓大地母親不再哭泣。

從西藏回來後，我時常惦記著照顧佛母寺院的阿尼，也帶領學生護持寺院的壁畫項目。阿尼們作爲女人修行，往往會比男人修行遇到更多考驗，我就盡量關懷、幫助她們，了解她們的需求，並且一直與阿尼們討論保護聖泉的方案。

能夠保護佛母寺院的聖泉，就是我二〇一八年生日最大的心願，我也想藉由生日這個緣起，正式啓動聖泉保護項目。這雖然是個小小的慈善項目，意義卻非常重大。

伊喜措嘉佛母是妙音天女的化身，而妙音天女是一位示女性身相的智慧本尊，歷代是河神，與水、河、池有深厚的因緣，所以古印度池邊河畔均建祠奉祀。伊喜措嘉佛母的名字源自這一眼聖泉，意爲智慧之海。這實際上代表一種水的能量，地球在法界中是一片能量之海，而這一眼聖泉是佛母出生時從地下湧現出來的，代表母親之河，是與覺性之海的連接，寓意十分重要，對修行人的加持力如同所有聖地。

所以，我希望在生日的這一天帶著大家一起做這樣一件有意義的事。我自己供養一部分啓動資金，留給大家做功德的機會，希望讓有緣人一起參與。

充滿關愛與溫暖的慶生會

我的生日是八月十日，但那天宇廷又要去大陸教學，所以學生們就張羅著在八月八日提前幫我過生日。

爲了給我過生日，婆婆親自設計菜單，還準備了各種食材，細心地向我的學生一一解釋每道菜應該怎麼做。

宇廷沒有和我一起搬到公婆家暫住，一個人住在我們家。他這天會過來幫我慶祝生日，但我們左等右等，他都沒有來。一個知道內情的學生悄悄告訴我，宇廷是去給我買生日禮物了！我吃了一驚，宇廷都會給我挑禮物啦？要知道，他可是連結婚戒指都沒給我送過。當時我們在北京舉行的婚禮是宇廷專門設計的佛法婚禮，他當時就沒有安排送戒指的流程，改成我送他金剛鈴和金剛杵，他送我他出家時的袈裟，覺得這樣才夠莊嚴，才符合我們結婚的心願！

一直到晚飯前，他才匆匆趕到。

宇廷是天秤座的，很有美感，也了解我的喜好，他選中的東西一定不普通。他讓我先坐好，半開玩笑地半跪在地上，把戒指套在我的手指上，還親了我一下。這還是他第一次送我戒指呢，也算是一個補償吧。

他說他去了好幾家大百貨公司，挑了好久才挑到的。那是一只設計很古樸、上面鑲嵌著一塊月光寶石的銀戒指。他說他也看了很多黃金鑽石的，但感覺都配不上我的氣質，還是銀的比較襯我的膚色，簡樸的設計比較配我的氣質，也好搭配我日常穿的藏裝；而月光石是因爲我最近在修白度母法，白度母又名月光度母，希望我看到這個月光石，就能觀想到白度母發出的滿月般的威光，遣除一切衆生的熱惱。

當著那麼多人的面半跪著送我戒指，宇廷還是有點靦腆的。他小聲問我：「妳喜不喜歡這個禮物呀？」我很開心地跟他說：「你買什麼我都喜歡，何況還有這麼好的寓意呢！」當時我還不知道這個戒指是什麼牌子的，只覺得看起來低調又經典，比較像我平時戴的藏式銀器首飾。這時，婆婆剛好走下樓來，一眼就看出戒指的品牌，告訴我：「喔！這是Georg Jensen的，我也有好幾件他家的首飾，很經典、很值得留存和傳承。」

當天我的編輯團隊發送了關於我生日心願的文章，幾個有緣的學生也發起佛母湖的籌款。大家都非常踴躍，我保護佛母湖的心願也很順利地圓滿達成了！

公公婆婆那天晚上有應酬，家裡就剩下我、宇廷和幾個學生，樂樂跟每個學生阿姨都玩得不亦樂乎。

我的很多學生工作很忙，沒辦法來現場，就發來祝福的影片。我細心又溫暖的團隊把這些影片匯集在一起，剪成一支小短片播給我看，裡面還有唐仁波切的祝福！一看到仁波切溫暖的問候，我就禁不住感動得熱淚盈眶。影片中有他帶著寺院的僧人為我修法的場景，還有他的白髮老母從遙遠的藏區發來的問候，以及多吉扎寺的堪布給我寫祝福祈禱語的現場。接著，又看到好多學生的問候，大家都那麼歡喜地給我和寶寶祝福，眞是好開心、好溫暖。現代科技眞的很不可思議，讓人沒有了距離感，這種情景在古代是沒有辦法實現的，人們只能靠想像。由此我也想到未來虛擬實境的時代，人與人之間眞的不存在距離感了！

幾個學生非常有心地為我做手工的長壽拉麵，由西安來的吳進親自和麵、拉麵。她是成功企業家，在家裡不常做飯，但她那天發揮得非常好，做出地道的陝西拉麵，我們都吃得好開心！

這一天，在公公婆婆的關愛中，在樂樂和肚中三寶的陪伴下，在宇廷和學生的呵護裡，在所有人的祝福中，我不但度過難忘的生日，還圓滿了自己的心願！眞的是非常愉快溫暖的一天。

4　超級颱風登陸了

好消息！血糖濃度正常

第二十八週的產檢依舊是婆婆陪我去，還有三個學生，一個推輪椅，一個幫我背包包，另外一位幫我拍照。不過，超音波檢查時有個視訊連線的特別來賓——宇廷。他又去大陸教學，只好透過視訊看孩子的超音波。

三個寶寶的心跳、大小和體重都很正常。肚子右下方是女寶寶，一一四〇公克是很正常的二十八週胎兒大小；中間的男寶寶一三七六公克，左上方的男寶寶一三三六公克，都是二十九週的大小，算是發育得非常好。李主任說，三個寶寶都長得很好，跟同齡的單胞胎重量一樣，甚至稍微大了一點，非常非常不錯！

我每天修完法，都會祈請希望我的子宮頸不要縮短，希望子宮頸能暫時封印起來，等寶寶足月以後再打開。而這次檢查最好的消息，是我的子宮頸仍然保持在二．一公分，完全沒有下降！

此外，我的血糖濃度也正常，妊娠糖尿病完全消失了。李主任看了我每天的血糖值，豎起大拇指說：「控制得眞好，一百分！」他說不必每天測三次了，只要測一次就可以，在覺得吃很多的那一餐之後測量就行了，目的是監控血糖數字不要突然升起來。

看到我這麼穩定，李主任也對我越來越放心、越來越有信心。之前他一直覺得我可能需要很早就住院安胎，但看到我的狀態這麼好，就說如果我覺得住在家裡舒服，就住在家裡好了；若有任何不舒服，比如宮縮頻率太高之類的，可以直接打電話給他，隨時去住院，醫院會馬上幫我安排房間。

他又開了幫助胎兒肺部發育的肺泡針，並告訴我，現在寶寶滿七個月、進入第八個月了，所有的器官都已經長全，之後就是盡量讓他們發育得更完善再出生，尤其是肺部。現在寶寶正在努力長肉肉，肉肉會提供熱量，保護他們在進入這個世界後可以更順利地發育和成長。

我跟主任邊聊邊感歎現代醫學的發達。古代沒有這樣先進的技術，我就無法用自己懷孕的經歷來鼓勵別人修行，因爲懷三胞胎危險性太高了，是個幾乎不可複製的經驗；但是，在這個科技時代，這樣的經驗有可能幫助到很多現代的年輕女性。不是要她們也生三個，而是讓她們看到如果好好發願、行願、修法，五十一歲也能安全生出好孩子來。

主任幫我注射完肺泡針，又再三叮囑我好好保養之後，我們就回家了。晚上睡到三點半醒來，上了洗手間，之後又睡不著了，在黑暗中躺了一個多小時。我本來是枕兩個枕頭，但現在身體越來越重，睡下以後會壓到內臟，呼吸時很明顯吃力多了，能聽到喘氣聲，很不舒服，打完針後這種壓迫感更明顯了，所以我又加了一個枕頭，讓自己的呼吸稍微舒服一點、身體放鬆一點。

半夜四點，我起來禪修，這次我採用覺之誦的方法。覺之誦的禪修法是一個非常溫柔、可以快速讓身體放鬆並順暢氣脈的方法，有很多層次，我當天只練了第一個層次，就已經能讓身體完全放鬆了，非常舒服。結束後，我又寫了一首短短的詩。

進入平靜、寬廣、無邊的海洋

我清楚地覺知我的身體，
我清楚地覺知我的呼吸，
很輕鬆地一呼一吸。

我清楚地知道肚子裡的孩子，

正在動來動去，
也在游來游去。

我清楚地知道周圍的一切，
清楚地聽到周圍隱隱約約的鳥叫聲，
也清楚地聽到周圍車子的聲音。

我慢慢地讓自己的身心和鳥叫聲融為一體，
慢慢地讓自己和車子的聲音融為一體，
慢慢地讓身心和周圍的環境融為一體。

身體雖然非常非常沉重，
但是我沒有抗拒，反而輕鬆地融入沉重。
沉重不是負擔，而是我生命的一部分。

雖然還是有一些念頭，起起落落，

但是我已經進入一個覺性的海洋，
這些念頭就像海裡的浪花一樣。

浪花起來自然會脫落，
浪花最終還是歸入海洋，
我不去追趕浪花。

我不去分析浪花，就讓它自由來去。
它是我的一部分，
這個平靜、寬闊、無邊的海洋永遠在那裡。

做女紅讓心靜下來，是很好的禪修

我的身體越來越重了，肚子大得像胸前擺了一張小桌子，平日的工作卻還是很多。婆婆很心疼，建議我減少一些日常工作，她來教我做女紅，我們一起為孩子做點東西。

婆婆是女紅高手，研究中國女紅快三十年了，自己有個工作坊，專門推廣中國母親的藝術。她把大量的中國民間文化故事和圖騰研發成女紅作品，讓人透過一個個美麗的圖案了解中國民間文化的傳承，這是非常難得和珍貴的。

她還將整個女紅的縫製過程制度化和標準化了。過去的一個繡娘，可能自己繡得很好，卻不知道怎麼教別人，很難傳承下去。但是按婆婆的教授，即使沒有基礎，也能做出很有水準的女紅作品。

婆婆常說手工針織最容易幫助女性安靜下來，女人的心一靜下來，尊貴、恬雅、溫柔、賢淑這些氣質就會自然顯現出來。二十多年來，她一直在做這件事。

第一次做女紅，婆婆教我做兩幅作品。第一幅是八芒太陽，這是中國古代的圖騰。早期人們十分崇拜太陽，所以婆婆將太陽的圖案研發成了女紅作品。

婆婆跟我說，學習繡一個圖案，首先要從畫圖開始，畫完圖還要做樣本，有了樣本以後再選布，這些步驟就有很多配色的藝術在裡面。做完這些流程後，才可以拿剪刀來剪；剪好以後，再拿針線來縫。縫製的過程，從如何下針、如何給線打結都有一套標準技法，只要按著做，就能提高自己的水準，學到很多技巧。

這一副八芒太陽圖就包含了很多針法的技術。完成這個圖以後，我對做女紅就非常有信心，也很喜歡做了。

我第一次體會到一個母親爲全家人做女紅的心，感覺非常放鬆、安靜、專注、處在當下。一個母親爲自己的孩子做一件東西時，一針一線都在傳遞自己的愛，這是非常享受而幸福的一件事。

做的過程中，我的腦子裡更不時浮現我自己的阿媽爲全家人做女紅的樣子。我小時候沒有什麼成衣可以買，全家人的衣服、鞋子，包括家裡用的棉被，都是阿媽一針一線親手縫出來的，她還會給所有的女兒和兒媳都做一套盤繡的嫁妝。對現代人來說，這幾乎是不可思議的事。

我的阿媽沒有整塊的時間做女紅，都是利用做農活、做飯、做家務的間隙抽空去做。以前的媽媽多麼會利用碎片時間啊！在這樣零碎的時間裡，阿媽做了許多精美的工藝品。我們那時很窮，經常需要將舊衣服縫縫補補，但即使如此，阿媽也會爲衣服繡上漂亮的花朵。那些顏色絢爛的花，現在想想，都開在我的心裡。

我也想起以前下雨時，阿媽在炕上邊給我們講故事、邊做女紅的情景。而現在，我在爲我的四個孩子做女紅，大女兒已經五歲，另外三個孩子即將降生，如果阿媽能看到，會多麼開心和欣慰啊！

做好八芒太陽圖，婆婆又教我做枕頭。我要先給我的樂樂做個枕頭，再給三個寶寶做。給樂樂的枕頭，我精心挑選她喜歡的顏色，心裡充滿寧靜的喜悅。自己去創造，和花錢給孩子買一件東西的心情是完全不同的。

我挑好布，就拿給樂樂看。她太喜歡了，馬上把頭放在還沒有縫起來的布上，假裝枕頭已經做好、已經在享受了。我看她這麼歡喜，心裡好滿足，就更有動力創造了。樂樂的枕頭是用六塊漂亮的花布拼出來的，每塊小花布上面，我都縫了一個愛心，愛心裡面又縫了一個小愛心，總共縫了十二個愛心。我對樂樂說，這代表媽媽對妳無窮無盡的愛！

做完這個，我又開始給三胞胎各做一個枕頭。我想，生完以後，我會再給每個孩子做一條百納被。百納被是媽媽做給孩子的被子，過去是用家裡的各種碎布完成的，但是在這個時代，我們可以選各種各樣漂亮的布去搭配，做出一件非常美麗的藝術品！想到樂樂和寶寶以後睡在小枕頭上、蓋著小被子的模樣，我的心頓時覺得暖暖的。

我很專注地把心放在做女紅上，身體的疼痛好像消失不見了，而樂樂看著我做女紅，也安靜下來。我想，也許我做女紅的樣子，以後也會成為她溫暖的人生記憶吧！

在古代，媽媽都會教女兒做女紅，女紅是培養一個女人嫻淑、內秀、溫柔最重要的方法。現在的女性都沒有這樣的訓練，活得越來越粗糙和浮躁，幾乎沒有動手能力，每天都在事業上拚，很容易就變得太硬，缺乏女人溫柔和嫻淑的氣質。

心很散亂的時候，女紅是做不好的，針法會混亂，會扎到手。只有安住在當下，把散亂的心收回，才能創造出又美、又有創意、又細緻的作品。做女紅能讓我們回歸女人的特質，也是一種在生活中禪修的方法。帶著愛去做女紅，能讓我們很放鬆，變得安靜和專注，這是我懷孕時的體驗。

最辛苦的日子來了

第三十週的產檢是宇廷第二次陪我去，也是婆婆第一次沒陪我。她說臨時有事，但我想她其實是想給宇廷一個單獨陪我去的機會。

自從發現我的子宮頸偏短，有相當高的早產風險以後，子宮頸長度就成了我和宇廷特別關心的數字。去臺大醫院的車上，宇廷一路都在喃喃自語，像是持咒，又不像是持咒。我仔細一聽，發現他嘴裡念的是：「加油！二點一！加油！二點一！加油！二點一！」我很感動，但也覺得很好笑！

結果還不錯，這次子宮頸還眞的又保持在二．一公分。

李主任也很開心，笑著說：「比我想像的好啊，各方面都不錯！妳是不是在吃什麼特別的藏藥？」

我說沒有啊，完全沒吃什麼特別的藥。要說吃什麼藥，我最好的藥就是禪修和修法。

到了第三十一週，我晚上基本上不能平躺著睡了。這幾個星期的疼痛眞的不是那麼好忍，還好懷孕以來幾乎天天在禪修、修法、閉關，才沒有被疼痛、煩惱、恐懼呑沒。

我在第三十一週某一天的日記裡寫道：「非常辛苦的日子來了。疼痛越來越嚴重，睡覺壓著到處痛，一躺下來，腰就會痛得受不了，整個橫膈膜都非常痛。從左邊痛到右邊，又從右邊痛到左邊，所以只能朝右邊睡幾分鐘，痛得不能忍受了，再翻過身，朝左邊睡幾分鐘，整個晚上都如此轉來轉去。

「痛得實在沒有辦法的時候，我就坐起來，背後墊滿枕頭，半坐著睡，但這樣下肢會受到壓迫，更加腫脹，又要變姿勢，每次換姿勢都是個大工程。眞的可以說是躺著也不是，坐著也不是。

「由於排泄系統受到壓迫，所以很容易腳腫，如果多坐一點時間，整個腳和腿就會腫起來。昨天因爲學習打中國結，坐了兩個多小時，右腳就腫得像饅頭一樣，右腿也非常非常硬。怎麼躺、怎麼坐，都非常非常辛苦。」

此外，我也出現了尿蛋白過高的問題，因爲腎臟負荷太重，消化不了身體裡的蛋白，需要透過尿液排泄。婆婆專門給我買了各種扁豆，讓我喝豆漿，增加植物蛋白，所有的湯裡也都不放鹽，以減輕我身體的負擔。但我仍然感覺到處都在痛，自然也吃得非常少。

我只能靠每天的祈請和修法，略微緩解身體的疼痛。我想，每多撐一點點，寶寶就發育得更好一點。爲了他們，我一直努力堅持！

上師也很關心我的情形。他到處飛來飛去弘法，非常忙，但還是來家裡看我，送我他專門爲我和孩子打的金剛結，還有憤怒蓮師和綠度母的護身符，以及白度母和馬頭明王的甘露藥丸。

他特別交代，我做手術那一天要把身上帶的所有護身符，包括吉祥結都取下來，放在一個袋子裡，不要帶在身上。護身符是保護身體不受傷的，但它不能分辨是外力傷害還是開刀做手術，根據過去的案例，如果戴著有效力的護身符，醫生動手術的時候，有時會發生一些狀況，比如醫生的手會發麻，甚至刀子會偏、切不準等等。

上師知道我全身都痛，看到我的狀態，鼓勵地說了一句：「這個時候妳還笑得這麼開心，很了不起呀！」他也特別念經加持了我肚子裡的寶寶，還對我說：「妳一定沒問題的，這個時候更要多多打坐！」

那一陣子，仁增欽摩法王也和我透過微信視訊通話了幾次，要我多修白度母、持白度母心咒，並且對我說：「雖然我沒有什麼特別的能力，但是我每天都會盡量祈請三寶，迴向給妳！妳要放心、安心、放鬆，好好休養！」法王就是這樣謙虛低調。他還特別說，他會和大家一起來迎接三位殊勝的寶寶。聽到法王這麼溫暖的話語，我心裡覺得暖暖的，也充滿了信心。

三個寶寶擠成一堆

懷孕到了第三十一週，我的肚子已經很巨大了，超音波檢查發現三個寶寶擠成一團，所以彩圖已經看不清楚了，一下是這個的臉，一下是那個的腳，像是黏在一起一樣。

不過，三寶的心跳次數正常，重量也都符合三胞胎的標準。最小的妹妹是一六〇〇克，符合三十一週的重量標準；同卵雙胞胎的哥哥偏大一點，已經達到一八五〇克了，是三十二週，也就是三胞胎足月的重量。

醫生說一五〇〇克是一條重要的安全線，大於這個數字，憑藉臺灣近十年來醫療技術的進步，胎兒基本上都能順利出生；小於這個數字，風險就高很多。我撐了這麼久，終於越來越安全了，但由於孩子生出來還會縮水百分之十到十五，我還得繼續忍痛堅持一段時間。

最後一項檢查是測量我的子宮頸，結果發現長度居然變成二．三公分了，這是非常難得的。子宮頸長度如果只有兩公分，就有相當大的早產風險，這樣子的準媽媽通常就必須臥床休息，才能恢復一些，以降低風險；而我六個星期前產檢被發現子宮頸偏短之後，就一直忙忙碌碌，到現在幾乎沒有停過，結果子宮頸長度還變長。我想這是因為我每天雖然身體很忙，心卻很放鬆，還有佛菩薩的保佑吧。

其實剛開始，李主任對我是充滿擔憂的，因為我個子小，又是高齡產婦，又懷三胞胎，他十分擔心我會遭遇各種意外的風險。但一路走到現在，他看著我的身體和心理狀態，終於對我放心了，覺得我比他想的好太多了。好幾次檢查時他都跟我開玩笑：「妳到底是練了氣功，還是吃了什麼神奇的藏藥？如果吃了，別忘了來我們這裡推廣一下，我們十分需要喔！」

臨走前，他又為我打氣：「我準備了一個強大的醫護團隊，三十二週以後，妳什麼時候生都可以了。請妳放心，我們一定會全力以赴照顧好妳的！」

聽到李主任這麼說，我心裡感到非常感動和溫暖。

第六章

終於盼到和三寶相見的日子

宇宙神聖的母親

母親，您是宇宙萬物之母，
因為您的生生不息，
人類由您而傳宗接代，
生命相續一生又一生。

母親，您是無條件之愛，
因為您源源不斷的愛河，
滋養我們幼小的心靈，
我們才不會被恐懼嚇倒。

母親，您是堅忍的象徵，
因為您永不疲倦的承擔，
讓我們永遠有依照的燈塔，

我們才不會軟弱而退縮。

母親，您是無我之母，
因為您利他捨己的奉獻，
養育我們茁壯成長，
我們才不會成為孤兒。

母親，您是溫柔之母，
因為您打開了溫暖之心，
融化了我們那顆冷漠的心，
我們才不會被無情占有。

母親，您是智慧之母，
因為您開啓了靈性之門，
把我們帶向覺性的海洋，
我們才不會被愚痴淹沒。

母親，您是慈悲之母，
因為有您慈悲的懷抱，
療癒我們那顆受傷的心，
我們才不會被憂傷占有。

母親，您是菩提之源泉，
因為您是絕對的真實，
點醒我們那顆迷失的心，
我們才能脫離輪迴之苦。

1 很高興見到你們，我的三寶！

三寶在公婆的結婚紀念日出生

九月九日是公公婆婆結婚五十六年的紀念日，兩人雖然都已經八十多歲了，但身體都非常健康、精力也非常充沛。公公大多時間在禪修和修法，同時也在推廣一些教育方面的理想；婆婆每天忙進忙出，推廣中國女紅不遺餘力，兩人都活得非常歡喜而充實，我想這也跟他們多年的修行有很大的關係。

而對我來說，這又是需要努力堅持的一天，雖然身體的疼痛幾乎無法承受，我還是盡量放鬆，用穩定、安住的心，帶著覺，做我每天必須做的事。早上掙扎著從床上爬起來洗澡，之後量體重，已經七十四公斤了，比懷孕前重了整整二十五公斤；然後，吃早餐、修法兩個小時，接著做女紅。我正在爲三個即將出生的寶寶做枕頭。

這段時間我很愛做女紅。帶著愛，爲我的孩子做東西，讓我心裡充滿美好的想像。在這樣的狀態下，人很放鬆，身體的不舒服和疼痛自然減少了很多。中午半躺著休息一會兒，起來後繼續修法、做女紅。

那天，剛好又有好幾個學生從大陸過來，我就一邊做女紅，一邊回答她們生活和修行的問題，這樣兩不耽擱，學生也更加放鬆、自在、有收穫。這讓我想起印度國父甘地和人談事的時候，總是在織布，總在一個鬆弛而自在的狀態裡。我也想到我們小時候，阿媽時常一面做女紅，一面爲我們講故事，而阿爸總是坐在旁邊，靜靜地給全家人編織毛襪。

當天晚上吃完飯，我繼續和學生聊天。我不能坐太久，腳會很腫，聊到七點半左右，我就回房洗澡了。這些天，我的腳腫得太厲害，所以都是盡量早一點洗澡，然後請保姆幫我按一按腿和腳，讓我休息得好一點。

洗澡的時候，我突然感覺下面熱熱的，有東西流出來，像是肚子裡有個大水泡破了。我直覺是羊水破了，孩子們要出來了。

我關上水龍頭，披上浴巾，站在浴室裡，把門開了個縫，請學生杭杭進來，告訴她我的狀況，她的反應也是羊水破了。我從手機裡翻出李主任的電話號碼，讓她幫忙給醫生打電話，然後又安排一個學生打電話叫救護車，另外一個通知公公婆婆和宇廷，他們這時都在三弟宇慷家慶祝公婆的結婚紀念日。

交代完這些事情後，我才把身上的水擦乾淨，穿好衣服，走出浴室。我請保姆安珠幫我梳頭，把長髮打成一個緊緊的辮子，這樣上手術檯比較利落。梳頭的過程中，我告訴安珠哪些東西應該帶去醫院。住院的東西早就準備好了，在一個行李箱裡，再拿一些隨身物品就可以出發了。

花了五分鐘左右將事情安頓好，這時，救護人員也到了。

救護人員幫我量了血壓，問了一些情況後，就把我放在擔架上。抬出臥室、經過餐廳時，我看到樂樂坐在餐椅上，邊吃飯邊看電視。

我告訴她：「樂樂，媽媽要去醫院生弟弟妹妹了，妳在家要乖乖的，媽媽會很快回來喔！」不過，當時她的注意力完全在卡通上面，只是回頭看了我一眼說：「好吧！」她還是個孩子，完全不知道媽媽正面臨相當危急的狀況。

婆婆家在七樓，電梯太小，救護人員只能用擔架抬著我慢慢走樓梯下去。剛到一樓，我就看見公公婆婆，還有宇廷、宇慷、聆聆都趕到了。救護人員把我放進救護車，宇廷陪著我坐在擔架旁，學生杭杭和發智也坐上救護車，一起去醫院。

在車上，我提醒宇廷通知我在西藏的侄女婿噶藏，請他幫忙知會各大寺院為我念經，宇廷說他已經連絡了。剛上車幾分鐘，我們就收到噶藏的留言，說仁增欽摩法王和多吉扎寺都開始為我們念經祈福了，不丹的唐仁波切和他的寺院，以及西藏山南的伊喜措嘉佛母寺、青浦山的阿尼寺院也都開始念經了。

宇廷也向千寶上師報告了我的狀況。上師當時在國外，我們到達醫院時，就收到他回覆的訊息，說他也開始爲我和孩子修法、迴向和祝福了，還特別給了我一段他持誦蓮師心咒的錄音。

救護車從公公婆婆家開到臺大醫院，大概只用了十五分鐘。在這短短的十五分鐘裡，我收到了這麼多仁波切、喇嘛、寺院的加持和祝福，感覺暖暖的。這是我第一次坐救護車，但心裡很平靜，沒有任何不安、緊張、恐懼的感覺。

歡喜又平靜的一場夢

到了臺大醫院，李主任已經從家裡趕到了，和他的醫護團隊在等著我。我的宮縮疼痛已經開始了，但李主任說我一個小時前才吃完飯，這樣直接動手術很危險。他解釋說，飯後八小時才能動手術，因爲手術要打麻藥，如果不是空腹，病人容易嘔吐，可能引起高血壓、大出血等各種危險。他建議我們打一針安胎藥，希望能安胎到天亮再做手術，不過這個藥很貴，一針要兩萬元。他問我們要不要打，宇廷說當然要，安全第一呀！

安胎針馬上就打了，但宮縮頻率仍然越來越密集、越來越痛，痛得我牙齒打顫，發出答答答的聲音。宮縮的疼痛是很難用言語表述的，據說是人類最強烈的痛感。那個疼痛來的時候，我全身都在打顫，但意識還是很清楚，我一直強烈祈請上師和三寶加持，試著從強烈的痛感中抽離出來。

也不知道痛了多久，大概一個多小時吧，只記得李主任很頻繁地過來看。他說看這個狀況，安胎針無法保到明天早上再生了，還是馬上做手術吧，可以改用半身麻醉。

醫護團隊立即把我推進一個巨大的白色手術室，放到手術檯上。我仰躺著，眼睛看著上方的白色大空間，感覺身在夢中，周圍站滿醫生和護士。

李主任給我用的是半身麻醉，更增加了身處夢中的感覺。這是我人生第一次開刀，打麻藥之前，護士告訴我麻醉動手術時的感覺。她捏了捏我的肌肉，說開刀的時候就是這種感覺，身體有知覺，但不會疼痛，讓我不要害怕。我說了聲好，麻醉醫師就開始為我上麻藥。

沒多久，我就感覺下半身沒有知覺了，兩條腿軟軟地放在架子上。我第一次體會到，哎呀，偏癱的人可能就是這種感覺，一定很辛苦。

因為是半身麻醉，所以我的意識在整個手術過程裡是完全清楚的。我能很清醒地感覺到肚皮被割開，孩子一個接一個地被拿出來。雖然這是一場非常緊急且有一定危險性的手術，但一切都在一種快速而不慌亂的節奏中進行著。剪刀的聲音、清洗血水的吸管聲、孩子的哭聲、李主任的說話聲……這一切都像一首精彩而有序的交響曲一樣。我保持著「覺」，聆聽這一切，將心依靠在上師三寶上，身心都處在放鬆、自然、沒有恐懼的狀態裡，感覺一切都如夢如幻。

李主任真的很棒，不到三分鐘就接生了三個寶寶。寶寶都被快速戴上豬鼻子呼吸器、插上點滴和胃管，放在保溫箱裡推走了。

我的手術還在進行。我感覺李主任把我肚子裡所有的東西都搬了出去，在外面清洗乾淨，然後重新塞回來擺好。整個開刀和縫合的過程，他一直相當放鬆，和身邊的助理有說有笑，還向他們介紹我是誰、宇廷是誰，還聊到宇廷的家世。

李主任那種放鬆和自信給了我很多安全感，我也更加放鬆了。最可怕的事情並沒有發生，我沒有吐，只在縫合的時候感到一陣陣噁心，但是沒有吐出來。

大概晚上十一點多，我終於被推出手術室，公公、婆婆、宇廷，還有宇慷、聆聆、他們的小女兒祥祥，以及我的好幾個學生都在外面等我。又看到大家，我心裡感到非常溫暖。

由於我是緊急開刀，沒有安排單獨的房間，所以術後就在一個簡易的房間裡待了一個晚上。我有一點點血壓偏高，所以醫生給了我一片藥，要我放在舌下控制血壓。傷口還好，只是微微地痛，口渴但不能喝水才是最難受的。

那天晚上，宇廷和杭杭留下來照顧我。杭杭坐在凳子上打盹，方便隨時起來照顧我；宇廷躺在一張簡易沙發上，很快就睡著了，開始打呼。我想他大概嚇壞了，現在終於安心，所以這麼快就睡得這麼熟。

我雖然身體極度疲勞，但覺得好像完成了一項巨大的任務，整個人處在亢奮的狀態裡，徹夜未眠。我靜靜聽著宇廷呼嚕呼嚕的鼾聲，覺得身在一場歡喜又平靜的夢中。

透過生產，我經驗到生老病死的苦

手術第二天，我仍然處在疼痛、虛弱的狀態裡。

生下三個寶寶，身體重量突然減輕了，感覺輕鬆很多，全身那種壓迫性的疼痛不見了，身心在一種被解脫的喜悅中。但稍微一動，腹部的傷口就會一陣陣刺痛。由於子宮被撐得很大，產後仍有宮縮之痛陣陣來襲，且因爲還沒開始出奶，胸部也很脹痛。

印象特別深的是口乾無法喝水。護士長每次來都提醒我不可以喝水，因爲腸子還沒有通氣，怕喝了水腸子出問題。我的嘴裡一直泛著苦味，好想喝水，體會到人在沙漠裡沒水喝的苦。還好下午李主任來了，要我別太擔心，可以每半個小時喝一小口水。我每次喝到水，都感覺好像喝到甘露，整天就算著時間，盼著那每半小時的一點點水。

我四十六歲生樂樂時是自然產，雖然生的過程很痛，但生完恢復得非常快。這是我第一次經驗到剖腹產的苦，也是第一次開刀臥床。雖然大家對我照顧得非常周到，但我的傷口一直很痛，不能下地走路，整天吊著點滴，透過導尿管排尿，深深體會到人病了完全不能自理時，那種沒有尊嚴的生活。我也想到，人老了常年臥床、無法做主，那種苦實在太可憐了。

這一整天，我躺在病床上想到很多，覺得我們現代人真的很苦。大家平常覺得醫院是治病救人的地方，比較不會想到這也是大多數人最後經歷死亡、離開世界的地方。大多數人到了瀕死的最後關頭，自己無法做主，被送到醫院，遭受插管、電擊、過度治療、過度搶救等非常大的痛苦。

臨終前，人身上的固體、液體、溫度、能量，都會減弱、停止、分離。肉體逐漸不受控制，意識逐漸模糊，有些人會看到鬼魂、看到前來報仇索命的生命，或是看到即將要去的陌生世界，以及各種恐怖的景象。

這時馬上要進入未知的世界了，沒有修行的人會嚇得不得了，完全不知道怎麼應付，金錢財富毫無用處，親戚朋友完全幫不上忙。學佛但沒有修成的人，會懊悔年輕健康的時候沒有好好修行，現在死到臨頭了，對要去哪裡完全沒有把握；運氣比較好的人，有仁波切或喇嘛、僧人、師兄弟在一旁幫忙念經念佛，減少憂慮，心境比較平穩；運氣不好的，被插滿管子，遭受一陣陣電擊，疼痛不堪，或是被送到不允許周圍有人助念的醫院，一個人獨自面對死亡，或者還沒死透，就被送入冰櫃……那是多麼恐懼、孤獨和無助的感覺啊！很多人就這樣掉入自己心造的地獄裡，無法逃脫。

我公公多年來看望過上百位臨終的朋友和病患，還曾經用兩、三個月的時間，幾乎每天去臺大醫院的臨終病房，和醫生護士分享死亡的知識、照顧和安慰即將往生的病患。他告訴我，他從來沒有在醫院裡見過一個死亡前不害怕的人。

在西藏，我們從小就聽過、甚至有幸看過大成就者面對自己的死亡，是非常輕鬆、自在、平靜、安詳的，連自己哪一天走、之後到哪裡去，都非常清楚明白。對他們來說，死亡就是換一個地方而已，像是出國旅行度假一樣，自由自在，這是多麼讓人嚮往和羨慕的境界啊。

在藏傳佛法裡，有幾種生死自在。最高的成就是像科幻片一樣，用原來的身體直接到其他時空的世界去，蓮花生大士和伊喜措嘉佛母都是這樣的大成就者。上等的成就是所謂的虹光身成就，一千多年來，藏區有好幾十萬這樣的大成就者，直到最近幾年都還有虹化者。

有些虹光身成就者會在弟子的強烈祈請下，非常慈悲地留下一點點身體給大家作紀念。我的師公夏扎法王和朗加仁波切都是這樣的虹光身成就者，他們離開世界時，在弟子的強烈祈請下，身體縮到一尺高停下來，這是我最嚮往的自在和成就。

中等的成就被稱爲中陰成就，也能自知死期，非常輕鬆地坐化，但身體不會化成虹光，神識則是在死後的中陰境界才融入覺性之海，然後隨著生生世世的願力，自然化身回來度衆生。下等的成就是很有把握地往生阿彌陀佛的極樂淨土，在那裡繼續修行，成就了以後，再回來利益衆生。

生老病死是人人都不能躲過的，是生命的規律。透過這次經驗，我更深地體驗到人生的這種苦。在這個狀態裡，我強烈地發願，希望自己在老年時不要被病魔纏繞、不要臥床、能夠生死自在；也希望自己能夠幫助更多人，更希望他們走上修行的路，在人生的最後關頭做自己的主人，沒有恐懼地去到好的地方。

2 母愛無邊，無我才生

取名字是個大學問

我的三寶，叫作常樂、永樂和密樂。這三個名字是在醫院裡最後幾分鐘才定下來的，取名字的過程也挺有意思。

最開始，宇廷希望我們的第一個孩子叫陳大樂，但發現是女兒以後，覺得女孩叫大樂太怪異了，於是公公就取名陳明樂。明樂是未來佛「彌勒」的諧音，也代表「明空不二，樂空不二」的大圓滿境界，我們覺得這是個很吉祥、很有意義的名字。而如果依明樂來取名，之後的孩子應該是「明字」輩，陳明A、陳明B、陳明C。

但是，宇廷覺得「明」這個字和別的字配在一起太普通，希望不用「明」，而用「樂」字來排輩分，我覺得也很好，就同意了。於是，他很快列出許多可以選擇的名字，比如大樂、極樂、妙樂、常樂、永樂、佛樂、覺樂、照樂、曌樂……雖然他列出很多好名字，但他是天秤座的，不喜歡做決定，我們家裡做決定的人是我。

我建議先問問公公，也就是孩子的爺爺。爺爺親自手寫了三個名字給我們參考，還一一解釋原因：一個是常樂，知足常樂的意思；一個是其（琪）樂，這是給女兒的名字，其樂無窮、自得其樂的意思；另外一個名字是爲樂，助人爲快樂之本的意思。不過，聽了公公的意見，宇廷還是做不了決定，繼續寫出很多名字，繼續問我的意見。

在這些候選名字裡，我喜歡的和他喜歡的不大一樣。他比較喜歡大樂和佛樂，覺得兩個兒子叫這樣的名字非常酷；我呢，則覺得常樂和永樂比較適合。因爲意見不一致，所以我們一直沒有做決定，想暫時先放一放再說，反正女兒的名字也一直沒有想出來，還有時間，不急，可以慢慢想。直到有一天早上，宇廷突然想出「密樂」這個名字，說可以給女兒用。我們倆都非常喜歡，女兒的名字就這麼定下了。

關於兩個兒子到底叫什麼好，陳家的大群組裡也討論了很久。大家都覺得宇廷取的每個名字都各有各的好，結果一直討論到我住進醫院、上了手術檯，兒子的名字還沒有決定下來。宇廷沒辦法，完全做不了決定，只好去求教我們的千寶上師，讓上師根據孩子的因緣做選擇。結果，我在手術檯上時，上師回覆說，他覺得兒子叫常樂、永樂很好，女兒叫密樂也非常好。

於是，大兒子就叫陳常樂，次子叫陳永樂，女兒叫陳密樂。宇廷還寫出取這些名字的緣起。

陳常樂：《法華經》中記載佛有超越小乘四念處[*1]的「常、樂、我、淨」四種功德，我們希望常樂未來能帶給人類究竟的快樂。

陳永樂：代表同時成就出世間法和世間法。出世間法是指佛境界的永恆之樂，世間法是指太平盛世之樂，取自明朝「永樂」年間，政治安定、經濟繁榮、疆域遼闊、定都北京、封西藏八王、安蒙古越南、遣鄭和下西洋，希望永樂未來能帶給人間永遠的和平與快樂。

陳密樂：金剛乘密法成就之樂，希望密樂未來能如密勒日巴尊者[*2]一般即身成佛，如彌勒菩薩一般利益眾生。女兒取這個名字，也有很甜蜜的寓意在裡面。

＊1 小乘佛法四念處為無常、苦、無我、不淨。

＊2 密勒日巴尊者是西藏著名的大成就者，一生在雪山中閉關禪修，他的弟子建立了著名的馬巴噶舉派，數百年來出了幾千位修行成就者。

如觀音菩薩眼淚般珍貴的初乳

產後第二天，雖然身體非常虛弱難受，可是我心中一直惦記掛著豬鼻子呼吸器、住在保溫箱裡的三個寶寶。生產前的幾天，我的身體可以說是撐到了極限，我覺得三寶一定是心疼媽媽，不想媽媽再苦苦支撐，才自己選擇了提早出生吧。

臺灣的醫院對產後的護理非常細緻。一般剖腹產都是產後第三天才正式出奶，但護士告訴我，現在就可以輕輕擠按乳頭，這樣可以刺激乳汁分泌，哪怕只能擠出幾滴，也可以用針筒收集起來給初生的寶寶。對寶寶而言，母親的初乳是世界上最好的營養品，裡面有著最高品質的營養，能幫助寶寶增強免疫力、好好發育，是眞正的「黃金水」。

我很想讓寶寶盡快喝到母乳，增強他們的抵抗力，便顧不上自己身體的難受，請學生從護理站拿來針筒，忍著疼，把床搖高，坐直起來，開始擠奶。在學生和保姆的幫助下，產後第二天晚上，經過一個多小時的努力，細細的針筒裡終於收集到了〇．五毫升的母乳。看著躺在針管裡那一滴黃油般的「黃金水」，我跟學生開玩笑說：「才這麼一點點呀？好可憐啊，簡直就像觀音菩薩的眼淚！」

當晚十點多，我又忍著痛擠了一次奶，這次針筒裡有了〇．八毫升「觀音的眼淚」。看到了進步，大家都無比喜悅。這天一共擠了一．三毫升，我鬆了一口氣，這樣三個寶寶起碼都可以喝到一小口了！希望這帶著母愛和保護能量的初乳，能夠幫助他們盡快適應這個新世界，健康地發育、成長。

為三寶開智慧

產後第三天，對我來說是個巨大的突破：我第一次排氣、排便，傷口換了藥，拔掉導尿管，也可以吃正餐、下床走路了；而最重要、也是最讓我欣喜的，是我第一次看到了我的三個寶寶。

一大早，千寶上師派人帶來文殊菩薩和妙音佛母的智慧甘露丸。唐仁波切告訴我，第一次見寶寶的時候，應該用這些智慧甘露丸泡成藥水，在他們的額頭上做加持，為他們開啓智慧。所以在見孩子前，我先泡製好藥水，但有點擔心醫院不讓我用藥水接觸孩子，就請團隊成員提前和醫護人員溝通，說媽媽第一次見孩子想做一個儀式，可以嗎？好在臺灣是個信仰自由的地方，醫生和護士都同意了。

醫院非常大，我和孩子住的不是同一個樓層。那時我走路還是非常辛苦，一動傷口就非常疼，手上還插著針管。照顧我的學生讓我坐在輪椅上，搭電梯下樓，經過好幾層防護門，到寶寶的加護病房去看他們。

首先看到的是次子永樂，當時他的身體最弱。他沒有喝到我的初乳，第一餐喝的是奶粉泡的配方奶，腸胃不舒服，所以他那幾天沒喝奶，只靠輸液來維持。第一眼看到永樂時，他住在保溫箱裡，旁邊還放著一部機器，螢幕上隨時顯現身體的各種狀況。小小的他戴著一個好大的豬鼻子，幫助呼吸，小手和小腳上還插著針管，輸營養鹽水。他生下來縮了點水，當時才一千七百多克，非常非常瘦小，就是皮包著骨頭而已。看著這麼嬌小的生命，我眞的感覺我的孩子們太勇敢了，就這麼勇猛地提早來到人間。我被他們的勇氣感動，在心裡默默流下了眼淚。

雖然永樂還不能睜開眼睛看媽媽，但我感覺他知道媽媽來了。我在他旁邊時，他的身體會微微地轉動，手也會動一動，臉上的表情也不一樣了。我輕輕打開保溫箱的門，用棉籤沾了藥水，輕輕點在他的額頭上，然後爲他持誦文殊菩薩和妙音佛母的心咒，祈請加持他開啓心靈之門，恢復本具的智慧，願他這一生能夠利益很多衆生。做完這個儀式後，我用手輕輕撫摸他的身體，又持了五分鐘的白度母心咒，祝福他健康發育。我用心告訴他：「你要安心快快長大喔！媽媽明天會再來看你的。媽媽的心永遠不會離開你，會永遠陪伴著你！」

然後，我去看小女兒密樂。密樂當時更小，她生下來才一五〇〇克，第二天縮水之後變成一三〇〇克了。不過，她雖然最小，狀況卻是最好的，呼吸很平穩，很會喝奶，食量也最大，而且先喝到了我的初乳。和永樂一樣，她也住在保溫箱裡，戴著豬鼻子，小手小腳插滿管子。她是那麼小，頭還沒有我的拳頭大。

我叫著她的名字，說：「密樂，媽媽來看妳了！」她竟然笑著跟我打招呼，完全知道媽媽來了！她敏銳的反應，讓我好震撼。我輕輕打開保溫箱的門，用棉籤沾了藥水點在她的額頭上，祈請文殊菩薩和妙音佛母開啓她的心靈之門，恢復她本具的智慧，願她這一生能夠利益很多衆生。儀式做完後，我把手輕輕地放在她身上，持白度母心咒迴向給她，希望她健康長大，並且用心跟她說：「媽媽明天再來看妳，媽媽的心會一直在妳身邊陪著妳。」

最後去看長子常樂。常樂住在另外一間房裡，他生下來有一千八百多克，是三寶中個頭最大的，所以不需要住保溫箱。不過，他仍然需要戴著豬鼻子，幫助呼吸更平穩。常樂的眼睛是張著的，一看到我，就一直盯著我看。雖然他也是瘦瘦小小的，只有皮包骨，但看到他的眼神，我覺得他完全不是個小孩。他用銳利而古老的眼神直視著我，完全像是一位修行的長老在看著我一樣。

常樂似乎在告訴我：「我們終於見面了！」他的眼神把我帶進歷史裡，讓我深深體會到，轉世眞實不虛，生命眞的不可思議！我流下了眼淚，幾乎無法用言語形容那神聖的一刻。我克制住激動的心，用棉籤沾了藥水，也在他的額頭上輕輕點了一下，祈請文殊菩薩和妙音佛母開啓他的心靈之門，恢復他本具的智慧，再續前願，這一生能夠利益無盡眾生。然後，我同樣把手放在常樂身上，持了白度母心咒迴向給他，希望他健康平安地長大。

走之前，我用心告訴常樂：「雖然媽媽非常捨不得離開你，但探訪的時間到了，現在只好離開。媽媽明天會再來看你的，弟弟永樂和妹妹密樂就住在你隔壁，媽媽的心會留下來陪伴你們！」

我的心被三寶震撼了，他們一定是不想讓媽媽受太多罪，才決定提早一點來到人間，承擔早產的痛苦，他們三個人眞的是太勇敢了。也因此，我內心升起了一股強大的力量，我要趕快健康起來，我要照顧他們，我要產很多的奶，我要餵養他們。也許是因爲有這樣的願力吧，我恢復得非常迅速，奶量更是上漲得很快，品質也非常好。

為自己唱歌的乳牛

我終於能夠好好休息了。

產後第三天開始，我每天的重心就是哺育寶寶。爲了讓他們快快地健康成長，我想，我現在的任務就是做一頭優秀的乳牛，每天吃飽、睡好，多多產奶。

擠奶的時候，爲了幫助自己平靜，也爲了傳遞對孩子的愛和祝福，我都會輕輕地唱白度母的心咒。我跟學生說，我小時候在家鄉跟著阿媽一起給母牛擠奶時，爲了讓母牛多產奶，阿媽就會帶著我們給乳牛唱歌。現在我這頭乳牛好可憐啊，只能自己給自己唱歌。學生們樂得直笑。

那一天，我總共產奶三十二毫升，是前一天的十六倍！

第四天，我的產奶量直線上升到一三〇毫升，三個寶寶也都開始規律進食了。小妹妹密樂每三小時喝八毫升，大兒子常樂每六小時五毫升，二兒子永樂每八小時五毫升。出生時體重最輕的小妹妹竟然是最能吃的，食量驚人，我跟宇廷開玩笑說，女兒像爸爸，愛吃。

三寶的體重和食量每一天都在增長，我的母奶產量也隨著孩子的需求增加。人類的身體眞是一個神奇的設計，母親的身體跟孩子息息相連，就像有著無形的連繫一樣，產奶量會自然隨著孩子的需要而變化。

不過，雖然我的產奶量已經不少了，仍然只夠餵飽兩個。爲了多產奶，我拚命地喝各種湯，豬蹄花生湯、雞湯和魚湯等，不停地喝，然後每天擠五次奶，不分白天、黑夜。看到三個寶貝一天天茁壯、成長，我自己擠奶時的疼痛、半夜起來擠奶的疲勞，都完全不重要了。孩子的健康是媽媽的全部，我想這就是母親的天性吧。爲了孩子，母親會釋放無盡而強大的愛。

在保溫箱旁唱歌的袋鼠媽媽

看到我恢復得這麼快，李主任也很恭喜我，忍不住又半開玩笑地問：「妳產奶品質這麼好、量這麼大，一定是吃了什麼藏藥。現代很多媽媽眞的很需要這個，市場倒是很大喔。」

產後第五天，李主任就說我可以出院了，但三個孩子的重量還不夠，必須達到兩千克以上才能出院，還需要一段時間。雖然我還在坐月子，需要休息，但我怎麼忍心把三寶留在醫院，自己回家呢？於是我問李主任，能不能讓我自費在醫院多休養幾天，也陪伴三個孩子？李主任是個非常乾脆而豁達的人，一口答應，說沒有問題，他能體諒母親的心。

醫院規定每天有三個時段可以探視孩子，我住在這裡，就能三次都去看孩子。雖然他們還住在保溫箱裡，插著很多管子，還不能讓我抱，但每一天能去保溫箱旁邊給他們講講話，爲他們持咒、唱佛歌，讓孩子感受到媽媽愛的能量，知道媽媽沒有和他們分離，給他們安全感，這樣的陪伴是非常重要的。

住在醫院還有一個好處，就是隨時能給孩子送去新鮮的母乳，這對他們的成長非常重要。母乳能給孩子最好的抵抗力，三個孩子只要多喝母乳，大便就非常順暢；喝了配方奶，大便就不很通暢。一開始我的產奶量還不夠多，只夠餵飽兩個孩子，只好根據他們的身體狀態，隨時調整餵母乳的分量。大兒子常樂體重最重，沒有住保溫箱，所以比較多喝配方奶；小女兒體重最輕，最需要呵護，基本上是全母乳；二兒子永樂第一餐喝了配方奶，腸胃比較弱，所以後來也盡量給他喝母乳。但是，當常樂的便便比較乾的時候，我們就會適時調整，給他多加幾餐母乳。他們三個就是一個共患難的團隊。

我是剖腹產，又生了三個孩子，其實自己的體力消耗非常大，是非常需要好好休息，但為了三個孩子的成長，自己的休息自然就被我放在後面了。看著孩子每天成長，就是我最好的休息。

臺灣的醫院非常有人性，過了幾天，護士就告訴我，可以在探訪的時候做袋鼠媽媽了；也就是說，在探訪的時間裡，我可以像袋鼠一樣，把孩子脫光、抱在懷裡，每一次半小時到一小時，讓孩子和我的肉體接觸，感受媽媽的體溫、心跳、呼吸，感受媽媽的愛和能量。我每天輪流給三寶做袋鼠媽媽，有時宇廷也扮演袋鼠媽媽，用同樣的方法，把孩子抱在懷中，唱蓮師心咒給他們聽。

他們才一點點大，躺進我的懷裡，會閉上眼睛，馬上安靜下來，聽我爲他們唱的蓮師和白度母心咒。有時，他們會在我懷裡醒來，睜著亮晶晶的眼睛看看我，然後又非常安心地睡了。這個時候，我覺得自己是最強大的母親，有無邊無際的愛，發願能護佑和照顧所有的小生命。

有一天上午，我剛剛給小女兒密樂做完袋鼠媽媽，她的主治醫師就過來對我說：「這段時間，妳持續爲她做袋鼠媽媽，對她神經發展的幫助非常明顯。」我想，這是因爲孩子體會到母親的愛和能量，完全沒有恐懼，自然就會長得很好。

每次做袋鼠媽媽，我都坐在角落裡，拉上簾子，陪著我的孩子。在那一個小時裡，我的心完全關注著孩子，沒有任何東想西想的念頭，完全處在當下地和寶寶在一起，感受著寶寶的呼吸和每一個動作，感受到我們完全融爲一體。這時，孩子也會覺得像在媽媽的肚子裡一樣，很安全、很溫暖。這樣的連結對早產的三寶極爲重要，能幫助他們療癒離開媽媽、住在保溫箱裡的恐懼。

由於那段時間我是唯一的三胞胎媽媽，所以新生兒加護病房的醫生和護士都認得我，每次我去，大家都說三胞胎的西藏媽媽又來了，然後護士就會主動問我：「妳今天要爲那一個寶寶做袋鼠媽媽呀？」

那時我傷口還是很疼，走起路來腳底板也非常痛，每次做完袋鼠媽媽，回來搶時間休息一下下，然後又得起來擠奶，其實相當辛苦，但是看到孩子的成長，我所有的辛苦也就不見了。孩子的成長自然帶動了母親強大的愛心，我想，即使是一個受傷的媽媽，爲了照顧孩子，也會變得很強大。

這就是母愛的偉大。母愛無邊，無我才生！

三寶的藏文名字和我的夢境一致

我覺得三寶也應該有藏文名字，就請唐仁波切爲他們取名。舅舅爲甥兒、甥女取名字是非常好的緣起，仁波切非常高興地答應了，還專門選在藥師佛日給三寶取名，寓意著三寶一生都會健康長壽。

仁波切取的藏文名字翻譯如下：

常樂：久扎・桑傑嘉措（無懼・佛海）

永樂：格薩爾・諾布旺秀（格薩爾王・大寶自在）

密樂：央金・白嘎措姆（妙音・白蓮海）

仁波切還發給我一首他和空行母為我合唱的妙音天女禮贊文，整個音樂充滿喜慶的能量。當我看到這三個名字，又聽到這首佛歌，全身的汗毛豎起，流下了感動的眼淚……

懷著三寶時，我有過很多次非常特殊的夢境，預示了孩子們的來歷。

植入受精卵的第三天，我就夢到過我的阿媽來到我家。在夢裡，我正在打掃房間，還跟她說，我還在準備中，您怎麼就已經來了？

懷孕第二十九週的一天夜裡，我又清楚夢到阿媽在監獄裡，我去看望她，我們倆席地而坐。監獄是一個像圓形帳篷一樣的小空間，她告訴我裡面太擁擠了，我就請她把坐監獄的時間用在修行上，許多仁波切文革坐監獄時都沒有放棄修行，結果反而都修成就了。夢醒之後，我感覺阿媽可能是在我肚子裡太擁擠了，因為她被壓到了最下面。她本來在我肚子的右上方，自己有一個單獨的胎盤，剛開始長得最大，可以發育的空間也是最大的，但是到了懷孕中期卻自己轉到了肚子下面，把位子讓給兩個哥哥。

我兩次都請唐仁波切卜卦確認我的夢境，仁波切說，這些夢預示我的母親投胎來做我的女兒了。我一開始有點意外，因為好幾位仁波切和我自己都知道，阿媽已經到淨土去了，爲什麼又回來了呢？唐仁波切說：「妳母親去淨土，就是爲了利益衆生而在淨土繼續修行，現在利益衆生的因緣到了，她自然就乘願再來了。」

此外，受精卵成功著床、但還沒檢查出多胞胎的時候，我也夢到有聲音對我說，我將會有兩個兒子，一個會在佛法上有非常大的貢獻，利益很多衆生，之後出現了一個發光的法座；另一個則會是世間的英雄，圓滿佛行事業。那次以後，我又有過好幾次很神奇的夢境。

沒想到，唐仁波切爲三寶取的名字，竟然和我曾經夢到的情形是一致的，簡直不可思議！後來我很好奇地問仁波切是怎麼爲三寶取名的，他非常仔細地爲我講述了他取名字的全部過程。簡單來說，傳統取名是根據孩子的生辰八字，但是他早上禪修的時候得到一個訊息，說這次應該用認證轉世靈童的修法和抽籤方式，爲三寶命名。

於是，早上他先開始修法，修完法之後，就爲每個孩子取了六個名字，並把每個名字都寫在一張紙條上，然後把紙條裝在一個容器裡，封了起來。接著他開始修護法，祈請護法選出最終的名字。他說三寶的名字最後是用護法抽籤的方式選出來的，這些名字都有非常深刻的寓意。我這才明白爲什麼仁波切取的名字和我的夢境一致，原來我的夢也是護法托給我的。

常樂將來在佛法上的貢獻很大，永樂是圓滿佛行事業的英雄，密樂則是淨土乘願再來的親人，他們會和樂樂一起，利益未來的衆生。不過，雖然三寶的來歷都很特殊，但是投胎再來，還是會經歷隔陰之迷，現在仍是需要被照顧的小baby。

其實，即使是菩薩再來，也都需要從頭經歷一遍人的成長，還是會經歷很多考驗，甚至是一些苦難。想養育出眞正能夠利益衆生的孩子，父母的責任非常大，需要給予孩子充分的愛、很好的教育、特殊的訓練、專門的培養。一個好來歷的孩子，如果沒有好的教育和啓發，會和普通的孩子一樣。在藏傳佛法中，一些被認證的活佛由於沒有機會受到好的教育和訓練，也會變得和一般人一樣，可能被貪嗔痴捲走。

今生，我有了四個孩子，以前那種遁入山林、全職修法的想法暫時沒有了。我想，把這四個孩子培育成眞正能利益衆生的人，就是我今生的重要使命吧。

3 三寶回家囉！

挑個好日子，接孩子回家

兩個男寶寶長得快，十幾天後，體重都達到了兩千克。醫生建議我們先把兩個男寶寶接回家，我也一起出院，但密樂的體重還不夠，需要留院觀察。我好捨不得把她一個人留在醫院，但醫生說，兩個男寶寶已達出院標準，讓他們繼續留在醫院其實對他們也不公平，醫院畢竟是醫院，總會有些傳染到疾病的機率。而且我已經住了很久，醫院的病房也很多人在等。聽到醫生護士這麼說，我也覺得出院是更好的選擇。

李主任說臺灣很講究，有些人連出醫院的時間都要選。他建議我選一個好日子，問我：「你們藏人有沒有這個講究啊？」

我說：「我們當然也有啊！我之前還以爲醫院不讓人選日子出院呢。」

李主任笑咪咪跟我說：「可以的、可以的，妳自己選個日子吧。」

於是，我就看了一個好日子，也再次請唐仁波切幫助確認日子和時段。仁波切非常重視孩子出院的時間，認眞地卜了卦，算出接孩子出院最合適的時段，還寫了一個接三寶回家的儀軌。他說這可不是他自己編出來的，也不是一個民族習俗而已，而是他根據經典的記載，結合三寶的生辰八字，很慎重地整理出來的。這個儀軌有些複雜，就像接活佛回寺一樣隆重：

一、出院回家途中，要盡量避開隧道和橋洞。
二、當天抱小孩回家的人最好屬虎和屬馬。
三、到病房接寶寶時，媽媽要手持一張白度母或大隨求佛母的照片，把寶寶從床上抱起來，再交給屬虎和屬馬的人。
四、從醫院出門前，媽媽要用黑色的筆，在寶寶的鼻頭上點一個印跡。
五、在寶寶的帽子或衣服領子縫中，放上一小撮乾淨的棉花和一片孔雀羽毛。
六、帶著寶寶從醫院往外走時，媽媽手中要捧著一部陀羅尼經文，走在最前面領路。
七、其他陪同的人和親戚，手中要拿著招財旗和㭬杷等吉祥物走在周圍。
八、爸爸要手持一個吉祥物（吉祥八寶圖或小法輪等）緊跟著寶寶，走在最後面。
九、回到家裡，爸爸媽媽首先要到佛堂，在大隨求佛母壇城前以感恩之心頂禮，然後上香、獻哈達、點酥油燈。

十、寶寶到了自己的房間以後，常樂和永樂的床頭要朝東，放到床上時身體要左側臥，臉要朝南；密樂的床頭則要朝東南，睡姿和兩個哥哥一樣，但臉要朝正西方。

仁波切還一一解釋：

不走隧道和陰暗處，是爲了保護孩子避開陰暗處不好的能量。

屬虎和屬馬的人跟孩子的屬相很合，對孩子有保護作用。

招財旗和糌粑酥油這些物品代表功德吉祥圓滿，是對孩子最純正、最神聖的祝福。

鼻子上抹黑有辟邪的作用。在我們藏區，很小的孩子出門或見陌生人的時候，都常用這個方法。

媽媽手拿白度母和大隨求佛母的照片，是因爲三個寶寶和白度母及大隨求佛母有非常深的緣分。

媽媽走在前面，是爲三個寶寶領路，也寓意著孩子和媽媽永遠不分離。爸爸拿著八寶吉祥法輪走在孩子後面，寓意爸爸永遠依照吉祥、和諧的功德，護持和保護三個寶寶，在後面支持和推動孩子健康長大。

到家裡的佛堂壇城前面頂禮、上香、點燈、獻哈達，是因爲三個寶寶跟佛法僧三寶有很深的因緣。他們是佛弟子，是乘願再來利益衆生的，所以父母要懷著感恩的心，感恩佛法僧三寶賜給我們三位佛子。

我就按照仁波切的儀軌，用電話指揮宇廷和保姆準備。我是藏人，準備儀軌要用到的物品倒是不難，這些東西家裡差不多都有，唯一沒有把握的，就是找屬虎和屬馬的人抱孩子回家。我問來照顧我的月嫂是不是屬馬或屬虎，結果她說不是。我又問保姆屬什麼，不可思議的是，兩個保姆剛好一個屬虎、一個屬馬。當時身邊照顧我的學生都笑著說：「三寶就是不一樣，連照顧團隊都是自帶的。」

有了這些準備和儀軌，接孩子回家就變成一件非常莊嚴、神聖、有儀式感的事了。我和常樂、永樂出院的那天早上，李主任特意來送我們，他答應我在孩子出院的時候一起拍張照片。爲了拍照，他那天還特意打了領帶，穿得特別帥；我自己也換掉月子裝，穿上禪修服，還稍微化了點妝。

我們爲三個寶寶準備了全新的衣服、全新的帽子、全新的包巾。雖然密樂不出院，但是我們也給她穿上新衣服，全家一起與李主任拍了照；拍完照之後，又把密樂送了回去。我心裡非常捨不得，一直跟她說：「密樂加油，妳是媽媽的好寶寶！不要擔心，快快長到兩千克，過幾天爸爸媽媽就來接妳回家了。」密樂像聽懂了一樣，兩個眼睛亮晶晶地盯著我看。

婆婆也特別來醫院接孫子回家。出院時，我手裡拿著白度母、大隨求佛母的照片和佛經走在寶寶前面；婆婆拿著招財旗、學生吳進手捧著糌粑酥油碗，走在小孩的兩邊；屬虎和屬馬的保姆用提籃提著兩個寶寶，走在中間；宇廷則手拿吉祥法輪和一袋子加持物，走在寶寶後面。

很多醫生和護士都來送我們，看到我這個西藏媽媽帶著一個這麼多人的團隊，做著複雜的儀式，他們倒也沒有覺得很奇怪。李主任更是一路送我們到一樓的大廳，直到車子來接我們，把我們送上車，他才回去。我想這也是臺灣醫生做人的一種感覺吧，這麼大牌的醫生，竟然對自己的病人這麼關心和溫暖，我們心裡都非常感動。

回到家，保姆安珠帶著樂樂、手中捧著哈達，在門口等著我們，向所有人獻上哈達。大門內放了一張藏桌，按照藏傳佛法的儀軌，上面擺了隆重的供品和佛燈。這個禮節我並沒有提前請保姆準備，是她自己做的。安珠是從尼泊爾佛國嫁來臺灣，所以懂得這些傳統的佛門禮節。

進到家裡，我和宇廷首先帶著兩個寶寶，在佛堂的壇城前面上香、點燈、頂禮、獻哈達。我們懷著深深的感恩之心，感恩佛菩薩賜給我們三位健康的佛子，也祈請佛菩薩加持三個寶寶健康快樂地長大，將來能夠利益衆生。

結束之後，我按照唐仁波切叮囑的方位，把兩個寶寶放到自己的小床上。小床周圍擺滿諸佛菩薩的法照，也是一個小壇城。家裡播放著我唱的佛歌，充滿溫暖而安靜的能量，兩個寶寶在這樣的能量磁場裡，睡得非常安心和踏實。

我也有兩個多月沒有回家了。回到家裡，感覺像是到了天堂，心一下子寧靜、放鬆了下來。

全家終於團圓了

三個孩子剛生下來的時候，我最擔心密樂，因爲她實在太小了。但李主任說：「不要擔心，其實女兒是最好養的。到時候，密樂才是你們家的管家婆喔！」

其實密樂除了個頭小一點，其他發育都很正常。那些天，她每天都長五到十克，哥哥們出院的九月二十七日，她也達到了一八八二克。雖然醫院的標準是體重達到兩千克才接回家，但護士也跟我們說，有的孩子到了一八〇〇克就接回家了，如果我們要接密樂回家也是可以的。不過宇廷比較謹愼，希望密樂再長一長，達到兩千克再回家比較保險。按密樂的體重增長速度，應該再兩、三天就可以了。我也請唐仁波切重新給密樂卜卦，算一下接她回家最好的時間，是九月三十日。

我們出院時，我把擠的奶全部留給密樂。接下來兩天，宇廷親自把母乳送到醫院給密樂，再誦經持咒陪她一個小時。他回來跟我說，密樂的心跳有點快，時常達到每分鐘兩百次，監視器常常叫，不知道是什麼原因。

他也向醫生反映這個情況。醫院非常重視，做了一系列很仔細的檢查，重新拍了X光、抽血等等。拍X光的時候，醫生倒是發現密樂右肩的鎖骨有個細細的裂縫。其實這個小裂縫在剛生下來的X光片上就有，但因爲太細小，醫生第一次沒有發現；這次拍片時，裂縫已經癒合了，周圍有些細胞包圍著它，有微微的凸出，這才看得比較清楚。醫生說這種情況在接生的過程中時常會發生，因爲情況很緊急，需要拉出孩子，而孩子太小，就可能被拉傷，但最多一週左右就會癒合。給密樂用了一天的止痛藥來測試，但也不是因爲鎖骨的問題導致心跳過快。之後又檢驗了各種項目，身體也沒有任何發炎或其他異常現象，怎麼找也找不出心跳過快的原因。

還好密樂的體重繼續正常增長，三十日早上，我們接到醫院的電話，說密樂可以回家了。我像接兩位哥哥一樣，按照儀軌準備了所有接她出院的物品，和公公婆婆及宇廷一起，帶了屬虎和屬馬的保姆去醫院，準備接密樂回家。但是當我們趕到醫院，突然有一位醫生說最後一個血液檢查項目的結果還沒有出來，需要再三天才能確認，要我們十月三日早上等電話通知，再去接她。

接不到密樂回家，大家心裡都有點失望，但也能理解，這是醫院為了確保孩子的健康而做的必要措施。公公婆婆先回家，我則等到探訪時間又去為她做袋鼠媽媽，待了很久很久。我抱著密樂，安慰她說沒事，但需要再等幾天，爸爸媽媽就來接她了。密樂在我懷裡非常安靜，她認得我，非常喜歡我做袋鼠媽媽陪她，兩個小眼睛一直盯著我看，看了很久才慢慢閉上雙眼，安心地睡著了。我感覺她完全不會有任何問題。

我又請唐仁波切卜卦確認十月三日出院好不好，他說那天中午接密樂出院非常吉祥。

十月三日一大早，宇廷接到電話，醫院通知說密樂所有的檢查都正常，沒有任何問題，體重也達到了二〇四六克，可以接她回家了。我們又懷著興奮的心情到了醫院，我給她穿上新衣服，告訴她要接她回家囉。熟悉的幾位護士都跑來跟我們告別和照相，大家都很熟了，她們笑著一路幫忙把密樂安頓到車上，非常親切，像一家人一樣。

到了家門口，樂樂手裡拿著哈達在等妹妹，也向我們所有人獻了哈達。安珠又在門內擺了獻供的藏桌和供品，我們一進門，就帶密樂去佛堂感謝諸佛菩薩，上香、點燈和頂禮。三寶有個單獨的房間，是我不在家的日子裡，宇廷一點一點親手布置的，非常乾淨、整潔、溫馨。

密樂睡在自己的小床上，非常安靜。看著她的小臉，我明白了，原來之前她心跳加快，是因爲兩個哥哥和爸爸媽媽都離開了醫院，只留下她一個人，所以她感到焦慮不安。大人經常覺得嬰兒不會講話，什麼都不知道，其實不是這樣的。他們雖然不會講話，但覺性處在開放的狀態，比大人更敏銳，只是還不會表達而已。

回到家裡，密樂和姊姊見了面，和兩個哥哥團聚，和爸爸媽媽在一起，全家團圓了，所以很快就和哥哥一起安心地睡著了。我看著熟睡的三寶，看著我的家，看著身邊的宇廷、樂樂，回想起備孕、懷孕、生下孩子的整個過程，彷彿經歷了一場特別奇特的夢。

我懷著無限感恩的心回到佛堂，再次頂禮佛法僧三寶，再次感謝所有的人。祈願把這份感恩和喜悅的心迴向給所有衆生，願所有衆生離苦得樂、吉祥圓滿。

第七章

我成了「超人媽媽」

孩子的聲音

孩子還不會講話的時候，
發出聲音是和大人溝通，
孩子的聲音是一種語言。

第一個階段的聲音，
就是孩子的哭聲，
哭是他們的語言。

用哭來表達他們的需求，
用哭來表達他們肚子餓了，
而且是非常強烈的哭。

哭是一個單純的需求，

用哭表達他們不舒服，
用哭表達他們便便不通。

哭聲像一一九很緊急，
大人就會馬上處理，
這是他們生存的本能。

第二個階段的聲音，
是咿咿呀呀嘎嘎咕咕，
這種語言是一種表達。

寶寶的需求越來越多了，
寶寶越來越常求抱抱，
醒著的時候就不願意躺在那裡。

希望大人多抱抱他們，

他們到處看看，
就已經非常滿足了。

這個時候他們也會有哭聲，
肚子餓了要哭，
睡不著也要哭。

孩子的聲音是一種情緒，
靜下來聽的時候，
妳聽得出來。

雖然他咿咿呀呀在叫，
聽得出來他是在開心地聊天，
還是在求救？

是肚子餓了？尿布濕了？

還是身體哪裡不舒服？
還是睡不著覺？

孩子哭聲比較大且異常的時候，
若妳心在當下、安靜，
就能比較精準地判斷聲音後面的原因。

孩子的聲音是語言，
孩子的聲音是音樂，
孩子的聲音是能量。

1 孩子的健康成長能讓母親撐過苦與累

沒有覺睡的一百天

足月的新生兒一般都有三、四公斤，三寶回家的時候只有兩公斤，一點點大，看起來仍然是皮包著骨頭，非常纖瘦。我們一家人誰也沒有照顧過這麼小的嬰兒，都有點緊張。

孩子三個小時要喝一次奶，常樂和永樂每次喝三、四十分鐘，密樂比較小，每次要喝一小時，這樣算起來，二十四小時幾乎隨時都有一個孩子在喝奶，我也就晝夜不停地輪流餵奶。剛開始孩子比較小，沒有很大的力氣吸奶，我只能每天用吸奶器擠五、六次奶給他們，平均每四小時就要擠一次，三個多月下來，沒有一天能睡完整的覺。由於我的體能還沒完全恢復過來，奶量又不是很大，也不夠通暢，所以非常辛苦。

爲了讓三寶喝到母乳，增加抵抗力，我的任務就變成了努力增加奶量。於是，我拚命喝各種發奶湯、發奶茶，每天半夜十二點和早上四點，保姆都會把我從夢中叫醒，開始擠奶。被叫醒的那一刻總是非常辛苦，覺得自己已經累癱了，必須很努力掙扎、鼓起精神，才能從累垮的狀態醒來。也許是身體太累或血糖太低吧，好幾次擠奶的時候，我都差點昏過去。

不過，即使是這樣艱辛的過程，看到他們一天天胖起來，從皺巴巴的初生嬰兒，長成白白胖胖的小娃娃，心裡還是覺得非常甜蜜，再苦再累都是值得的。

超越乳腺堵塞的苦

爲了跟上三寶與日俱增的母乳需求量，我每天拚命地喝湯。有一天，我喝了一整天很油的豬蹄湯，結果到了深夜，兩個乳房全部堵住了。剛開始就像針刺一樣痛，最後兩個乳房裡全部是一塊塊的疙瘩，不摸都非常痛，一點也不亞於宮縮的疼痛。

我先熱敷乳房，然後用手使勁地揉開疙瘩。揉疙瘩的過程簡直像刀割一般疼痛，痛得我忍不住呻吟出來；自己揉累了，就請保姆和月嫂幫我，一直弄到早上，我都快痛得受不了了，仍然揉不開，簡直不知道怎麼辦才好。月嫂說如果實在揉不開，只好找外面的通乳師了；如果通乳師也沒辦法，只好打退奶針，但打了針就會停止產奶，當然也就不能再餵母乳了。

那時三寶才一個多月大，正是最需要母乳的時候，我怎麼能打退奶針，放棄餵奶呢？無論如何我都得堅持打開堵塞的乳腺。正好，那天中午，我們向她請教過照顧早產兒知識的賴宜芳護理長來家裡看三寶，我就順便請教她堵奶該怎麼解決。她非常熱情又有經驗，幫我熱敷乳房之後，就開始一點一點地用手揉開乳房的疙瘩。她敢下手，我也只好忍住眼淚承受。就這樣經過幾個小時的努力，才慢慢打開一條一條乳腺的通道，再加上孩子的吸奶力，我的堵奶狀況才慢慢解決，幾天之後又能順利產奶了。

據我所知，幾乎每個媽媽都曾遇到堵奶的苦，只是程度不同而已。我在這裡也分享我生了兩胎累積的一點點經驗，希望幫助大家提早防範堵奶的苦。

生樂樂的時候，因爲是第一胎，沒有經驗，所以在懷孕的過程中，我沒有提前按摩乳房，沒有先把乳房裡的小疙瘩揉開，讓乳腺暢通。生下樂樂的第三天晚上，突然開始第一次脹奶，啊呀，超級痛，兩個乳房劇烈脹痛了整個晚上，按摩和搓揉的時候也像刀割一般痛。照顧我的朋友說，如果實在沒辦法，天亮之後就去找醫生打退奶針吧，再這樣痛下去會發高燒或引起其他疾病，但我知道打了退奶針，樂樂就吃不到母乳了。我感覺這樣對不起孩子，於是強忍著眼淚，用毛巾熱敷，然後咬著牙自己慢慢推、慢慢揉。經過一個晚上的努力，天亮時，堵塞的乳腺終於通了。後來樂樂喝母乳將近一年，非常健康，喝成一個白胖胖的娃娃。

這次懷三寶，我有一點經驗了，知道乳房要提前按摩，揉開乳腺的疙瘩，不要造成堵塞；只要乳腺暢通，通奶就會很順利，不會受罪。

懷三寶的第六個月，乳房就明顯變大了，而且裡面開始出現疙瘩，我就在保姆的幫助下，每天都把新產生的疙瘩揉開，經過兩個多月的按摩，乳腺就暢通了。到了第八個月就不按摩了，因爲懷孕晚期若按摩和刺激乳腺，可能會引起早產。不過，因爲有提前幾個月的按摩照顧，我在生完三寶之後，第一次通奶就沒有那麼辛苦，輕微按摩一小段時間，奶就比較暢通了，基本上沒受什麼大罪。

透過這兩次經驗，我有了以下心得：

一、最好在懷孕中、晚期就提前按摩乳房，揉開疙瘩，保持乳腺暢通。

二、懷孕的最後一個月不要按摩乳房，以免引起早產。

三、還沒有通奶，也就是乳腺還沒有暢通之前，不能喝豬蹄湯，喝了會更加堵塞。

四、乳腺通暢後，可以喝豬蹄湯發奶，但不能三餐都喝，而且湯不能太油膩。

五、如果不小心讓乳腺堵塞了，也不必過於恐懼，只要有恆心堅持，一定能打開的，貴在堅持。

六、為了養好自己的孩子，不要輕易放棄自然母乳，不要輕易打退奶針。

七、乳腺堵塞後，即使打了退奶針，對乳腺的暢通和健康也是很不好的，或許會留下未來得乳腺疾病的隱患。

八、自然哺乳會讓子宮恢復得更健康，也有助於恢復產後的身材，還能幫助孩子建立安全感，是最好的親子關係連結點。

餵母乳這件事，母親的堅持是關鍵

三寶六個多月大的時候，姊姊樂樂從幼稚園帶回腸病毒，但沒有及早發現，沒有來得及隔離，結果三寶也陸續被傳染了腸病毒，前後兩個多星期。為了不交叉感染，這十五、六天中，我沒有親餵三寶，而是擠出來用奶瓶餵。

三寶病好了以後，出現另外一個問題：他們三個都忘了怎麼吸媽媽的奶。我把奶頭放到他們嘴裡時，他們竟然忘了怎麼吸，把奶頭誤當成奶嘴，開始啃咬。那時他們已經長了些牙齒，咬得我痛得哇哇叫，每次試著哺乳，都感覺像是要把奶頭放進小老虎的嘴裡一樣可怕。

如果不讓他們吸奶，只是用機器或手工擠，奶量就會越來越少，而且也會堵奶，只有哺乳才會越吸越暢通。人類的設計，乳房就是給孩子吸奶用的。經過好幾天的努力，三寶還是想不起來怎麼吸媽媽的奶，即使偶爾想起來，也是吃幾口就不吃了。我上網查了很多資料，發現很多媽媽都面臨孩子突然不喝母乳的苦，沒找到一個絕對的好答案。但我想，三寶還這麼小，還是需要媽媽的母乳，我不能就這樣輕易放棄親餵，於是暗自決定每天都一定要嘗試親餵。

密樂因爲個子很小，吸奶力氣不夠，吸幾下就累了，原本多半是擠出來用奶瓶餵；現在要改成親餵，但她已經習慣瓶餵了，而且奶瓶吸起來比較輕鬆，我只能想方設法讓密樂再次喜歡吸媽媽的奶。然而，只要奶頭放進她嘴裡，她就開始哭，換成奶瓶才會吸。

即使面臨這樣的局面，我還是不想放棄親餵。剛開始，我就在密樂吸奶瓶吸到快睡著時，悄悄換成我的奶頭。有時她搞不清楚就會繼續吸，但下一次還是不行，我只好每天都用這個方法來試，有時成功，有時失敗，只要她發現奶瓶被換掉，就會大哭著吐出我的奶頭。最辛苦的是，把奶頭放到她小嘴裡之後，我一定要站起來走動，而且要搖來搖去，她才會繼續吸；如果坐下來餵，她就不吸了，只是哭。爲了讓密樂繼續喝奶，我只好把她抱在懷裡，走來走去。由於她是躺在我懷中，我只能靠兩隻手臂的力量抱她，而她那時已經八公斤了，堅持一段時間之後，我感覺兩個肩膀好像快要掉下去了一般疼痛，但爲了讓她繼續吃，我還是堅持下來了。經過一個多星期的努力，密樂終於又開始吸我的奶了，反而不喜歡瓶餵，也抗拒喝瓶餵的配方奶。

至於永樂和常樂，我還是每天試試，但他們個子比較大，而且長了些牙齒，我就沒有那麼堅持親餵了。他們斷斷續續地喝母乳，滿七個月就沒有再喝了。不過，密樂到現在還是全母乳。

透過這些經驗，我覺得沒有孩子不喝母乳的，關鍵還是在於媽媽是不是堅持。即使中間因爲各種原因突然停了，只要想辦法堅持，孩子還是會恢復喝母乳的。

2 不要被觀念綁架

兒孫自有兒孫福

我從小是聽著「兒孫自有兒孫福」這句話長大的，不過，當我自己做了媽媽，發現我還是有不少執著，對孩子的教育和未來，有時還是會有些不必要的擔心。

過去有種說法：「兒女是債，討債還債，無債不來。」有的孩子是來帶給父母擔心和痛苦的，有的孩子是來帶給父母快樂和福氣的，而對修行人來說，還有一種超越討債和還債的孩子，他們是來和父母一起為社會、為人類、為眾生做一些有意義的事。如果父母有一些禪定、修法的基礎，就有機會吸引到不只跟自己有緣，還與自己有同樣心願，來利益眾生的孩子。這樣的孩子，會帶著自己的福報來。

我的阿媽時常說：「每一隻羊的嘴底下都有一把草。」現在想想，眞的體會到**每個孩子都會帶來他自己的福報**。好的孩子來了，各種好事就會自然發生，甚至父母的命運都會被改變。

現在很多女性因為工作壓力大，或者經濟狀況太緊張，不敢要孩子；有了孩子之後又很焦慮，總怕帶不好孩子，或是總想控制孩子，這些其實都沒必要。我覺得，如果在備孕時發一個很清淨的心，發願帶來能夠利益眾生的佛子，然後自己也做一些基本的修行，就能迎來好孩子。接引到這樣的好孩子以後，妳也會認識到，父母其實只是孩子的陪伴者，只能盡量協助他們，或者引領他們找到適合自己的道路。**孩子會有自己的福氣、自己的路。**

為小天使履行神聖母親的職責

樂樂喝母乳喝到十一個月大，所以我也想盡量用母乳餵養三寶久一點。聽說現在很多年輕媽媽生育後爲了保持身材、害怕乳房下垂，或者因爲怕累、怕痛、上班辛苦等原因，拒絕哺乳，其實這對媽媽和孩子的生理和心理健康都有傷害。

放棄親自餵奶，也就放棄了很多母親和嬰兒直接連結的快樂。剛開始餵母乳，是會面臨一些困難，但孩子和媽媽磨合順利以後，餵小孩喝奶會變成媽媽最大的享受，那種愉悅難以用言語表達。一個天使般的寶寶喝著奶，深情地看著妳，還跟妳咿咿呀呀地講話，那種母子間的交流和連結是非常特別、讓人感覺非常幸福的。一定要親餵母乳，才能體會到這種生命的神聖感，放棄了眞的很可惜，而且不小心還可能造成孩子心裡對母愛不滿足的陰影。

有一天，我給密樂餵完奶，在手機上看到一篇文章：〈心理學家的三個孩子竟然得了抑鬱症〉，看完非常震驚。文章裡說，現在母乳餵養率越來越低，產後立即上班的母親越來越多，「嬰童獨立教育」越來越流行，最典型的方法就是哭聲免疫法、延遲滿足法、嬰兒獨立睡眠法，這些觀念是受美國心理學家約翰．華生影響。

華生是行爲主義心理學的創始人，提出了很著名的理論：孩子對愛的需求源於對食物的需求，所以，只要定時餵飽孩子就好，其他時間要把孩子當作機器一樣訓練和塑造。「要像對待成人那樣對待孩子，盡量不要親吻和擁抱孩子，不要讓孩子坐在母親大腿上，不要輕易滿足孩子，就算孩子哭泣也絕不能心軟，以免他們養成依賴父母的惡習……」

結果，這些錯誤理論讓無數美國兒童從小就缺少父母的關愛，對他們的一生造成難以修復的陰影，影響了好幾代歐美人。而他自己的三個小孩在這種冷酷的教育下長大，成年後均患上不同程度的憂鬱症，大兒子在三十歲時甚至選擇自殺。這可能也是因果吧。

後來，另外一位心理學家哈利．哈洛透過一系列實驗，徹底顛覆了華生提出的錯誤觀念，得出一個著名結論：愛源自接觸，而非食物。「母愛的本質絕對不是簡單地滿足孩子飢餓和乾渴的需求，它的核心是接觸性的關懷：擁抱、撫摸、親暱。」而母乳餵養的孩子能在獲得食物的同時，得到媽媽溫暖的擁抱、肌膚的撫摸和最親密的互動。

我二〇一三年在美國生樂樂時，美國已經完全倡導回歸自然的生育方法，不是萬不得已，醫生不會隨便建議剖腹產，而且都建議媽媽親餵孩子。回歸自然的養育方式，已經開始在全世界流行了。

現在的醫學界也一直在倡導回歸母乳餵養，包括世界衛生組織等都建議持續哺乳到嬰兒至少一、兩歲。從生理健康角度來看，餵養母乳可以減少小嬰兒罹患呼吸道感染和腹瀉等許多疾病，還可以提升嬰兒的認知能力、減少成人後肥胖的機率；對母親來說也有很多好處，包括減少產後出血、加強子宮的產後收縮、減重，以及減少產後憂鬱症的機率。至於心理健康方面，母乳餵養的孩子會有更多安全感，跟媽媽也會有更深的內心連結。

西方國家採用「嬰童獨立教育」付出巨大代價後，又走上回歸源頭的道路。缺少古老文明積澱的國家，往往會犯這種實驗性的錯誤，反而是傳統文化深厚的國家還在延續千百年流傳下來的人類自然規律。就像在傳統的農耕社會裡，媽媽們生很多孩子，普遍都是餵母乳，孩子是在媽媽懷抱裡長大的，內心相對比較健康。

哺乳是嬰兒出生後與母親建立親密關係、培養安全感非常重要的環節，千萬不可以忽視，因爲會影響到孩子的一生！哺乳是女人天生的能力，只要是愛孩子的母親，一定有能力餵孩子。能否順利實現母乳餵養，和媽媽的內心有很大的關係。當妳決定自己餵孩子，身體就會自然反應，分泌乳汁；如果內心有很多恐懼和不確定，親餵的過程中就會出現不順和障礙。

母親有信心、有毅力，哺乳一定會順利。

3 圓滿的家庭關係

令人感恩的婆媳關係

寫到孕期和產後的種種，我心中一直想到一個人——我的婆婆陳曹倩女士。我這次懷孕，婆婆一直支持、照顧著我。我總共產檢了十二次，除了有一次宇廷正好在臺灣，而她又有會議、沒陪我去以外，另外十一次婆婆都陪著我，在醫院忙前忙後。其實婆婆今年也八十多歲了，卻依然很有精神、很溫暖、很細緻地照顧我們每一個人。

嫁給宇廷、剛到臺灣的時候，我們和公婆一起住了四、五年。那些年裡，婆婆對我的影響非常大。我現在還時常能回想起很多與婆婆相處的溫馨畫面。在陳家，我沒有做媳婦的壓力，反而有一種做女兒的待遇。

記得剛結婚、和婆婆住在一起的時候，我的內心只有求法和修行，很有急迫感，對婚姻生活、愛情生活都沒什麼興趣。婆婆觀察到我這種狀況以後，並沒有指責我，反而用了很多心思。比如她找出很多韓國的經典愛情劇，陪著我一起看，培養我對愛情的感覺，像當時風靡一時的韓劇《藍色生死戀》，就是婆婆帶著我看的。她還特別推薦我看一部叫《刺鳥》的澳洲電影，講的是一位牧師爲了求道而放棄愛情，一生煎熬的淒慘故事。婆婆當時可以說是非常用心良苦了。

我做音樂，婆婆也是我的第一個聽眾。每次創作完專輯demo，我都會讓婆婆聽一下，她會非常認眞地全部聽完，而且每一首歌都會做筆記。我唱的歌詞都是藏文，婆婆聽不懂，但讓我很驚訝的是，她每次做的筆記跟我創作的音樂內容的感覺都基本相符。她還會找世界各地的音樂給我聽。我很喜歡聽有歷史性和民族傳承的音樂，她找給我的，如蘇格蘭音樂，我很喜歡。

婆婆爲人平和，而且非常熱情、非常熱愛生活。我懷孕的時候，大陸的學生分批來照顧我；懷孕晚期，我住在婆婆家一個多月，照顧我的學生白天都去婆婆家裡，婆婆就很熱情地爲學生們介紹臺灣的文化藝術，帶她們去看臺灣的文化街，甚至看臺灣的菜市場、花市，帶她們去上插花課，介紹她的女紅文化，還教大家做菜。我的每個學生都爲婆婆的平和與熱情而感動。

對我們小輩來說，婆婆是個有求必應的人。我們不管遇到任何問題，任何時候打電話請她幫忙，她都是非常積極正面地回應我們。我從來沒有聽過她說一個「不」字，或是表露任何負面情緒。

這也與婆婆從小到大受的教育有關。婆婆出生在香港，長在銀行家的家庭，受過非常良好的家庭教育，讀了很多書，是美國哥倫比亞大學生物學的準博士。

我和宇廷結婚後多年都沒有要孩子，婆婆很尊重我們的選擇，從來沒有催過。後來，我們生下樂樂，對這個小孫女，婆婆照顧得眞是無微不至。我和宇廷去外地教學時，婆婆經常把樂樂接到家裡住，讓我們沒有任何後顧之憂。現在三寶來了，婆婆每週六都會來我們家看孫子，抱抱他們、親親他們，還帶好吃的來給大家吃。她來的時候也非常注意樂樂的感覺，總會給她帶來新的繪本，還會花時間親自講給她聽。婆婆的細緻和溫暖，體現在時時處處。

婆婆總是說，婚姻不只是兩個人的結合，也是兩個家庭的融合。她也有女兒，也希望自己的女兒能融入另外一個家庭，得到婆家溫暖的支持和照顧，所以她用對待女兒的心，對待自己的媳婦。

我知道對很多人而言，婆媳問題永遠是個難解的結，我只能說自己非常幸運，遇到這樣一位通情達理的超級好婆婆。我也期望和祝福所有的好媳婦都能遇到一位好婆婆。我的婆婆給我非常好的表率和榜樣，讓我知道將來怎樣做個好婆婆。

再次圓滿的愛情

生完孩子兩個多月，有一天，我在餵奶的空檔看到宇廷走進臥室，嚇了一大跳，發現宇廷怎麼變得那麼胖！儘管那段時間我非常缺乏睡眠，總是累得想睡覺，那天晚上卻失眠了，他的突然發胖帶給我很大的刺激。隔天早上，我內心突然有了答案：我懷三寶之後，基本上忽略了他。

我懷了孕，又是三胞胎，大家都把我當成大熊貓，一切照顧都以我為中心。宇廷比較像個頑皮的小孩，口味偏西餐，而且比較重，我吃的菜很清淡，他不喜歡吃，就會自己出去買他喜歡吃、但不很健康的食物。加上他不大喜歡運動，我懷孕之後更沒人督促他去運動。此外，除了去大陸教學和關心照顧學生，他也沒有什麼其他興趣，基本上很少出門，在家裡就坐在電腦前面工作、寫文章，或是看看影片，成了個生活簡單的超級宅男。

我更懂得另一半的心了

懷孕晚期我因為隨時可能早產，搬去公婆家住，宇廷內心應該是有些焦慮不安的。我想，他大概既擔心我，又擔心孩子，又不能天天看到，也沒有人和他說話、沒有人關心他，他就坐在電腦前面埋頭猛吃，不小心把自己吃成了大胖子。我能感受到他的心。作爲一個男人、一個爸爸，他有壓力但沒有表達出來，沒有告訴我。女人有了孩子之後，丈夫的地位就被孩子取代了，她所有的精力都用在孩子身上，丈夫就遠遠被排到後面去了；而丈夫即使感覺到這種疏離，一般並不會講出來，當然也不好跟孩子爭位置，自然而然就容易出現各種狀況。

搬去公婆家之前，我和宇廷大部分時間都一起待在家，也很和睦，但我沒有撥出時間專門去陪他。我總是這裡疼那裡疼、忙這個忙那個，在解決自己的問題，不然就是在修法、陪樂樂。那段時間，雖然我們在一起，但回想起來，宇廷一個人默默承擔了所有教育事業的任務，其實算是自己一個人過。我想，他一定也有很大的壓力，只是沒有表現出來。

在一次禪修中，我還感覺到更深一層的原因：我看到宇廷這種自我封閉的習慣，也源自他的童年創傷。他生在美國，三個月大的時候，在臺灣的爺爺生病了，他父母就把他帶回家陪爺爺；爺爺三個月後過世了，父母把他單獨留在臺灣陪奶奶，然後就回美國了。這是他第一次感覺被拋棄。

他逐漸熟悉了新環境，一年以後卻又被帶回美國父母身邊，但這時已經不認識他們了，這是他第二次被感覺被拋棄。和父母重逢沒多久，弟弟就出生了，父母的焦點自然全在弟弟身上，這是他第三次感覺被拋棄。

因此，他內心一直有一種怕被拋棄的陰影，很容易把心關起來，自己生活。尤其是當他感覺沒有人關心他的時候，就會把自己的心封閉起來，也會產生一些因爲無奈而放棄生命的感覺。在我懷孕、生寶寶這段時間，宇廷的這種記憶又被翻了出來。

意識到這一點之後，我很心疼他，馬上調整自己的心態，也花了些時間跟他單獨相處，陪陪他、跟他多說說話，還拉他一起去健身或散步，他馬上變得非常開心。

不陷入失望，不上演內心戲

我和宇廷結婚十七年了，兩個人的性格、習慣、觀念都相當不一樣，但我們把婚姻當成修行，透過這些年的磨合，加上有了四個孩子，又總是一起在想如何利益眾生、共同推廣佛行事業，所以兩人關係也很融洽，但一不小心，也會變成有點像合夥人、老伴、親人，而失去夫妻之間的愛情。尤其結婚之後的前十二、三年，我們受到錯誤觀念影響，總是只想到佛行事業、只想到眾生的苦、只想到要趕快去度眾生，覺得自己不應該享受生命，因此犧牲了正常的愛情和生活。

宇廷其實是個很浪漫的人，他有時希望不被工作打擾，能像談戀愛一樣，靜靜地和我單獨在一起，聊聊天，但我在這件事情上經常滿足不了他。我做起事來雷厲風行，很多事情都是自己扛著，扛得多了，人會變得很硬，會影響彼此之間的愛情。

透過和很多女學生交流，我知道在懷孕和養兒育女的階段，很多夫妻都出現類似的問題。其實宇廷已經算是很不錯的了，只是在家把自己吃成胖子，很多女學生的丈夫被忽視以後，就跑出去找別的女人，甚至嫖妓或包二奶。女人當然非常傷心，自己懷孕這麼辛苦，養育孩子更加辛苦，丈夫竟然跑去找別人，於是婚姻就出現了無可挽救的裂痕，這是很可憐、也很令人遺憾的。

宇廷有很高的修行智慧，尤其在教學和演說方面，能把很複雜、很深奧的佛法，「翻譯」成易懂的現代理論和易修的科學方法，但在日常生活中，他比較像個孩子。以前，這會給我很大的壓力。我那時經常覺得，很多該承擔的家事他不承擔，都丟給我做，於是對他有很多埋怨，也有很多期待和要求。

而這次懷孕可能因爲一直在修法，整體的心態和能量狀態有很大的提升，生產後，我感覺自己的內心沒有這樣的需求了。比如這次生產後當天晚上，宇廷一頭栽倒就睡著了，還打了一晚上的鼾，我都沒有煩惱、沒有情緒，沒有想說自己多麼辛苦、多麼勞苦功高，他居然還在睡覺打呼，也沒有覺得他一定要如何照顧，我才會開心。我心裡想的是，宇廷也是一直在爲我擔心呀，看到我平安生產，他放下心來，就睡昏過去了，讓他也好好休息吧。

產後還住在醫院時，宇廷每天都來看望我，我也滿開心的。偶爾他做得不到位，我也不會陷入失望的感覺裡，不會上演傷心難過的內心戲。

我想，女性其實不用太在意別人對自己是關心或不關心，情緒不要掌握在他人手裡。當妳成了母親，自己本身就是無條件之愛的源泉，無論別人關不關心妳，妳都可以在一個平和自在的狀態裡。

我覺得，**夫妻之間的相處，一定要帶著慈悲心去觀察對方需要什麼**。有時一方覺得另一方需求太多，但從另一方的角度來看，可能他自己感覺並不多。付出較多的一方也不要有不平衡的感覺，如果光從自我出發，會覺得自己每天這麼辛苦，另一半非但不照顧我，反而對我有種種要求——這麼想的話，兩人的心反而都會更受傷。

三寶的到來，讓我的生命更加圓融，放下了「你是丈夫，你應該是什麼樣」的觀念，放下了那顆要求丈夫改變、對丈夫有所期待的心。我看問題的角度完全變了，任何事情都會從對方的角度思考，這樣不但理解了他，也對他升起慈悲心，於是他以前會讓我內心不舒服的一些習慣，再也不會煩擾我了。

漸漸地，我和宇廷之間產生一種新的愛情。我會專門花時間陪陪他，經常抱抱他，夫妻關係上升到新的層次，非常和諧、非常恩愛，有時甚至像是剛在談戀愛一樣。這種感覺非常溫馨，之前我們還沒有達到這樣的心境。

接受他的全部

有一天，宇廷突然開始下廚爲家人做飯。他做菜非常講究，是看影片向世界知名大廚傑米．奧利佛學的，可以做出很複雜，又非常營養、非常好吃的西餐。我以前哪裡想得到宇廷竟然會下廚爲家人做菜，因爲前兩年，他都不陪我和女兒吃飯，總是自己拿了飯菜坐在電腦前面繼續看影片，不太參與我們的日常生活，像個局外人。

以前我總是想塑造他，把他當麵團一樣搓他、揉他、捏他。我總是覺得他哪裡有點不對，就想把他塑造得更好，結果反而讓自己的心受傷；而當我不嫌棄他，不去改變、也不想改變他，從內心深處接納他、接受他的全部時，反而好像突然走進了他的內心。

過去我覺得他有很多缺點，現在我不但能夠全然接受，仔細想想，那些缺點好像也不怎麼嚴重。以前我會嫌棄他胖、嫌棄他懶，現在完全不會了。我對他的愛沒有條件，不會覺得「我爲你做了這麼多，所以你一定要怎樣怎樣」，這種要求完全沒有了。我對他的付出變得非常自然，也越來越能看到他的優點。現在我覺得宇廷很完美，我自己也越來越開心。

尤其是他最近的表現，完全彌補了我心中的一個缺口。他每天早上起來修完法，就開始爲我們做早餐，然後整個白天都在工作、寫文章、整理教材、創造新課程、回答學生的問題；一日三餐也吃得比以前健康，還不停地研究，做出很多好吃又健康的菜，我們之間有了更多的話題可以聊。

外人看我們年紀這麼大了，還有四個孩子，每天肯定忙得焦頭爛額，加上結婚這麼多年，大概也沒有什麼新鮮感了，但其實我們仍然在甜蜜的戀愛中。有一天，他突然說：「說實在的，我覺得除了那些大成就者，我們兩人可能是地球上排名前一百的幸福者喔！」

想一想眞的是這樣。我們有健康的身體、美滿的婚姻、完美的小孩，又在做自己喜歡的利益衆生的佛行事業；更重要的，我們是菩提伴侶，有法在心中，又掌握了修行方法，還有人間美滿的愛情生活，這個世界上好像的確很不容易找到我們這樣的。我們心裡時常充滿知足和感恩，希望自己的經驗能幫助到更多的人。

充滿愛與陪伴的親子關係

養育樂樂的過程中，我一直很重視給予她充足的愛和陪伴。她是個非常好帶的孩子，很少哭，總是在安靜而開心的狀態裡；唯一覺得遺憾的是，她經常感到孤單，需要玩伴，這也是我最初想生二胎的緣起和動力。而在懷三胞胎的過程中，我也花了很多時間陪伴樂樂，給她做心理建設，時常告訴她要有弟弟妹妹了，他們以後會陪她玩，她聽了就很開心、很興奮，很盼望弟弟妹妹的到來。

不過，三寶生下來以後，樂樂突然變得不乖了，變得非常情緒化、非常黏我。晚上一定要跟我一起睡，而且睡的時候需要我摸著她、抱著她，還堅持一定要抱著我的一隻胳膊睡，我的臉也一定得朝著她。

生活中也開始出現一些小小的叛逆行爲。她會故意不好好吃飯、不穿鞋，早上不肯起來上學，還會爲了一點點不順心就發脾氣，大叫、大哭。有一天，我因爲她不乖而教育她，第一次在她的眼神中看到恨意。當時我也嚇了一跳，她這麼小的孩子，怎麼突然會有這樣的情緒？

我讓自己放鬆，與她對視，才感受到她的眼神其實帶著一種很深的恐懼。我原來以爲我帶樂樂已經非常細緻了，沒想到還是讓她心中有了這麼強烈的負面情緒。我開始靜靜回憶自己帶她的整個過程，突然間，心中浮現她從小到大的許多畫面，完全了解了她恐懼情緒的來源。

核心原因，是我們從小沒有給她足夠的安全感，而她的沒有安全感，源自五個主要原因。

居無定所讓孩子沒有歸屬感

第一個原因，是我們長期居無定所。樂樂出生時，恰逢我和宇廷的弘法事業剛起步，她四個月大就開始隨著我滿世界跑，在各種飯店裡長大。

樂樂四歲之前，我們的生活顛沛流離，沒有固定住所，從北京到美國，又來回美國西岸、東岸，再從美國到北京，從北京到上海，從上海到臺灣，換著不同國家、不同城市、不同住所。有時住在旅館，有時住在學生家，有時住在借來的房子裡，有時住在朋友家，有時住在公婆家，偶爾也租房子住。

我們現在的家是在樂樂四歲以後才貸款買的，她總算有了一個不用搬來搬去的家。但是，買這個房子的時候，我們考慮的不是一家人關起門來過日子，主要是爲了有個可以教學的禪修道場。所以，我們的客廳非常大，臥室少而小，不像個一般家庭。開課的時候，樂樂的臥室就變成團隊的女生宿舍，她的讀書室也變成大家的休息室，她所有的書、玩具、衣服都要收起來。

有一次，我跟樂樂一起玩，她突然說：「我的家不見了。」我很奇怪，就問她：「妳的家不是在這裡嗎？」她說：「我的房間沒有了，東西又不見了。」我記得她說這句話的時候，沒有很重的情緒，但有一種特別的憂傷。雖然她說得很清淡，這句話卻深深地印在我心裡！

她也曾經說自己的臥室不是她的房間，是第一個保姆桑旦的房間。桑旦一直陪著她睡在那個房間，裡面放了兩張單人床，有兩個衣櫃，其中一個放桑旦的衣服，所以樂樂一直說，那是桑旦的房間。我向她解釋：「這是妳的房間呀，桑旦是陪妳睡。」她說：「不是的不是的，桑旦有自己的衣櫃在這裡呀。」爲了讓她有歸屬感，後來我想了個辦法，把桑旦的衣服都挪到另外一個房間的衣櫃裡，樂樂才慢慢又覺得那是她的房間了。

懷了三寶後，我和宇廷一起重新布置樂樂的臥室。樂樂原本的讀書室要給弟弟妹妹了，我們就在她的臥室裡收拾出讀書的區域。本來桑旦的床墊和她的床墊平行放著，占去很多空間，現在我們把她的床墊和桑旦的疊在一起，變成她的單人小床，留出一大片可以讀書、放玩具、玩遊戲的空間，又沿牆擺滿書架，放了樂樂最喜歡的繪本；地上也鋪了地毯，方便她玩耍。

不過我們沒想到，她雖然有了屬於自己的空間，但房間只剩她自己的床，反而更孤獨了。

媽媽太忙可能會讓孩子覺得失去媽媽

第二個導致樂樂沒有安全感的原因，是我雖然在她身邊，卻總是很忙，她感覺自己抓不住媽媽，媽媽總是被人搶走。

像我們在家裡帶閉關禪修，每次一帶就是七天的課程，總會有五、六十個學生，外加十幾名工作人員。如果加上閉關前的準備和閉關後的清理打掃，連續十幾天家裡都有很多人來；若是兩次閉關連在一起，時間就更長了，會連續忙二十多天。

每次家裡有課程，我就從早忙到晚，只有晚上睡覺時才能陪樂樂。有一次，我忙到晚上十一點左右，回到臥室，她一看到我就開始大聲喊叫，我才知道她再也受不了了，快要崩潰了，她需要把情緒發洩出來。我立刻抱著她，告訴她：「這個課馬上就結束了，媽媽會好好陪妳。」她才慢慢放鬆下來。

還有一次，第一期閉關剛辦完，第二期的人就接著來了。她實在受不了，當著學生的面很大聲地說：「怎麼又來人了呀？」我體會得到她的壓力，雖然她和媽媽在同一個空間，但媽媽的心都在別人身上，又不能陪著她。在她的世界裡，她失去了媽媽。

身邊沒有玩伴，讓孩子覺得孤單

第三個原因，是她身邊熟悉的人離開了。

一年前，從小照顧樂樂的保姆桑旦回尼泊爾去了。桑旦對她的好可以說是到了溺愛的程度，所以桑旦離開時，樂樂表面上沒有表現得太難過，但我知道，她內心還是有很大的波瀾，淡淡地說過一些傷感的話。幸好那時還有一個她很熟悉的保姆安珠，也非常愛她，所以她在家裡還是比較快樂的。

而弟弟妹妹來了以後，本來她是全家人唯一的寶貝、家人的中心，現在全家的重心一下子移到三寶身上，連天天陪她的安珠也從早到晚全力以赴地在照顧三個嬰兒。

雖然期盼已久的弟弟妹妹降生了，樂樂也非常開心，但三寶還是小baby，還不能跟她一起玩，我們還特別告訴她，不能隨便把弟弟妹妹當玩具。此外，爲了保護三寶不被傳染病毒，我們又規定樂樂從學校回來就要馬上換衣服、洗手，戴了口罩才能看弟弟妹妹；如果她生病了，更是要完全隔離，連弟弟妹妹的房間都不能進。她覺得，現在家裡不但沒有玩伴，她還完全孤單了。

過早嘗試分房睡，讓孩子沒有安全感

第四個原因，是我們嘗試和樂樂分房睡。

由於我每天要擠五次奶，半夜十二點都還要擠一次，白天更得抽時間工作，處理教學方面的事，宇廷擔心我陪樂樂睡沒辦法好好休息，所以希望訓練樂樂晚上自己一個人睡。

我在孕期就試過跟樂樂分房睡，但沒有成功；弟弟妹妹出生後，她更需要我了，晚上沒有我一定不肯睡覺。爲了讓她順利適應分房睡，我只能先在她房裡哄她睡著，再回到我們的臥室。這樣試了一段時間，結果還是失敗了，而且造成她心中的恐懼陰影，更加沒有安全感了。

那個星期，樂樂每天半夜三點多、最多熬到四點就會醒來，然後抱著枕頭和被子跑來我們房裡跟我們睡。爲了這件事，宇廷用盡各種辦法，哄的、騙的、講理的……最後，宇廷規定她一個星期只能跟爸爸媽媽睡三天，讓她自己選擇。她答應是答應了，可是完全做不到，半夜還是會跑來。有一天，宇廷就告訴她：「如果妳在不被允許的時間跑來，爸爸就不開門。」那一天，宇廷把我們的臥室鎖了起來。

結果，樂樂半夜三點多果然還是跑來了。她發現門鎖了，小心翼翼地敲門，但是敲了很久都沒有人回應。其實，我和宇廷都醒了，豎起耳朵聽著，心裡很不舒服，都覺得她很可憐。兩人悄悄商量要不要開門，但想到一旦這次開了門，以後我們的任何規定可能都會執行不下去，只好忍著。樂樂敲著敲著，有時停下來不敲時，我們又擔心她是不是在門口睡著了、會不會受涼。兩人很心疼，各種擔心，非常牽掛，只好安慰自己：「孩子啊，這也是妳的學習。人生就是這樣，妳遲早要經驗人間的愛別離苦。」我和宇廷就這麼自我安慰著。

過了一會兒，門外沒有任何聲音了。我們偷偷打開一條門縫向外看，樂樂不見了。我找了一圈，發現她跑到三寶房裡，在保姆安珠的大床上睡著了。

幾天後剛好是二〇一九年的新年，宇廷問樂樂：「妳今年最大的心願是什麼？」樂樂說，她的第一個心願，就是晚上能跟爸爸媽媽睡。我們一聽，徹底心軟了，決定不要硬是在這段時間訓練她自己睡，這樣要求她太可憐了。在她情緒不穩定的這個階段，我們決定盡量陪伴她，多給她安全感。

全部心力放在新生兒上，讓大孩子覺得失去媽媽的愛

導致樂樂沒有安全感的第五個原因，對她來講也是最嚴重的：媽媽所有的注意力都在照顧三寶上面，使她覺得好像失去了媽媽。

我很清楚，我剛生完孩子最辛苦的那三個月，也是樂樂亂掉的三個月。我所有的精力都用來照顧三寶，加上極度疲勞，沒有那麼多心力像以前一樣照顧她，而小孩子的心是很敏感的，她體會不到我的勞累和壓力，反而開始擔心是不是媽媽不愛她了。於是，她自己的壓力變得非常大，才會變得愛哭，總是給我找事情，想多得到我的關心。

愛、關心和陪伴，讓愛笑的快樂孩子又回來了

後來，我特別花更多時間陪樂樂。早上送她上學，路上和她手牽手講故事，她非常開心；晚上陪她一起睡，給她更多擁抱，總是親親她，講她愛聽的故事；早飯晚飯一定陪她一起吃，也一定抽時間陪她玩遊戲、練鋼琴。

我時常抱抱她、親親她，告訴她：「媽媽非常愛妳。媽媽的愛不是蛋糕，越切越少，然後就沒有了；媽媽的愛是很多很多的，媽媽的愛比天空還要大，媽媽的愛比海水還要多。」她聽了就會笑得很開心。

樂樂是個非常幽默的孩子。有一次她告訴我：「媽媽是我和密樂、常樂、永樂的，不是爸爸的。」

我說：「那不行，媽媽也是爸爸的。」

她就說：「那就給爸爸一點點吧，最多給像頭那麼大一點點。」說著說著，她很開心地笑了。

一天晚上，宇廷在書桌前工作，她躲到宇廷身後。宇廷問：「是誰啊？」她很幽默地笑著說：「是搶媽媽的人來了。」

還有一次，宇廷在外地教學，打視訊電話找我。那時我正好陪著樂樂講故事，她就看著宇廷做鬼臉說：「我搶到媽媽了。」

宇廷說：「媽媽是我的，妳搶不走。」

她就抓著我的衣服告訴宇廷：「哼！你摸也摸不到。」還很自豪地唱著「喇啦拉喇啦」。

樂樂和宇廷常常逗著玩兒，這是她的一個小習慣：兩人比賽時，如果她贏了，她就會說：「喇啦拉喇啦。」

一天一天，我看到樂樂慢慢快樂起來了。她又變得非常開心，好像回到從前一樣，不會總黏著我，也很聽我的話。我們經常聽到她的笑聲和歌聲，以及逗弟弟妹妹玩的歡樂聲。

春假過後她要上學了，早上必須七點半起床，我擔心她起不來。但是到了七點半，我去叫她時，她不到五分鐘就起來了，而且自己穿好衣服，自覺地吃了早餐，到八點就去學校了。

此外，我第一次在晚上抱密樂來和我們睡時，半夜密樂哭醒好幾次。她哭聲很大，吵醒了樂樂，但她沒有任何埋怨，看到我抱著妹妹很辛苦，還默默地幫我拿枕頭墊著我的手臂，又在床上爲妹妹鋪上防吐奶的紗巾。她已經成了媽媽的小幫手！

我感覺，樂樂突然長大了，和我們的關係比過去還要好。我們之間非常親密，她很依戀我，但是不會給我添麻煩，總是在家裡跑來跑去唱歌和跳舞，爲我們增添無盡的快樂。

那個幽默、鬼靈精、快樂、愛笑的樂樂又回來了。她非常愛我和宇廷、非常愛她的弟弟妹妹，也確定了媽媽還是眞的愛她。媽媽同時愛著爸爸、弟弟妹妹，但是媽媽對她的愛，一點也沒有少。

媽媽安定平和，就能讀懂孩子的心

如果想要生第二胎，一定不能忽略頭胎孩子的心態，要照顧到他內心的壓力。第一個孩子特別覺得爸爸媽媽是他唯一的，突然來了其他孩子分享爸爸媽媽的愛，他內心自然會產生恐懼和嫉妒。

這時，父母一定要認眞對待、好好處理，尤其是媽媽，要花更多時間照顧大孩子，協助他的心理正常轉化和成長。如果媽媽沒有好好照顧老大的情緒，老大就會常常欺負小的，背著大人，不是偷偷捏，就是偷偷掐，有的還會暴力毆打弟弟妹妹。這種嫉妒和恐懼的負面情緒累積久了，不但會影響老大的性格，還會被帶到他的成年生活中，影響他一輩子的人際關係，甚至婚姻生活。

從樂樂身上學到的這個經驗使我更加體會到，所有人或多或少都帶著原生家庭造成的心理陰影或創傷，有些人很嚴重，有些人比較輕微。樂樂是陳家第十個孫輩，因爲最小，大家都特別疼愛她，不光是爸爸媽媽的寶貝，更是爺爺奶奶的心肝。我們對樂樂付出很多很多愛，原以爲她是一個充滿愛的孩子，但是沒有想到，父母生活的變動、媽媽的忙碌、弟弟妹妹的到來，都對她造成很大的壓力，讓她覺得很不安全、覺得恐懼。

雖然我們的生活比較波動，不過還好我們帶樂樂非常仔細，帶著覺觀察，有任何問題就及時改正。她沒有安全感這個問題算是發現得早，來得及補救。

也因爲她這次的情緒，讓我對她起了很大的感恩心。她似乎是來教導我的，教我學習現在的孩子在父母身上最想要的是什麼：**現在的孩子最缺乏的不是物質，而是父母愛的陪伴**。父母不能因爲忙，就忽略了陪伴孩子一起長大。

我想，很多年輕、工作忙，又沒有修行的父母一定很容易忽略孩子的需求。忙不是理由，我們要想盡辦法抽出時間陪孩子，而且要多說「我愛你」、多抱抱、多親親。重點是讓他們有安全感，要不然孩子的負面情緒若堆積太多，會跟父母產生很大的隔閡；等他們再長大一點，就會演變成各種矛盾或叛逆。

此外，媽媽們最好也能早點學習禪修，讓自己心情穩定，這樣才能在孩子出問題時不煩惱、不生氣、不緊張、不擔憂，放鬆下來，安靜地觀察孩子的狀態。如果我們自己掉進負面情緒，孩子會在媽媽身上捕捉到煩惱、憤怒、緊張、擔憂、恐懼等能量，情緒會更加不安。很小的孩子無法用言語表達出來，就會更加亂掉、耍賴、鬧情緒。**孩子其實只是想得到安全感，如果媽媽很穩定，不被情緒牽著走，自然就能理解孩子的需求，讀懂孩子的心。**

我真的非常感恩我的樂樂，覺得她是個小菩薩，用這樣的方式讓媽媽有真實經驗，才能夠利益很多有緣的媽媽和孩子。

4 種下修行的種子

為四個孩子取法名，期望他們利益人類

三寶的到來，爲我們二〇一九年的春節增添了無盡的歡樂。家裡客人不斷，笑聲也不斷。所有人都感覺到非常圓滿、歡喜。

我想，我們今天能這麼幸福，緣起還是我們的千寶上師。我之前也提過，最初我想要生二胎，宇廷還是有些擔心，怕我這麼大年紀再生孩子，會有一些風險。爲了讓他更放心，我們就去請教千寶上師。上師給了我們很大的信心，我們才沒有顧慮地做了要孩子的決定。

三寶三個月大時，我們想帶著全家人到臺中給上師拜年。結果上師說他過來，要我們別趕來趕去，怕我們帶著四個孩子跑來跑去太辛苦。上師的慈悲，總是使我很感動。

我們和上師是過去生的法緣。在我將近三十年的修行中，拜過好幾位上師，我們很尊重所有的上師，但我和宇廷與千寶上師的因緣是最特殊的，就像一個人在找另一

半，碰來碰去、找來找去，最後終於找到了對的人。

我們今生與千寶上師的法緣，起始於八年前，夏扎法王九十七歲時。他要我修一個很特殊的法門，但說他自己年紀大了，沒辦法傳我，要我自己去找上師求這個法。於是我很認眞地到處求，遇到很多上師，但都沒有求到。大多數上師都沒聽說過這個法，而少數聽說過的，沒有修這個法的傳承。

後來，我們聽說千寶上師在臺灣，他是夏扎法王的傳人，可能有這個法。於是，我趕去拜見求法，上師當下就傳了心咒，並說：「夏扎法王是我的上師，他讓妳修這個法，我就應該傳給妳。」

記得我和宇廷第二次去拜見千寶上師時，宇廷很認眞地將我的修行經歷和閉關筆記整理出來，向上師報告了我的修行現狀和我們現在做的事。上師很認眞地看完了資料，對我說：「妳的修行經歷好像是經典裡記載的人一樣。」

然後，他告訴我和宇廷：「你們兩個人已經完全可以自己做了。你們過去護持了很多仁波切和道場，以後隨緣護持就很圓滿了，也不必幫我做什麼事情，我也不需要什麼供養，你們倆現在應該自己去做利益眾生的事了。因爲過去生的因緣，你們需要的法我自然都會給你們；你們利益眾生的事業，我也會一直祝福。」

上師說他要傳給我的這個法，其實我已經會了，已經在教學了，但是他仍會重新給我完整的法脈傳承，告訴我修法中很多觀想的細節，這樣才能眞正延續法脈傳承的完整性。他又說，以後如果我們有需要，他還會教我們很多法：「我會護持和祝福你們的事業。」

聽到上師的鼓勵，我和宇廷非常感動，我們從來沒有遇過一位上師這樣眞誠地爲我們考慮、給我們打氣。那時，我們的經濟還比較拮据，但每次見上師還是會供養一點點錢，而上師總是偷偷地把供養金放回我們的佛堂上。

不過，雖然答應傳法給我，但之後上師又觀察了我足足兩年。在這兩年中，我時常去拜見他，每次見面都會向他求這個法。他總是答應著，卻仍然繼續用各種方法觀察我，直到二〇一六年他要我隨他去西藏朝聖，我又向他求這個法，他才正式答應傳給我，並選定傳法的日子。這時他才告訴我，這個法非常珍貴，而且極有力量，不能輕易傳，更不能廣傳。爲了傳這個法給我，他特意在傳承祖師的頭蓋骨裡卜了卦，結果卦象說可以傳，而且傳給我以後會利益很多人，他才敢傳給我。之前上師去藏區很多地方，大家聽說他有這個法的傳承，很多仁波切和大修行人都來求法，但他都沒有傳，我是他到現在爲止唯一傳這個法的人。而在給我灌頂傳法的三天前，他才確定也可以傳給宇廷。上師就是如此嚴謹。

此外，上師也非常低調、謙虛。但實際上，他是藏傳佛教中地位很高的一位法王，是有自己伏藏傳承的伏藏師，也是少有的精通漢傳佛法和藏傳佛法的上師。他現在是第六世，而他的第二世在藏區非常知名，是喜馬拉雅十三國的國師，也是大寶法王、大司徒仁波切的上師；最重要的，他是最早推動不分教派運動的上師——不分教派指的是對任何教派都沒有偏見，都學習和實修。

我和宇廷近年來四處教學，每當我們把一些傳統或複雜的修行方法現代化、科學化、生活化之後，都會向上師報告和確認，上師也會指導我們應該怎麼做。他非常鼓勵我們繼續勇於承擔，爲了衆生，該做的就大膽地去做。

上師對世間事也很清楚，對人則非常溫暖。他每次來家裡都會待四、五個小時，我們就像一家人一樣在家裡做飯，然後一起用餐，無話不談。二〇一九農曆年的初八，上師來我們家，輪流將三寶抱在懷裡跟我們聊天，抱了好幾個小時，最後常樂還在上師懷裡睡著了。離開時，他又抱著三寶，很開心地合影。我們和上師的相處，就是這麼親近、自然。

由於三寶也因千寶上師而來，我特別請上師爲孩子取法名，上師答應了。過了一段時間，他已經爲四個孩子取好了法名。

上師爲明樂取名：

仁珍．貝瑪澤欽（蓮花．大愛持明）

爲常樂取名：

仁珍．貝瑪疆欽（蓮花．大慈持明）

爲永樂取名：

仁珍．貝瑪敦欽（蓮花．大慧持明）

爲密樂取名：

仁珍．貝瑪噶欽（蓮花．大喜持明）

上師的全名是仁珍千寶．貝瑪旺晴。其中，「仁珍」是上師傳承的法號，是持明的意思，他每一世的法號都有仁珍兩個字；「貝瑪」是他今生法名的第一個字，是蓮花之意，也是蓮師的名字。「持明」是指證悟並能保持「明空不二」「樂空不二」「覺空不二」境界的成就者，我想，上師爲四個孩子取了如此殊勝的名字，也是對他們寄予非常深厚的期望吧。希望他們今生能得到好的教育，不離開傳承的學習和加持，將來能夠利益很多未來的眾生。

四寶正式皈依

上師從臺中的寺院快遞過來四本四寶的皈依證，給我的四個孩子。當天下午和晚上，我內心一直有很多訊息進來，非常強烈，讓我感覺我應該把四寶都託付給上師，請上師教育我的孩子，把他們培養成才。就像敦珠法王三世五歲起就跟隨夏扎法王，由夏扎法王一路帶大；千寶上師自己也是七歲就離開家，跟隨他的上師，接受完整的佛法修行訓練。他們二位都沒有上過一天世間學校，但現在都在利益無量眾生。

隔天早上一醒來，我打開手機上的臉書，跳出來一個畫面，是夏扎法王和敦珠法王的合照；接著，又跳出我們上師的法訊和他的照片。我覺得這是一個很神奇的預兆。平時打開臉書，跳出來的都是朋友或不認識的人的訊息，或是一些亂七八糟的廣告而已，很少一打開手機就看到這種吉祥的畫面。這當然是一個非常好的緣起和吉兆，好像上天在向我預示著什麼。

於是，我馬上和宇廷商量，為了孩子的教育，我們是不是應該考慮搬到臺中去，方便上師就近教導？宇廷完全同意，我也立即和上師連絡，說希望帶四個孩子到上師面前進行正式的皈依儀式，並請教一些孩子教育方面的事。上師很快就回覆了，要我們馬上過去。

一般人想到皈依，往往會認爲就是一個宗教儀式，經過這個儀式，就成了正式的佛教徒，有點像是去上學登記註冊一樣；但事實上，皈依是超越宗教的。皈依眞正的意思，是「回歸」自己內心的「覺」，然後「依靠」自己的「覺」，消除煩惱，升起慈悲和智慧。當然，我的四寶還太小，沒有辦法理解皈依眞正的意思，只是想讓他們盡早和佛法修行結下很深的因緣。

上師希望我們辦現代佛學教育

皈依儀式結束後，我向上師報告希望把孩子的教育託付給他，上師非常開心地答應了。他說：「妳一定要好好培養這幾個孩子。最開始，妳生孩子的動機就是希望帶來能夠利益眾生的小孩；懷孕時，妳一直認眞修法和閉關，也是爲了帶來利益眾生的孩子；而過程中，所有的上師，包括偉大的仁增欽摩法王也一直加持妳，希望妳帶來能夠利益眾生的小孩。所以，在妳的願力和諸佛菩薩上師們的加持下，幾位小菩薩來了，他們的教育非常非常重要！」

我想起欽摩法王說過：「這三個寶寶代表佛、法、僧三寶，是佛菩薩賜給你們的。」唐仁波切也說：「三個寶寶就像太陽、星星和月亮一般。」我的三寶是在很多人的善念中來到這個世界，在眾人的祝福和點燈的光明中成長的，希望他們長大後，能夠利益眾生，爲人間帶來快樂和吉祥。

上師又提到，他一直覺得佛教徒的孩子沒有屬於自己的好學校，缺乏一個從小教育的體系。他說，我們有責任讓孩子從小接受佛法教育，等他們長大了，再自己決定要不要走純粹修行的路。現在佛教界的學習內容大多是給大人的，小孩子沒有什麼興趣，所以他希望我們藉教育三個寶寶的因緣，研究出一套佛教的兒童教育體系。一開始規模不用大，可以混齡教學，一共七、八個小孩就夠了，上師會派寺院的喇嘛來教孩子藏語，也會找非常好的導師帶領他們學習。

從上師的寺院出來後，我的內心感到非常圓滿，也對一個自己思考多年的問題有了非常清晰的答案。爲什麼多年來我都想要辦學？我不是爲了辦學而辦學，是爲了延續培養小菩薩的教育制度。我帶來這樣的四個孩子，也是想要實踐佛教徒的兒童教育，這會是我們未來事業的一個方向。

為孩子設計未來的教育體系

我和宇廷首先思考的是：未來會是怎樣的一個時代？

根據科技發展的趨勢和速度，我們認爲，二十年後的世界會和現在非常不一樣，遠遠超過五十年前和現在的差異，高速網路、人工智慧、虛擬實境（VR／AR）、新醫療科技、廉價能源等都會變得非常普及。很多人預言，在那個時代，超過一半的人會沒有工作，而我們認爲可以從不同的角度來思考這件事：當「一半的人不需要工作」時，這個世界會如何？人們需要什麼？

那時，人類衣食豐足、疾病減少、壽命延長，還有無盡的影音虛擬實境娛樂能讓人在物質方面得到極大的滿足，但是，人們仍然會有很多心理上的壓力、疾病、煩惱、痛苦。因此，我們希望將孩子培養成在未來那樣的時代中有能力利益衆生，幫助別人覺醒、減少煩惱痛苦的小菩薩。

其實，上師要我們辦的孩子教育是以西藏的活佛教育爲藍本。不是整體照搬，而是把核心內容現代化，以適合未來的高科技時代。這樣的教育，是爲了想要利益衆生而來人間的人設計的。不過，即使是乘願再來的人，回人間仍是個孩子，還是需要好好教育，才能成爲對社會人類有貢獻的人。

總結起來，現代化的活佛教育是要培養孩子四方面的能力。我在這裡由淺到深簡單介紹一下，也希望有緣的朋友一起來建設這樣的教育體系。

一、**知識和見解：**除了必要和有用的知識以外，最重要的是啓發學習熱忱、訓練邏輯思維、培養自主學習的能力。基本知識有六方面：

1. 語言：中文、英文、藏文；聽說讀寫、演講及著述能力。
2. 藝術：各種繪畫、兩種樂器、表演和創作歌舞戲劇。
3. 佛學：佛教歷史和故事、科學化的禪修知見和方法。
4. 醫學：養生保健、中醫理論和實用醫術、西醫常識和急救。
5. 文化：中西方文學、歷史、地理、哲學。
6. 科學：數學、物理、化學、生物基本常識，以及影音製作、程式設計等應用科學。

以上這些，我們打算利用孩子比較感興趣及有效率的教育方式，像是可汗學院等多媒體影音、國際遊學參訪等。

二、**品德和願心：**除了基本的人格道德操守，最重要的是啓發孩子對生命的尊重和慈悲心，尤其要幫助他們找到這一生的願心。孩子八、九歲開始就需要思考和了解人間的痛苦和生死無常，啓發他們的同情心、同理心。

三、**體悟**：這是指深入禪修和密法，開發特殊潛能，並透過覺，體悟到宇宙心性的本質。我和宇廷研發了許多適合兒童的禪修方法，並在千寶上師的指導下確認內容與次第。一般來說，九歲以前的孩子很容易被啓發出一些潛能或所謂的特異功能。

像千寶上師十幾歲就開發出過目不忘的記憶力、超強的理解思維和辯論能力，還有他心通、知曉過去和未來，甚至是呼風喚雨的能力。在傳統上，只有道德操守和願心達到很高標準的人，才被授權能學習這些特殊方法。

四、**事業**：這是指創業和管理能力，譬如：

- 自我學習：找資料、整合資料等。
- 人際關係：溝通、請教、演講、說服等。
- 執行能力：設定目標並按時達成。
- 解決問題：解決障礙、挫折、逆境、衝突等。

・團隊協作：招募、組織、領導團隊等。

另外，看到猶太人在孩子很小的時候就培養他們做事、賺錢、投資、理財，我和宇廷覺得，要想創業成功，首先要有心願、要有勇氣，還需要具備創業的常識，像是市場需求、產品定位、人事管理、投資回報、財務管理等。其實從小學開始，就可以設計各種遊戲讓孩子開始學習、實習，培養他們做事、創業，乃至管理複雜事業的能力。

以上是我和宇廷針對孩童教育的初步構想，也在組建團隊，希望有更多心願相同的朋友參與。我們希望提供有修行的家長的小菩薩一套適合未來的自覺覺他教育體系，把他們培養成能夠引領未來科技時代、解決人類煩惱與痛苦的人。

第二部

快樂母親覺醒九要

媽媽們必須要醒來

媽媽們必須要醒來，
這個世界需要母親。
妳醒來了，世界也醒來了！

媽媽們必須要醒來，
妳的孩子需要妳，
妳的家庭需要妳。
只有醒來的妳才是一個安靜的母親，
只有醒來的妳才是一個溫暖的母親。

媽媽們必須要醒來，
妳的孩子需要妳，
妳的家庭需要妳。
只有醒來的妳才是一個沒有恐懼的母親，
只有醒來的妳才是一個沒有焦慮的母親。

媽媽們必須要醒來，
妳的孩子需要妳，
妳的家庭需要妳。
醒來的妳才是一個無私具德的母親，
醒來的妳才是一個無條件愛的母親。

媽媽們必須要醒來，
妳的孩子需要妳，
妳的家庭需要妳。
醒來的妳才是一個具有智慧的母親，
醒來的妳才是一個具有慈悲的母親。

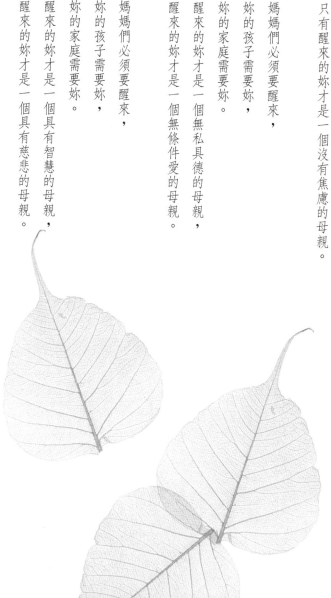

1 孩子是依據父母的能量狀態入胎的

孩子入胎的關鍵是**能量相應**。什麼樣的父母就會生出什麼樣的孩子，只是靠運氣、隨機率，是相當不保險的。

一切有形的世界都是物質構成的，而從現代科學來說，一切物質又都是能量構成的。以此類推，我們每個人也都是一個能量體，我們每個最微小的組成部分，都是無形無相的能量。

如果分析自己最根本的組成元素，從我們的頭、軀幹，到內在器官，到骨骼、血液、神經，大多是碳原子和氫原子構成的，而原子可以分成電子、質子、中子，再分爲各種量子；到了最後，一切都是一股股的能量雲，在時空中出現的機率而已。我們的思想、念頭、情緒，其實也都只是一股股的能量。

爲了理解能量相應，我們把這些能量雲很簡化地想成有幾種旋轉方向、速度、強度，相應的能量雲彼此結合，形成較大的雲，然後再結合、再結合、再結合……最後形成我們的人身，和周圍的萬事萬物。

從這個科學角度來說，男人和女人的精子和卵子，也是出自父母這兩個大能量雲中的迷你能量雲，它們的轉速、方向、強度等基本指標，都是來自父母的大能量雲。根據現代全息宇宙的說法，父母的精子和卵子包含了父母所有的訊息，這些訊息不僅是一些與肉體有關的遺傳資訊，也包括父母的思想、情緒等腦部活動和能量狀態，甚至是存在腦裡和心中的各種觀念和記憶，這些訊息也都在精子和卵子裡。

所以，如果父母兩個人是一團混亂，充滿了嫉妒、煩惱、憂傷、憤怒，甚至還酗酒、嗑藥，這些小小的精子跟卵子也就帶著所有這些負面訊息。如此一來，一個光明、正面，跟父母的旋轉、波動、頻率不同的生命或意識體，或者說是能量體，就很不容易進來，倒是跟父母狀態類似的負面意識體會很自然地被吸引過來。所以，**如果希望生個非常非常好的孩子，最重要的還是從自己做起，調整自己身心的能量狀態**。

回顧歷史，或者看看周遭的親朋好友，的確有時壞父母也會生出好孩子，好父母也可能生出壞孩子，所以不少人就想，這只能碰運氣、隨機率了吧。但是，如果靜下來更仔細地觀察一下，會發現好父母生出好孩子的機率還是比較高的。由於入胎源自能量相應，從科學上來講，身心不健康的父母生出來的孩子很容易有問題，這已經是客觀事實了。雖然沒有什麼辦法可以保證生出很好的孩子，但自古以來，的確有很多案例，也有很多方法，可以增加生出好孩子的機率。

如果生孩子的目的是「希望孩子長大了能養我、陪我」，其實是創造了一股沒有愛心、只有私欲的能量，老了之後孩子未必會照顧妳，說不定還總是氣妳，因爲他是依當時的能量而來的。

如果是希望迎請一個自利利他的小菩薩，或者迎請大科學家、藝術家這種能夠幫助世界變得更好的人，抱持這樣眞誠的願心的話，我們就是處在開放的能量場裡，比較有機會迎請到好的孩子。

從佛法的角度來講，整個宇宙空間充滿無數的生命體，都是跟我們有緣的；跟我們有孩子緣分的生命體，可能輕而易舉就有億萬那麼多。在這麼多因緣裡，隨隨便便讓一個生命體來了，把它當妳自己的孩子養大，也沒什麼不好，「兒女是債，無債不來」這句俗話就是這個意思。這就是人生，地球上七十億人，百分之九十・九九九都是這麼來的。

但是，如果透過自己的禪修，或者看了很多這方面的科學書籍或佛法裡面眞正實修的書，而不只是理論的書，然後升起一個心，希望迎請對人類有意義的孩子，並且願意花功夫把這樣的孩子帶大，讓他能夠利益很多衆生，那麼接下來談的這些，或許可以作爲參考。

爲了方便準媽媽練習，我將好寶寶分成「健康、優秀、菩薩」三類，然後將自己在備孕和懷孕期間常修的方法，總結成九個「增加生出好孩子機率」的要點。

健康寶寶：一、身體健康；二、平靜幸福；三、正能量

優秀寶寶：一、減少煩惱；二、認識自己；三、累積福報

菩薩寶寶：一、發願；二、行願；三、修法

2 提升正能量：增加生出「健康寶寶」的機率

一、身體健康

媽媽有健康的身體，才容易迎接健康的孩子來入胎，這是想要生出健康寶寶最基本的條件。

從備孕期開始，我就很注意自己的身體。倒是沒有做什麼一般的運動，最多一、兩個星期在跑步機上慢跑一小時，讓自己流流汗、增加點肺活量。懷孕期間，我更注意飲食健康，完全不吃油炸的、生冷的，不喝酒、茶、咖啡等刺激性飲料，也不喝任何外面買的飲料——這些一般的健康知識我就不多談了，市面上已經有相當多這方面的書。我在這裡簡單介紹我自己常用的三個禪修方法。

（一）放鬆禪法

我時常用這個方法讓自己全身放鬆。方法很簡單，可以坐著，也可以躺著，靜下來，感覺自己頭頂、臉部、身體、四肢的肌肉、神經、血管、骨骼，都慢慢地像海綿、像棉花一樣完全放鬆。每天做兩、三次，幾天下來，妳就會覺得身體很輕鬆、很有活力。這是一個極爲簡單而有效的禪修方法。如果靜不下來，妳也可以加一些流水的音樂聲，幫助心安住下來。

（二）禪睡

這是一個快速恢復精力的方法。同樣很簡單，可以坐著，也可以躺著，靜下來，感覺自己完全放鬆後，告訴自己，也就是給自己下一個指令：「我要禪睡五分鐘。」然後保持身睡心不睡的狀態。每天做兩、三次，幾天下來妳就會覺得自己精力充沛，昏沉和勞累大幅降低。

（三）央金歌舞法的覺之誦和覺之舞

這兩個方法都源自藏傳佛教裡面比較深奧的氣脈明點法門，有助於打開脈結。我身體的氣脈很通暢，一點能量就可以保持充沛的精力，好幾位中醫都說，這就是爲什麼我即使在睡眠和營養不足的狀態下也能很正常地工作和生活。我在備孕和懷孕期間時常練習這兩個方法，這也是我五十一歲還能生三胞胎的主要原因。

二、平靜幸福

心情平和、安靜，對自己的生命狀態有一種幸福的感覺，才容易吸引身心健康、心性平穩的孩子來入胎。所謂幸福的感覺，是指對自己的婚姻、家庭、工作、人生，都有一種知足、感恩、愉悅的心境。

容易讓自己平靜而幸福的方法，有以下幾個。

（一）常練深呼吸，減少焦慮

方法非常簡單。輕鬆地坐著或躺著都可以，然後慢慢地、深深地吸氣，再很慢地呼氣。要覺察整個吸氣和呼氣的過程，經過幾次練習，最後把注意力放在丹田的位置，靜坐一會兒。這個方法很簡單，時常練習，就會很容易靜下來、放鬆下來。其實很多有用的方法都非常簡單，關鍵是要**時常練習**。

（二）覺察呼吸

這是自古以來最標準的禪修方法。深呼吸幾次，讓自己放鬆後，眼睛以四十五度角微微向下，觀察自己的呼吸。可以把注意力放在鼻尖，感受空氣的進出；也可以把注意力放在丹田的位置，覺察腹部的起伏，覺察所有的過程細節。這是一個非常輕鬆的方法，一般練習五到十分鐘以後，就會覺得自己的心慢慢安靜了下來。

（三）覺察五識

這是幫助我們把心靜下來、提升幸福感很重要的方法，練習的方式就是覺察自己的五官——眼、耳、鼻、舌、身——當下的狀態。意思是，妳要很清楚自己的眼睛在看什麼、耳朵在聽什麼、鼻子在聞什麼、舌頭在嘗什麼、身體在感覺什麼。

這個練習的目的是讓我們心裡想的和正在做的事情保持一致。科學家做了很多研究，發現人們的幸福指數和是否集中精神在當下所做的事情上，有直接的關連。如果做著一件事，心中想著另一件事，幸福指數會顯著降低。

美國哈佛大學的馬修·基林斯沃思和著名心理學教授丹尼爾·吉伯特研究了來自八十三個國家、八十六種職業，從十八到八十三歲，不同收入和教育階層的一萬五千人，得到一個核心結論：人有百分之四十七的時間，所做的事和所想的事是不同的，也就是所謂的「走神」，注意力不集中，思想開小差。

研究顯示，人在洗澡和刷牙時最容易「走神」，達到百分之六十五；工作時，則有一半的時間在走神；運動時的走神率是百分之四十，而做愛可能是人類最集中精神在做的活動，走神率只有百分之十。

最重要的是，在這次大規模的實驗中，研究人員發現，人在走神的時候，通常不是在想愉快的事，而是掉入悲傷痛苦的記憶，或是陷入擔心、焦慮、悔恨等負面情緒之中。

三、正能量

父母處於什麼樣的能量狀態，就容易吸引什麼能量狀態的孩子來入胎。如果準媽媽在一個濕冷、陰暗、幽怨的能量狀態，光明正能量的好孩子就找不到妳，因爲你們不在同樣的能量頻率上。所謂的能量狀態包括外在和內在兩方面，外在指的是居家環境，內在則指心理狀態。

（一）創造正能量的居家環境

現代人生活非常忙碌，很多人的家變成堆滿東西的倉庫，甚至各個角落都很久沒有清理，成了藏汙納垢之處，這樣的地方很容易吸引髒亂的能量。因此，我建議從備孕和懷孕期開始，準媽媽一定要爲自己創造一個清淨而舒適、容易安住的空間。不需要多豪華，也不需要多大的空間，主要是必須用心，把家變成一個讓妳可以很放鬆、很安靜，溫暖而舒服的充電站。

首先，妳要安靜下來，保持覺性，單純而專注地看著妳的家，從每個細節開始仔細地看，然後妳自然會知道自己的家應該怎麼清理。妳甚至會發現，家裡的東西太多、太亂，身體相應的部位也會好像塞得滿滿的，有一種被堵塞了的感覺。如果妳能這樣安靜下來，聽見自己內心的聲音，那麼清理完之後，身體也會馬上感到輕鬆和舒適。

（二）透過靜坐，讓自己內心充滿正能量

許多科學研究顯示，現代人不快樂、沒有幸福感最主要的原因，是思想、念頭過多。太多不必要的需求、欲望、想像塡滿我們的心，使得我們停不下來，也就是所謂的頭腦發熱；而輕鬆地坐著，是讓我們靜下來最好的方法。

當妳把家清理乾淨，布置了一個溫馨舒服的角落，就可以安住下來。坐著也可以，躺著也行，一開始不用急著說「我要靜坐、要達到某某目標」，只是很簡單地坐著，與自己的身體在一起，每次十分鐘就可以了。念頭很多也沒有關係，不要跟隨它，也不要分析它，只是讓自己輕鬆地坐著。練習一段時間以後，妳自然會靜下來，

心中的正能量就會升起。

(三) 央金歌舞法前行

正式的央金歌舞法需要花些時間學習，不容易三言兩語講完。因此，我和許多人分享過「央金歌舞法前行」，也就是正式練習之前的方法。很多學員透過前行，就達到身體放鬆通透、心裡安靜自在的狀態。

覺之誦前行，是幫助我們找到讓自己心境平和的頻率和音調；覺之舞前行，是幫助我們傾聽內在聲音，感受到自己身體的需要。兩者的目的，都是要幫助我們達到安靜而幸福的狀態。

3 降伏煩惱：增加生出「優秀寶寶」的機率

一、減少煩惱

身心安住、很少煩惱的父母，比較容易吸引到天性樂觀快樂的寶寶，這也是因爲同樣的能量會互相吸引。

沒有人喜歡煩惱、想要煩惱，但大多數人天天都在煩煩惱惱中度過，小煩惱、中煩惱、大煩惱，一個接一個，從來沒有停過。爲什麼呢？其實，這是因爲我們從小沒有學習過應對煩惱、認識煩惱、降伏煩惱的禪修方法。這些方法其實都非常簡單實用，也不需要有什麼宗教信仰，只不過由於禪修被歸類爲宗教，沒有辦法被教育體系接納，使得我們在成長過程中學習不到。

幸運的是，近二、三十年來，西方的知名學府，像哈佛、史丹佛、普林斯頓、耶魯等都已經做了大量的科學研究，發現許多禪修方法能夠很有效率地幫助我們減少煩惱，甚至減輕身心的痛苦。在這裡，我簡單介紹兩個核心方法。

(一)認識「覺」

當妳安靜下來，處在全然放鬆、安住、寬廣、清澈的狀態中，妳會認出自己的「覺」，那個頭腦背後不動的自己，這是一切禪修的關鍵。根據禪宗的觀點，認識「覺」是一切禪修的根本，而在傳統的藏傳佛法裡，「覺」也是一切智慧和慈悲的起點。

(二)認識並覺察思想和念頭

對沒有接受過禪修訓練的人來說，通常是煩惱已經升起相當長一段時間，甚至已經做出一些讓自己會後悔的行爲以後，才猛然發現自己陷入了煩惱痛苦之中。透過覺察思想和念頭的練習，我們會越來越熟悉自己的各種心理狀態，然後，當我們遇到可能使自己產生煩惱的事情時，我們的心和所發生的事情中間會有一個緩衝區域，不會因爲思維慣性而立刻陷入煩惱之中。

最開始練習時，煩惱仍然會升起，但是和以前煩了很久才發現很不一樣。妳會發現，心裡的煩惱一升起就被妳覺察到了。由於煩惱本身是一個像石頭丟到水裡產生波動一樣的能量，只要不理會它，煩惱就會自生自滅。當妳有了親身經驗，而且熟悉了這樣的禪修方法，妳就會發現自己的煩惱變得非常沒有力量，不怎麼影響妳的心境。

再練習一段時間，妳會發現各種煩惱都開始大幅減少。本來會使妳生氣、傷心、難過、憂慮的事，包括工作或生活中、夫妻或親子間、家庭婆媳間的各種雜事和煩人的事，漸漸地都不會影響妳的心情了。

若妳在日常生活中總是能保持這樣平和、愉悅、沒有煩惱的狀態，吸引一個同樣狀態的孩子來投胎的機率就會提升很多。

二、認識自己

父母清楚認識自己的性格、習慣、觀念、記憶，能夠增加迎接到一個樂觀光明、清淨聰慧的孩子的機率。

我們都覺得自己挺認識自己的，但如果靜下來仔細感覺一下，就會發現我們每天的生活，乃至一舉一動，其實都受到性格（天生的人格特性）、習慣（後天養成的慣性輪迴程式）、觀念（後天養成的對事物的看法），以及記憶（人生經驗的累積與儲存）這四個元素的影響。

在同樣的地方、同樣的天氣，遇到同樣的事，我們會有完全不一樣的反應。有的人會開心，有的人會煩惱；有的人能很穩定地處理，有的人完全不知所措。我們的性格、習慣、觀念、記憶，一直在默默地影響我們、操控我們，我們有點像電玩遊戲裡的人物，喜怒哀樂都不由自主地被這四個元素控制。

只有很清楚地認識自己的這四個元素，以及它們對自己生命的影響，我們才能不受天生性格及傷痛記憶的控制，才能轉變一些不好的習慣和錯誤的觀念，讓自己生活在平靜喜樂的狀態中。

不要回憶過去，也不要擔心未來，向當下開放……

三、累積福報

中國人自古就知道，有福報的父母會帶來有福氣的孩子。積德行善，會增加自己的福報。但什麼是福報？如何積德行善呢？

一般人會覺得福報就是做了好事，就像一種存款。以生育孩子來講，我們需要存什麼款呢？其實，營造自心和外境的好能量場，就是福報。有人覺得自己福報不夠，就去捐錢，或者彷彿想要完成任務一樣，跑到一座烏煙瘴氣的觀光寺院，去點一大堆汙染大氣的化學香、往功德箱裡隨便丟一點錢。想一想，這眞能帶來福報嗎？有任何好處嗎？

福報其實是古代的說法，以現代觀點來看，福報就是妳自己整體的能量狀態。當妳的能量場是非常正面、光明的，從妳整個能量場孕育出來的所有事件和心態，都會是正面、光明的，這就表示妳是一個有大福德的人。福報是看妳身心整個能量場的狀態，看裡面存了什麼東西，而不是另外做一些什麼事情以帶來福報。

也因此，眞實的福報其實來自妳的心態。重點不在捐錢，而在於改變自己的心態。這是什麼意思呢？比如一個一毛不拔、自私自利的人，他的能量場就是困乏、狹窄、陰黑的，但如果有一天他突然看到，唉呀，天下苦的人好多喔，孤兒院、老人院、窮困的地方，都有好多好苦的人，於是這個本來想把所有錢財花在自己身上，出國度個豪華假期的人，決定把錢省下來，用這些錢給別人一些快樂，這時，他的能量場就開始變了。如果繼續這樣轉心，他的能量場就會慢慢擴大成一個光明、開放的能量場，自己的煩惱也隨之減少了。根據傳統的說法，這就是累積了福報。

其實，做過善事，或者曾經眞心照顧過別人、無私地愛過別人的人，都能體會到：當我們不執著於自我，對別人有一種眞正的愛與關懷時，心會變得非常開放、光明、喜悅。所以，轉化自己的心、調整能量場，自然就會有福報。

4 發願行願：增加生出「菩薩寶寶」的機率

如果想要迎請乘願再來的小菩薩入胎，就不能只從細胞、遺傳這些角度來看，而必須從父母整體的能量狀態來考量。如果父母都是非常善良、平靜、清淨、正面、光明、充滿正能量，就比較可能生出具有相同或類似能量狀態的孩子。在佛法傳統上，這種情形叫作「孩子隨父母的業力或福報來入胎」。

什麼是業力？「業」聽起來有點宗教味，但事實上很容易理解。業，是指會造成後果的一切行動，以及尚未形成後果之前的儲存和累積。其實，佛法只是用了「業」這個古代的名詞，來形容現代科學所談的「顯現的能量」及「孕藏的能量」，而孕藏的能量有正有負，有善有惡。

什麼是福報？我們看到一個家族的後代很好，通常都會說：「祖上有德呀。」就是指父母和祖輩行善積德，才會生出這麼有福報的孩子。所以，福報是透過行善積德累計起來的。

一、發願

願有很多種。針對想要生出菩薩寶寶這件事，我們可以將發願分成三種：

第一種是一般人的心願，爲了利益自己而發的願。

第二種是修行人的心願，想要同時利益自己和他人。

第三種是菩薩的心願，爲了利益他人而發的大願。

只爲了自己而發願，是自私、狹隘的，能量也是狹窄的，很難迎請到菩薩寶寶。而第三種願太大，完全爲了他人，一般人做不到，會有點口是心非。這樣的願不切實際，能量太虛幻。

因此，我們應該發第二種願。想要生出菩薩寶寶的準媽媽可以如此發願：「佛菩薩您們知道我的心，爲了迎請菩薩寶寶來入胎，我已經開始認眞修行，希望能夠自利利他，甚至走上自覺覺他的菩薩道……當菩薩寶寶來了，我會盡我一切能力，保護他的安全，給他最適合的教育和機會，幫助他實現利益眾生的願心。」

妳可以隨著自己的發心，用對自己最有感染力的言語，像這樣發願。

我自己每天除了這樣發願以外，也會念誦以下的發願文三次：

諸佛正法聖僧眾，直至菩提我皈依，以我佈施等功德，為利眾生願成佛。

翻譯成白話，大概的意思是：

「諸佛正法聖僧衆」：偉大的諸佛菩薩，和已經修行到聖人果位的僧衆，請您們垂聽我的發願。

「直至菩提我皈依」：一直到我最終證悟到和佛陀無二無別的菩提果位之前，我都會歸向和依靠佛陀的加持力、佛陀教授的法門、聖僧們的保護力。

「以我佈施等功德」：我會實踐佈施、持戒、忍辱、精進、禪定、智慧等一切菩薩行。

「爲利衆生願成佛」：爲了利益一切衆生，我發願修行成爲具足一切慈悲和智慧的佛陀。

二、行願

發了願以後還要去實踐，也就是行願，不能發了願幫助人，結果說話不算數，什麼也不做。

爲什麼呢？我們前面談過很多次，入胎主要是能量相應的問題。如果處在充滿煩惱怨恨的狀態裡，然後嘴上發個願，說要幫助地球上所有的人，卻什麼也不做，這樣幾乎完全沒有轉變自己的能量狀態，對迎請入胎來說當然也沒有什麼幫助。因此，除了發願，我們還得去實踐，目的是透過實踐心願的行爲，來轉變自己整體的能量狀態。

行願在傳統上被稱爲行菩薩行，也就是去練習一切能夠轉變自心及幫助他人的修行方法——在菩薩行中，轉變自心和幫助他人是一回事。這些方法從窄到廣、從淺到深，細分有幾百幾千種，但最基本的方法有六個，被稱爲六度：佈施、持戒、忍辱、精進、禪定、智慧。用現代的話來說明，會更容易理解。

佈施，是透過給予，培養一顆寬廣的心、慷慨的心。給予包括給人歡喜、給人方便、給人信心等行爲，也包括給予醫藥、物資、錢財等他人需要的東西，以及給予禪修的教導、修行的方法等法教。

持戒，是注意自己的言行舉止，不做出傷害自己或他人的行爲。

忍辱，是培養寬廣、堅毅的心態，能夠原諒他人錯誤的心態。

精進，是不退轉、不急躁也不拖延，持續不斷地努力。

禪定，是保持清明的覺性，練習放鬆、專注、不散亂的禪修方法。

智慧，是指具有處理世間事的能力，理解修行的教理，認識心性的實相。

行願的目的是轉變自己的心，讓自己變得清淨、安住、喜悅、無憂、無懼。但是，由於我們的心已經被負面情緒汙染得很嚴重了，轉變自心相當不容易，因此還需要做很多特定的修法功課。

三、修法

修法就是練習轉變內心的方法。這樣的方法很多，最基本的就是前面談到的各種覺與覺察的禪修方法，而比較深的轉心方法，則有我自己經常修習的本尊法和氣脈明點法門。

基本的禪修能讓心安靜下來，升起正能量；修習本尊法，則是透過和佛菩薩能量的相應，將心中的負能量全面轉化為正能量；而氣脈明點法門則是很特別的密法，透過清理身體細胞中的記憶，化掉儲存在我們心裡的記憶，達到清理所有負面能量、沒有煩惱的圓滿能量狀態——以傳統佛門術語來說，就是清淨惡業，達到圓滿的證悟。

（一）修本尊法

想要懷上菩薩寶寶，建議可學習幾個本尊法，以大幅提升懷上菩薩寶寶的機率。

1.金剛薩埵法

這是對轉變我們整體能量最有力量的方法之一。練習這個方法，能幫助我們消除惡業，甚至身心都會覺得像是卸下了千斤重擔。

金剛的意思是鑽石，代表不可被破壞、被摧毀的覺性；薩埵是指覺悟的生命，也就是菩薩。所以，金剛薩埵法是一套開發我們內心無法被摧毀的覺性的方法。

一般來說，修本尊法都需要得到具有傳承、持戒清淨、修法成就的上師灌頂，金剛薩埵法也不例外。但是二十多年前，晉美彭措法王公開傳授了一套特別的金剛薩埵法，放在網路上，並授權想學的人可以不必再經過灌頂就直接練習。有興趣的人可以上YouTube搜尋一下，有很完整的影片說明。

2.白度母法或綠度母法

度母是指慈悲圓滿的證悟女性能量。根據佛經，練習度母的修行方法有很多好處：保護婦女幼兒、消除病苦業障、滿足衆生心願、解除煩惱痛苦、掃除修行魔障。

度母有很多化現，都是觀世音菩薩的化身，也就是都源自圓滿慈悲的能量磁場。相傳有一次，觀世音菩薩看到衆生無窮無盡，怎麼救也救不完，不由得流下眼淚。這時，左眼的眼淚化現成白度母，右眼的眼淚化現成綠度母，對觀世音菩薩說：「您不要擔心，我們發誓救度一切衆生，爲菩薩您分擔心願。」

綠度母法和白度母法都是圓滿的成就法，也就是都可以帶領人達到圓滿證悟的能量狀態。但是，兩個方法的功能側重點略有不同。

綠度母法對成就佛行事業特別迅速有效，意思是練習綠度母的方法有助於快速實踐利益衆生的心願和事業。

白度母法對消除各種病苦、延壽增福特別迅速有效，意思是練習白度母的方法有助於消除因業力、惡咒、魔障引起的各種疾病，幫助練習者去除修行的逆緣和障礙。

綠度母法和白度母法都是我練習多年的方法，眞的非常有力量，我覺得對準媽媽來說，練習起來特別容易有心得和效果。這兩個方法已經流傳很廣了，雖然想要找到具有這個法脈傳承、持戒清淨、修行成就的上師傳授會花點時間，但不會太困難。

3. 大隨求佛母法

大隨求佛母也是觀世音菩薩的化身，傳統上被稱爲隨心滿願最勝第一的菩薩。大隨求佛母法是一套完整的修行方法，能夠幫助練習者消除業障，最終修行成就。我得到的傳承來自不丹的唐仁波切，是很容易練習、力量強大的方法，而且有個特殊功能，就是可以幫助準媽媽求子，以及保護孩子平安。

如果準媽媽想要學習這個方法，需要多花點功夫才能找到眞正有這個法脈傳承，而且修行成就，並被授權能傳此法的人來指導妳。若前面幾個方法妳能多練習一段時間，我覺得妳學習大隨求佛母法的因緣自然會出現。

（二）修氣脈明點法門

除了本尊法，我自己也經常練習一些氣脈明點法門，最主要的是央金歌舞法。前面提過央金歌舞法包含覺之音、覺之誦、覺之舞三部分，是我在多次閉關中得到的。古代沒有錄音或錄影技術，只能靠上師弟子慢慢口耳相傳到今天，我相信這些方法未來會普傳到全世界。

1. 覺之音：透過覺性聆聽，運用耳根，六根歸一，體悟自性

從法源來說，覺之音源自《楞嚴經》中觀世音菩薩的耳根圓通法門，是透過耳根

進入聆聽內心來證悟的方法，屬於觀音入覺成就法門。

2.覺之誦：透過覺性唱誦，回歸覺性，清理負面能量、療癒負面情緒

透過唱誦，人會謙卑、柔軟下來，會揭開內心被壓抑的東西，升起感恩的心。現代人多用左腦，過分思維，所以心特別累，也不快樂，而唱誦不需要思維，可以直達內心的平靜。

用特殊方法唱誦咒語，找到身心平衡的頻率，能幫助人打開扭曲的氣結，開啓內在的脈輪。脈順了、輪開了，就升不起煩惱了；而煩惱沒了，慈悲心和智慧就會自然升起。

從法源來說，覺之誦源自《八大法行》（或稱《八大黑嚕嘎》）中的氣脈明點法門，屬於蓮花生大士留下來的伏藏傳承，是一種依氣脈明點成就的本尊法。

3.覺之舞：透過覺性舞蹈，清淨脈道，破除我執、悟入覺海

覺之舞能幫助修行人震鬆堵塞的脈輪、打開扭曲的脈輪，以體驗到空性和明覺。身體氣脈不順的人，身心都會受影響，會產生很多無明的煩惱。

覺之舞有很多功效。初階可以感受到身體的需要，釋放壓力；二階可以扭開脈結，讓氣脈通暢，使流動的業風變成清淨的能量，升起歡喜心；三階能打開脈輪、體驗無我、破除我執、淨化煩惱、身體變年輕；四階則結合本尊法，能清淨煩惱種子，悟入覺性之海。

從法源來說，覺之舞屬於《大圓滿法》，是蓮花生大士留在伊喜措嘉佛母心中的伏藏法，屬於「淨相傳承」，也就是後人於禪境中得到的法門，是一種動中禪，一種以轉化氣脈明點而成就的方法。

(三) 請寺院修法

想要生出菩薩寶寶，自己修法和請人修法，以建立強大的能量保護傘，抵擋負面能量，都是非常重要的。

西藏的密法中很詳細地談到，除了父母整體的能量狀態要善、要正，入胎的時機和環境也很重要。即使父母非常光明、正面、善良，但如果是在錯誤的時間、錯誤的環境中讓精子和卵子結合，也會有問題，像是父母若身體有疾病、過於勞累，或是喝了太多酒，或是在幽暗、恐怖、骯髒、不健康的地方行房，也會染上不好的能量來入胎，這就是好父母有時會生下不好的孩子的原因之一。

甚至，即使父母兩人平時都非常正面、光明，但在行房的那段時間，其中一位或兩位都遭受生活或事業方面的大挫折，尤其是精子和卵子要結合的那一剎那，心中仍然充滿煩惱、憤怒、怨恨，這樣也會影響到子宮這個小容器本身的能量場，而招來有同樣強烈負面能量的孩子。所以在佛法裡，要迎請一個好孩子，除了父母要經常發願、行願、修法，連行房時都要注意維持正面、清淨、光明的情緒。

保持清淨、光明、歡喜、正面的感覺，不是說就不能有男女之間的欲望了，如果兩個人是在強烈、自然的男女欲望中男歡女愛，也是屬於正面情緒。這裡所謂的負面情緒，是指一種憤怒、怨恨、報仇的情緒，或是想透過做愛解決某個煩惱，或是做愛時心裡想著煩惱怨恨的事，這些都會吸引負面的意識體進入母親的子宮中。

從更深的密法來講，想要迎請眞正乘願再來的菩薩，還有更多必須做的準備。懷孕前、備孕期、懷孕期，都有特定的發願、行願、修法的方法，一方面讓媽媽的身心保持在清淨、安住、喜悅、無憂、無懼的能量狀態中，另一方面還要迎請很多護法菩薩前來，建立強大的能量保護傘，抵禦外來不好能量的干擾。除此之外，行房前後及過程中，也有很多祈請、持咒、觀想、禪定及調動氣脈明點等要求，相當複雜。對一般人而言，比較容易實現的，是請寺院為我們修法，保護胎兒順利入胎、保護母子平安。但是請注意，一定要找到僧人持戒清淨、有法脈傳承，又有閉關禪修力量的寺院，不要只是找名氣大、香火鼎盛的觀光寺院。

〈結語〉感恩與迴向

我捧著一顆熾熱而感動的心，感恩每一位接迎三寶來人間的人。

感恩上師、諸佛菩薩和龍天護法的加持和護佑，

感恩千寶上師、欽摩法王、唐仁波切和寺院喇嘛們爲我修法，

感恩我的家人，公公、婆婆和可愛的樂樂一路的陪伴，

感恩我的親戚們的幫助和支持，感恩我的團隊和學生們的照顧和付出，

感恩我的保姆和月嫂的付出，

感恩李主任醫師和護士團隊的付出，

感恩所有在後面默默支持我的朋友，

感恩方智出版社的團隊，和你們工作，我很愉快。

最後，當然還有我頑皮而智慧的老公，沒有你的幫助，這本書不會這麼精彩。

我把一切的歡喜和功德都迴向給你們，

祈願所有人健康、吉祥、圓滿！祈願我們共同成就！

國家圖書館出版品預行編目資料

媽媽禪：快樂母親覺醒九要／央金拉姆 著.
-- 初版. -- 臺北市：方智，2019.10
400面；14.8×20.8公分 --（自信人生；158）

ISBN 978-986-175-524-3（平裝）

1. 靈修　2. 女性

192.15　　108004102

Eurasian Publishing Group
圓神出版事業機構　方智出版社 Fine Press

www.booklife.com.tw　reader@mail.eurasian.com.tw

自信人生 158

媽媽禪：快樂母親覺醒九要

作　者／央金拉姆
發行人／簡志忠
出版者／方智出版社股份有限公司
地　址／台北市南京東路四段50號6樓之1
電　話／（02）2579-6600・2579-8800・2570-3939
傳　真／（02）2579-0338・2577-3220・2570-3636
總編輯／陳秋月
副總編輯／賴良珠
主　編／黃淑雲
責任編輯／黃淑雲
校　對／黃淑雲・賴良珠
美術編輯／林雅錚
行銷企畫／詹怡慧・王莉莉
印務統籌／劉鳳剛・高榮祥
監　印／高榮祥
排　版／杜易蓉
經銷商／叩應股份有限公司
郵撥帳號／18707239
法律顧問／圓神出版事業機構法律顧問　蕭雄淋律師
印　刷／祥峰印刷廠
2019年10月　初版
2024年6月　11刷

定價360元　ISBN 978-986-175-524-3　